BERND RULAND · DAS WAR BERLIN

BERND RULAND

Das war Berlin

Erinnerungen an die Reichshauptstadt

ERSCHIENEN BEI HESTIA

Printed in Germany

Umschlaggestaltung: H. C. Traue
Druck: Druckhaus Bayreuth
Bindearbeiten: E. Schneider KG, Kulmbach
ISBN 3 7770 0082 5

Meiner Frau Elisabeth,
die Berlinerin ist,
und meinen Kindern Michael und Sylvia,
die Berliner geworden sind

Kapitel-Übersicht

Stationen der Erinnerung

Ein Vorwort als Liebeserklärung

Als Berlin noch richtig Berlin war …

Es war einmal ...

Durch das Brandenburger Tor flutete der Verkehr einer Weltstadt, die für Besucher und Einwohner die »tollste Stadt der Erde« war, für alle Künstler das Sprungbrett in die Karriere, für Wissenschaftler die Hochburg des Geistes und für jeden, der neue Ideen und etwas zu bieten hatte, das lockende und lohnende Ziel.

Es war einmal: die Zeit, da Berlin noch richtig Berlin und nicht geteilt war. Die Erinnerung an die alte Reichshauptstadt möchte dieses Buch heraufbeschwören.

Es wird so viel über Berlin geredet heute, über diese einzige geteilte Stadt der Erde. Es gibt keine Parallele zwischen der Reichshauptstadt von damals und dem halbierten Berlin von heute. Es kann sie nicht geben, weil sich die Verhältnisse und die Situation so gründlich geändert haben, daß jeder Vergleich unfair wäre.

Die alte Metropole an der Spree, die einmal die Hauptstadt Preußens, des Kaiserreiches, der Weimarer Republik und »Groß-Deutschlands« war, galt vor allem in den Jahren von 1918 bis 1933 für alle Besucher als die interessanteste aller Weltstädte.

Die junge Generation kann sich das kaum vorstellen: Berlin war auf jedem Gebiet eine Stadt, die es »in sich hatte«. Vor allem in den zwanziger Jahren war Berlin die Stadt der Superlative — in jeder Beziehung.

Keine andere Stadt der Welt beherbergte auch nur annähernd so viele Nobelpreisträger wie Berlin, und sie wurde als Mekka für viele Gelehrte und Forscher aus allen Erdteilen gepriesen. Keine andere

Stadt besaß so berühmte Ärzte, keine so erfolgreiche Künstler; keine hatte so viele Theater, so viele Konzertsäle, so viele Kabaretts, so viele Museen; keine verfügte über eine so hervorragende Mordkommission, und nirgendwo sonst wurden so viele Filme gedreht, lebten so viele Schriftsteller, gab es so viele Zeitungen.

Es gibt kaum eine Gebiet, auf dem Berlin nicht führend war — sogar als Industriestadt.

☆

Der Autor kam 1930, als Sechzehnjähriger, zum erstenmal nach Berlin und war fasziniert. Er besuchte Oper und Theater, Kinos und viele Sehenswürdigkeiten. Schon damals stand es für ihn fest: du wirst eines Tages für immer nach Berlin gehen.

1932 war er zum zweitenmal in der Reichshauptstadt und schrieb sich nach diesem ausgedehnten Besuch seine Eindrücke in rheinischen Zeitungen von der jugendlich entflammten Seele.

Weitere Reisen an die Spree, als Student und Journalist, folgten. Nach den Olympischen Spielen 1936 hatte er sein Ziel erreicht: er kam als junger Redakteur (»Schriftleiter« hieß das damals) an den Ullstein Verlag (der Ende 1937 »arisiert« und in Deutscher Verlag umbenannt wurde). Er arbeitete dort zunächst an der von Richard Katz gegründeten »Grünen Post«, der »Urmutter« aller unterhaltenden Wochenzeitschriften, und bald danach an der »BZ am Mittag«.

Nach und nach eroberte er sich Berlin — seine Theater und Kinos, seine Museen und Varietés, seine Vergnügungs- und Bildungsstätten und seine herrliche Umgebung. Vieles von dem, was er sah und erlebte, fand seinen journalistischen Niederschlag.

Während der Wintersaison mußte er sich oft in den Frack werfen; denn es gab keinen großen Ball, den er nicht besuchte, und kaum eine festliche Premiere, an der er nicht — meist beruflich — teilnahm. Er hatte das Glück, daß er sich nur immer schönen Dingen widmen konnte. Jede Politik blieb ihm erspart, und so konnte er sich unbehelligt durch das Dritte Reich mogeln — bis zum bitteren Ende.

Eine gute Fee ließ den Autor während des ganzen Krieges in Berlin bleiben, wo er Ende 1939 als Soldat eingezogen und in die Nachrichtenzentrale des Oberkommandos der Wehrmacht in der Bendlerstraße beordert wurde, in der er bis Mitte April 1945 blieb.

☆

Liebe macht nicht blind. Wirkliche Liebe trübt nicht den Blick, sondern schärft ihn. Die Liebe des Autors zu Berlin erliegt nicht der Gefahr emotionaler Begeisterung, und er hütet sich auch davor, das glanzvolle Berlin von einst durch den Rückblick zu verklären.

Dies ist ein Buch der Erinnerungen. Jean Paul hat recht: »Die Erinnerung ist das einzige Paradies, woraus wir nicht vertrieben werden können.«

Berlin war nicht immer ein Paradies, aber in jedem Fall eine Stadt, von der niemand loskommt, der einmal in ihr gelebt und sich von ihrer unvergleichlichen Vitalität hat mitreißen lassen.

Als große Teile dieses Buches in der »Bunten Illustrierten« als Vorabdruck erschienen, erreichten den Autor Briefe buchstäblich aus der ganzen Welt — von ehemaligen Berlinern, die das Schicksal in alle Winde verweht hat. Sie alle — ob einst prominenter Künstler oder einfache Hausfrau — bestätigten sehnsuchtsvoll die Einmaligkeit dieser Stadt Berlin und freuten sich über diese Reise in eine Vergangenheit, deren geistige Lebendigkeit und rastlose Intensität unwiederholbar sind.

Lassen Sie uns nun gemeinsam aufbrechen in jene Weltstadt an der Spree, von der viele Millionen Menschen mit Hildegard Knef sagen können: »In dieser Stadt kenn' ich mich aus, in dieser Stadt war ich mal zu Haus'«.

BERND RULAND

Das Tor stand immer offen! Damals wie heute schicksalreiches Wahrzeichen Berlins: das Brandenburger Tor, 1788—91 von C. G. Langhans erbaut, gekrönt mit dem Viergespann der Friedensgöttin, das Gottfried Schadow geschaffen hat. (1)

Die Lichter der Berliner Innenstadt, aufgenommen 1930 von der Ecke Potsdamer Platz / Potsdamer Straße, mit Blick in die Stresemannstraße. In der Mitte das berühmte „Haus Vaterland“. (2)

Berlin, Stadt der Konzerte. Fünf berühmte Dirigenten, die gleichzeitig in Berlin wirkten (v. l. n. r.): Bruno Walter, Arturo Toscanini, Erich Kleiber, Otto Klemperer und Wilhelm Furtwängler. (3)

Berlin, die Stadt des Kunsttanzes. Die Elite 1929 auf einem Bild; auf dem Sofa sitzend (v. l. n. r.): Elisabeth Wiegmann, Marie Wiegmann (Mary Wigman), Beathe Trumpy, Hanya Holm. Stehend: Trude Engelhart, Grete Wallmann, Vera Skoronel, Gret Palucca, Yvonne Georgi. Im Vordergrund links: der Tänzer Harald Kreutzberg. (4)

Alle Wege führen nach Berlin

I

Weltstadt der Superlative

Die Metropole der unbegrenzten Möglichkeiten

Berlin, Berlin ... Und immer wieder — Berlin.

Keine Zeitung, die nicht täglich irgend etwas über die ehemalige Reichshauptstadt berichtet. Keine Nachrichtensendung des Fernsehens, in der nicht der Name der geteilten Stadt genannt wird. Keine Rundfunknachrichten ohne Meldungen über oder aus der ehemaligen deutschen Metropole.

Berlin-Lösung, Berlin-Problem, Berlin-Gespräche, Berlin-Regelung, Berlin-Verhandlungen, Berlin-Förderung, Berlin-Komplikationen, Berlin-Verträge. Berlin, Berlin ...

Berlin — einst Schauplatz, Brennpunkt und Schmelztiegel deutscher Geschichte. Von 1918 bis 1933 Europas Mittelpunkt für Theater, Musik und Film, für Kunst und Wissenschaft. Auf einigen Gebieten erwies sich Berlin sogar als die heimliche Hauptstadt der Welt.

Für alle Ausländer, die Berlin besuchten — Wissenschaftler, Künstler, Literaten und Touristen —, für die »Provinzler« des Deutschen Reiches, die ihre Hauptstadt bestaunten und manchmal fassungslos bewunderten, und für die »Spree-Athener« selbst, die mächtig stolz auf ihre Heimatstadt waren, stellte sich Berlin — im besten Sinne des Wortes — als »tollste Stadt der Welt« dar. Sogar das berühmte Pariser Nacht- und Vergnügungsleben wurde durch das Berlin der zwanziger Jahre zum »Kleinbetrieb« degradiert.

Berlin — das war die politisch und geistig höchstaufgewühlte Metropole. Nach dem Sturz der Monarchie 1918 erlebte die Reichshauptstadt eine noch nie dagewesene politische und geistige Freiheit. Jeder, der neue Ideen hatte, ging an die Spree. Wer glaubte, etwas Besonderes zu können, fuhr nach Berlin. Die Stadt nahm alle mit offenen Armen auf. Hier wurden alle Richtungen vertreten: in der Politik und in allen Bereichen der Kunst. Berlin — das war der große Magnet. Wer in den Sog der rastlosen Weltstadt geriet, wurde nicht mehr losgelassen.

Vor allem im Kulturleben herrschte eine Hektik, zeigte sich eine Intensität, entfaltete sich ein Ideenreichtum, wurden alle Beteiligten von einem Experimentierrausch erfaßt. Das alles brachte in den Jahren von 1918 bis 1933 der Stadt ihren legendären Ruf ein.

Maler und Schriftsteller, Musiker und Architekten, Bildhauer und Regisseure erlebten einen Arbeitsrausch, den man fast schon einen »Exzeß des Schaffens« nennen möchte. Und sie alle waren, seit Beginn der Republik, glücklich darüber, daß sie nicht mehr nur in einem kleinen Kreis Gleichgesinnter Widerhall fanden.

In jenen Jahren geschah in Berlin etwas ganz Ungewöhnliches: Auch das Bürgertum, bisher nur der leichten Muse zugetan, wurde durch die Turbulenz, die ausgelöst war, mitgerissen und ließ sich sogar willig den Schock gefallen, den allzu kühne Experimente in allen künstlerischen Bereichen hervorriefen. Auch die Masse hatte schließlich Spaß am Skandal und nahm lebhaften Anteil an allem, was sich ihr bot.

Im Oktober 1924 gab es in der Komischen Oper in der Friedrichstadt an der Weidendammer Brücke eine neue, glanzvolle Premiere. Die »gewaltigste Revue aller Zeiten und Länder« (so die Ankündigung, so auch viele Kritiker), von James Klein, einem der Berliner Revue-Zauberer, geschrieben und inszeniert, trug einen Titel, der exakt zur damaligen Gesamtsituation Berlins paßte: »Das hat die Welt noch nicht gesehn!«

Um den Opernstar Leo Slezak gruppierte sich eine große und vorzügliche Künstlerschar, darunter die Publikumslieblinge (das Wort »Star« gab es damals im deutschen Sprachschatz noch nicht) Lotte Werkmeister und Paul Westermeier. Dazu kamen über 100 Girls und Tänzerinnen aus Berlin, Paris, Madrid und London; außerdem wirbelten über die Bühne 90 Liliputaner und Kinder — ein Riesenaufwand und täglich ausverkauft. Ein solches Massenaufgebot — das hat die Welt noch nicht gesehn!

So vieles geschah in Berlin, was die Welt noch nicht erlebt und gesehen hat.

Nach dem Ersten Weltkrieg gab es für Berlin — um einen klassischen Vergleich zu verwenden — ein modernes Zeitalter des Perikles. Wenn es heute in West-Berlin oder Ost-Berlin Film-, Theater- oder Opern-Festwochen gibt, dann stellen die alten Berliner mit einem Stolz, in den sich Wehmut mischt, fest: »Det hatten wa früher nich nötich! Da hatten wa det liebe lange Jahr Festwochen!«

Diese Feststellung, so übertrieben sie auch erscheinen mag, ist akkurat richtig.

»Von keinem Ort Deutschlands (einschließlich der rheinhessischen Heimat) war es so schwer, sich zu trennen«, bekennt Carl Zuckmayer in seinen Erinnerungen. »Die Hälfte unseres Lebens blieb dort zurück.«

»Wenn ich an das alte Berlin mit seinem Kulturleben denke, erfaßt mich Wehmut, und ich kann die Tränen nicht unterdrücken«, gestand 1968 eine Frau, die ein Jahr danach, siebenundachtzigjährig, in Hollywood gestorben ist. 30 Jahre lang, bis 1933, hatte ihr Berlin zu Füßen gelegen, und sie war so populär, daß sogar eine Zigarette nach ihr benannt wurde: Fritzi Massary. Sie war mit dem berühmten Komiker Max Pallenberg verheiratet.

Bekenntnisse von Zuckmayer und der Massary: Diese beiden mögen hier für hunderte ähnlicher Äußerungen sprechen. Und doch war — einmal von der Politik ganz abgesehen — nicht alles eitel Lust und Fröhlichkeit.

»Altes, eckiges, liniiertes, zerfilmtes Berlin; unsüße, unbarmherzige, scharfe, gierig-wollende, mit Zähnen und Fäusten das Leben haltende und zwingende Stadt, ich denke liebevoll dein.« So schrieb Alfred Polgar, Schriftsteller, Theaterkritiker und Meister der kleinen Form, schon 1922.

Und heute?

Polgars Wort gilt immer noch. Berlin ist auch ansonsten Berlin geblieben. In Berlin West wie in Berlin Ost die berühmte Schnauze mit Herz: frech und schlagfertig und nie beleidigend; die wache Intelligenz, jede Situation sofort erkennend und meisternd; die Schalkheit, immer bereit, auch aus jeder Misere das Beste zu machen.

So viel wird gesagt und geredet und manchmal zerredet, wenn Berlin das Thema ist — vor allem bei Politikern. Das Wichtigste wird dabei selten erwähnt: Berlin, West und Ost, bildet immer noch die geistige Mitte beider deutschen Staaten, und es ist die Klammer, die sie zusammenhält. Der Bahnhof Friedrichstraße, die Heinrich-Heine-Straße und andere Übergänge haben die Funktion einer Drehtüre übernommen.

Wenn es je wieder ein Zusammenfinden zwischen den Deutschen im Westen und den Deutschen im Osten gibt, kann es nur hier beginnen — in Berlin.

Schon oft sind sich hier West und Ost im Verlaufe der Geschichte begegnet: westliche Lebensfreude und östliche Schwermut; Hugenotten und Russen, die vor der Polizei des Zaren oder den Stürmen der Oktober-Revolution fliehen mußten; der Geist Voltaires und die Humanität Dostojewskijs; Rheinländer und Schlesier; französischer Esprit und slawische Tiefe; westlicher Erfindungsreichtum und östliche Beharrlichkeit.

In diesem polaren Spannungsverhältnis entstand Berlin — diese Stadt, von der sich keiner lösen kann, der einmal in ihr gelebt und gearbeitet hat. Das vielzitierte Heimweh nach dem Kurfürstendamm äußert sich auf mannigfache Weise ...

⋆

Die meisten »echten« Berliner sind nicht an der Spree geboren, und am Schlesischen Bahnhof kamen besonders viele neue Bürger der Reichshauptstadt an: aus Schlesien.

Aus allen Richtungen trafen sie in Berlin ein. Um nur ganz wenige zu nennen: Der Berliner Operettenkomponist Walter Kollo (»Wie einst im Mai«) kam aus Neidenburg (Ostpreußen), der Zeichner Heinrich Zille aus Radeburg bei Dresden, der Zuckerbäcker und spätere preußische Hofkonditor Johann George Kranzler aus Wien, der Gastronom Wilhelm Aschinger aus München (daher die blau-weißen Farben als Wahrzeichen seiner Lokale), der Likörfabrikant Carl Mampe (»Mampes Gute Stube«) aus Köslin (Pommern).

Von den als Berliner geltenden Schauspielern stammt Heinrich George aus Stettin, Willy Fritsch aus Kattowitz, Werner Krauß aus Gestungshausen (Bayern), Henny Porten aus Magdeburg, die Kabarettistin und »Urberlinerin« Claire Waldoff aus Recklinghausen.

Der Maler und Graphiker Emil Orlik übersiedelte von Prag aus nach Berlin, der Maler Lovis Corinth aus Tapiau (Ostpreußen), der Architekt Paul Wallot (Erbauer des Reichstages) aus dem rheinpfälzischen Oppenheim, der Maler Walter Leistikow (Mitbegründer der Berliner Sezession) aus Bromberg (Posen).

Von den großen Berliner Verlegern wurde — um wieder bei wenigen Beispielen zu bleiben — Leopold Ullstein in Fürth (Bayern) geboren, August Scherl in Düsseldorf, Rudolf Mosse in Grätz bei Wollstein (Posen), Samuel (»S«) Fischer in Liptovsky Mikulás (heutige Tschechoslowakei).

Auch viele der späteren Großindustriellen, deren Unternehmen schließlich Weltgeltung besaßen, wanderten an die Spree: der Eisengießer Victor Robert Schwartzkopff aus Magdeburg, der Zimmermann August Borsig aus Breslau, der Apothekerlehrling Ernst Schering aus Prenzlau (Uckermark), der Ingenieur Werner von Siemens aus Lenthe bei Hannover.

Es zogen nach Berlin Handwerker und Künstler, Arbeiter, Akademiker und Vertreter aller Berufe. Sie alle, die anonym Gebliebenen und die später Weltberühmten, wurden in Berlin, der wachsenden Weltstadt, mit offenen Armen aufgenommen.

In jenem Elan, mit dem alle sich an die Arbeit machten und den sie offensichtlich nur in Berlin entwickeln konnten, liegt die Erklärung dafür, warum die Stadt so schnell zu ihrer Größe aufstieg...

☆

Noch eine andere Bemerkung scheint mir wichtig, ehe wir aufbrechen, die »tollste Stadt der Welt« auferstehen zu lassen:

In Berlin wird nicht so getan, als sei Deutschland heil geblieben. Nirgendwo sonst zeigt sich so deutlich, daß wir den Krieg verloren haben. Hier kann keiner — wie in anderen Städten der Bundesrepublik — so tun, als sei Deutschland noch intakt. Hier, vor allem an der Mauer — und dort wieder besonders am gespenstisch leeren Potsdamer Platz, der einmal der verkehrsreichste Straßenkreuzungspunkt der Welt war —, wird die Realität deutlich, daß es zwei deutsche Staaten gibt, die nicht nur politisch eigene Wege gehen.

Und wer auf das einsame, leblose und von der Mauer eingeschnürte Brandenburger Tor blickt — durch das früher (Stichtag 6. September 1927) innerhalb von nur 14 Stunden 2300 Omnibusse, fast 21000 Autos, 9000 Radfahrer, 1100 Motorräder und fast 2000 Pferdegespanne fuhren —, für den bleibt die Vergangenheit auch heute noch verbindliche Verpflichtung.

Jeder Bürger in beiden Teilen Berlins ist — unter verschiedenen politischen Aspekten — stärker als anderswo bis hinein in den Alltag mit den verhängnisvollen Konsequenzen politischen Wahns und Handelns des Dritten Reiches und Unterlassens der vier Siegermächte nach 1945 konfrontiert.

Wo immer man heute in beiden Teilen Berlins geht oder steht oder fährt: immer tauchen für den, der die Reichshauptstadt der zwanziger und dreißiger Jahre gekannt hat, aus Trümmern oder Neubauten, Straßenplätzen oder leeren Flächen Bilder einer versunkenen Welt auf — in der Erinnerung manchmal, vielleicht, verklärt; immer aber, fern jeder Sentimentalität, beglückende und gelegentlich auch bestürzende Visionen einer Reise in die Vergangenheit, die ihre glanzvollen Lichter, aber auch ihre dunklen Schatten bis in unsere Gegenwart wirft: Tag für Tag.

☆

Es gibt keine Muse für den Gesamtbereich der Wissenschaft. Gäbe es aber eine, dann hätte sie Berlin für viele Jahrzehnte zu ihrem Günstling erkoren.

Die 1911 gegründete Kaiser-Wilhelm-Gesellschaft zur Förderung der Wissenschaften mit ihren vielen Instituten, die Preußische Akademie der Wissenschaften mit ihrem breiten Fächer spezieller Aufgaben und die Friedrich-Wilhelms-Universität hatten Weltruhm — die Universität schon während des ganzen 19. Jahrhunderts.

Welche Bedeutung Berlin für die wissenschaftliche Welt besaß, charakterisiert besonders imponierend die Liste der Nobelpreisträger. Von den höchsten Auszeichnungen der Welt, die von 1901 (der ersten Verleihung überhaupt) bis 1915 verliehen wurden, gingen 19 nach Deutschland, das damit an der Spitze lag. Von den 19 Preisträgern hatten 18 zeitweise in Berlin gewirkt oder studiert (vgl. Seite 135).

Von 1918 bis 1939 waren die Berliner Wissenschaftler gleichsam auf den Nobelpreis abonniert (hauptsächlich die Physiker, Chemiker und Mediziner). Von den insgesamt 24 deutschen Preisträgern lehrten und arbeiteten zeitweilig oder ständig 22 in Berlin.

Albert Einstein und Max Planck führen diese stolze Liste an. Die letzten fünf Ausgezeichneten durften freilich auf den Befehl Hitlers den Preis nicht mehr annehmen; er wurde ihnen nach dem Kriege ausgehändigt. Einer allerdings lebte nicht mehr: Carl von Ossietzky (Friedensnobelpreisträger 1936); er war an den Folgen seines KZ-Aufenthalts 1938 gestorben.

Die geistigen Leuchtfeuer des Kaiser-Wilhelm-Instituts für Physik waren Albert Einstein und Max Planck. Sie haben Revolution auf ihre Weise gemacht. Hervorgerufen durch diese beiden Wissenschaftler, ging durch das scheinbar so festgefügte Weltbild von Berlin aus ein Beben.

Max Plancks Quantentheorie erschütterte die Grundlagen der Physik, die bisher als die bestgesicherte unter allen Wissenschaften gegolten hatte.

Albert Einsteins Relativitätstheorie stellte die alten Vorstellungen von Zeit und Raum in Frage.

Auch der Weg in das Atomzeitalter begann in Berlin. Im Kaiser-Wilhelm-Institut für Chemie in Berlin-Dahlem gelang Otto Hahn am 17. Dezember 1938 zum erstenmal, was bisher noch keinem Forscher glückte: Uran — das schwerste auf der Erde natürlich vorkommende Element — zu »spalten«. Die Welt der Physik steht seit jenem Tag am Scheideweg: die Menschheit mit der Atomkraft in ein Inferno zu stürzen oder in eine glückliche Zukunft zu führen.

Das Berliner Großkrankenhaus Charité war das Mekka vieler Mediziner aus allen Erdteilen. Hier wirkten zwei der damals berühmtesten Chirurgen der Welt: August Bier und Ferdinand Sauerbruch. Die Staatsoberhäupter und Industriemagnaten aus aller Herren Länder vertrauten sich hier dem Skalpell der beiden deutschen Professoren an.

An der Friedrich-Wilhelms-Universität lehrten Männer von Weltruf: die Theologen Adolf von Harnack, Hans Lietzmann und Ernst Troeltsch; die Historiker Friedrich Meinecke, Kurt Breysig, Hermann Oncken und Eduard Meyer; die Mediziner Gustav von Bergmann und Richard Siebeck; der Volkswirtschaftler Werner Sombart; der Rechtsphilosoph Rudolf Stammler; der Pädagoge Eduard Spranger; der Anglist Alois Brandl; der Botaniker Adolf Engler; der Sprach- und Altertumsforscher Werner Jaeger und der Literaturhistoriker Julius Petersen. Das sind nur wenige Namen jener Professoren, deren Wirken von Berlin aus die gesamte Kulturwelt erreichte.

Berlin bildete den Sammelpunkt aller Richtungen der bildenden Kunst, vom Expressionismus zum Dadaismus, vom Futurismus zum Kubismus. Über allen thronte, gleichsam als ihr »Alterspräsident«, der Impressionist Max Liebermann.

Die Liste der Maler, die in Berlin lebten und wirkten, ist unendlich lang. Hier nur die bekanntesten: Erich Heckel, Max Pechstein, Karl Schmidt-Rottluff, Ernst Ludwig Kirchner, Paul Klee, Max Beckmann, Emil Nolde, George Grosz, Max Liebermann, Max Slevogt, Carl Hofer, Leo von König, Lovis Corinth.

Darsteller des Berliner Volkslebens waren Heinrich Zille, Käthe Kollwitz und Hans Baluschek, die mit ihrem Zeichenstift und ihrem Pinsel auch Sozialkritik übten.

Aus Dresden kam oft der Akademie-Professor Oskar Kokoschka nach Berlin. Hier hielt er populäre Vorträge über Kunst und zeichnete für Herwarth Waldens berühmte Kunstzeitschrift »Sturm«.

Einige Kunsthändler — unter ihnen sind vor allem Alfred Flechtheim und Paul Cassirer (der lange mit der damals schon berühmten Schauspielerin Tilla Durieux verheiratet war) zu nennen — sorgten dafür, daß die Bilder auch unter die Leute kamen. Verglichen mit den Preisen, die heute für die Werke der genannten Maler gezahlt werden, muten die Erlöse von damals wie lächerliche Trinkgelder an.

Von den Bildhauern (darunter auch eine Frau), die während der zwanziger Jahre in Berlin arbeiteten, sind folgende längst in die Kunstgeschichte eingegangen: Hugo Lederer, Georg Kolbe, Ernst Barlach, Rudolf Belling, Wilhelm Lehmbruck, Ludwig Gies, Fritz Klimsch und Renée Sintenis.

Namen, Namen — auch auf dem Gebiete der Musik. Paul Hindemith (»Mathis der Maler«) war Professor an der Berliner Musikhochschule, Ferruccio Busoni (»Turandot«) Professor an der Preußischen Akademie der Künste, Franz Schreker (»Der singende Teufel«) Direktor der Musikhochschule.

Es lebten und wirkten außerdem in Berlin: Arnold Schönberg (»Moses und Aaron«), der mit seinem Zwölftonsystem eine neue Klangwelt erschloß; Ernst Krenek, dessen Jazz-Oper »Jonny spielt auf« Aufsehen erregte; Hans Pfitzner (»Palestrina«), Emil Nikolaus von Rezniček (»Donna Diana«) und Kurt Weill, der vor allem mit seiner Musik zur »Dreigroschenoper« weltberühmt wurde.

Von den Berliner Operettenkomponisten sind vor allem Paul Lincke und Walter Kollo zu nennen. Daß fast alle Schlagerkomponisten, deren populärste Lieder noch heute zu den Evergreens gehören, in Berlin lebten, versteht sich fast von selbst — von Peter Kreuder bis Franz Grothe, von Werner Richard Heymann bis Friedrich Hollaender und von Rudolf Nelson bis Franz Doelle (um auch hier nur ganz wenige Namen zu nennen).

Auch was die Dirigenten betrifft, erreichte Berlin eine einsame Höhe. Fünf der berühmtesten Dirigenten der Welt begeisterten gleichzeitig das Publikum in der Oper oder in den Konzertsälen: Wilhelm Furtwängler, Erich Kleiber, Otto Klemperer, Bruno Walter und Leo Blech. Und wenn aus Italien Arturo Toscanini als Gast anreiste, waren es in mancher Saison sechs Koryphäen des Taktstockes, die in der Reichshauptstadt das musikfreudige Berliner Publikum zu Beifallsstürmen hinrissen.

Auch die großen Architekten Deutschlands hatten sich in Berlin versammelt: Hans Poelzig, Erich Mendelssohn und Peter Behrens (dessen Assistenten damals die später so berühmten Ludwig Mies van der Rohe, Walter Gropius und Le Corbusier waren), Max und Bruno Taut, Hans Scharoun und Emil Fahrenkamp. Sie alle entwickelten einen neuen Stil und bauten Industrie-Anlagen, Geschäfts- und Bürohäuser, ganze Siedlungen und Privathäuser. Viele von ihnen gelten noch heute als vorbildlich, und die Bauhistoriker sagen den genannten Architekten nach, durch sie sei von Berlin aus, neben dem Staatlichen Bauhaus in Dessau (»Hochschule für Gestaltung«), die Baugesinnung des zwanzigsten Jahrhunderts ausgegangen.

Die alte Reichsmetropole bildete auch die Stadt der Literaten. Kürschners Literatur-Kalender der zwanziger Jahre führt auf neun engbedruckten Seiten die Dichter und Schriftsteller auf, die in Berlin lebten: von Alfred Döblin bis Heinrich Mann, von Erich Kästner bis Carl Zuckmayer, von Christian Morgenstern bis Gottfried Benn, von Hans Fallada bis Erich Maria Remarque. Leipzig galt zwar als Bücherstadt, aber die meisten großen Buchverlage beherbergte Berlin.

Und was das Theater betrifft, so war Berlin gleichsam die Residenz der Musen. Auf dem Höhepunkt des Berliner Theaterlebens der zwanziger Jahre spielten insgesamt 49 Theater — von der Staatsoper Unter den Linden bis zum Theater am Kurfürstendamm; vom Staatstheater am Gendarmenmarkt bis zum Theater am Nollendorfplatz. Hinzu kamen neben der berühmten Philharmonie weitere fünf Konzertsäle, in denen ein ständig wechselndes Programm das musikfreudige Berlin lockte. Und außerdem gab es (Stichtag 1. Januar 1927) elf anspruchsvolle Kabaretts, weitere 18 Tingeltangel-Bühnen und zwei große Varietés.

Wer als Künstler den Stempel »Berlin« trug, hatte die letzten Weihen einer glanzvollen Laufbahn empfangen. Wen das kritische Berliner Publikum als Schauspieler anerkannte, besaß seinen internationalen

Marktwert. Wer in Berlin beim Film Karriere machte, wurde in Hollywood mit offenen Armen und Höchstgagen empfangen. Applaus für einen Sänger in Berlin bedeutete, daß er an allen Opernhäusern und auf allen Podien der Welt singen konnte.

In Berlin wurde in allen Künsten experimentiert, manchmal auch revoltiert, fast immer aber etwas Neues geschaffen. »Dieses Berlin war die Heimat all derer, die über die abgegriffene, immer wieder modisch aufgetakelte Rühr-, Amüsier- und Stilbühne hinausstrebten«, bekennt Fritz Kortner. Und der große Schauspieler Alexander Moissi sagte kurz vor seinem Tode: »Berlin war für jeden Schauspieler das Glück seines Lebens.«

Max Reinhardt, Leopold Jeßner, Erwin Piscator, Erich Engel, Viktor Barnowsky, Jürgen Fehling und Karlheinz Martin waren die bekanntesten Regisseure der »Goldenen Zwanziger« von Berlin, Erik Charell der große Zauberer des Revue-Theaters.

Insgesamt lebten in Berlin rund siebentausend Schauspieler (einschließlich der arrivierten Statisten), die meisten von ihnen arbeiteten gleichzeitig in den Filmateliers.

Außerdem: In der Blütezeit des Films (von 1918 bis 1926 und dann noch einmal mit dem Beginn des Tonfilms) waren achttausend Filmschauspieler und -statisten bei den 37 Filmgesellschaften beschäftigt, die damals in Berlin drehten. Die bekannteste, die heute schon zu einer Legende geworden ist, war die UFA.

Regisseure wie Ernst Lubitsch, Fritz Lang und Georg Wilhelm Pabst schrieben in Berlin Filmgeschichte.

Der englische Filmhistoriker Paul Rotha urteilt in seiner »Weltgeschichte des Films«: »In der Mitte der zwanziger Jahre war es üblich, sich an den deutschen Filmen zu orientieren. Ein einziger neuer deutscher Spielfilm wog in London die Premiere von zwanzig amerikanischen Großfilmen auf.«

Es ist unmöglich, auch nur annähernd alle Schauspieler zu nennen, deren Namen mit den Berliner Bühnen und mit dem Berliner Film untrennbar verbunden sind. Hier mögen nur wenige für viele stehen: Albert Bassermann, Elisabeth Bergner, Käthe Dorsch, Walter Franck,

Heinrich George, Gustaf Gründgens, Oskar Homolka, Emil Jannings, Friedrich Kayssler, Eugen Klöpfer, Fritz Kortner, Werner Krauss, Grete Mosheim, Agnes Straub, Conrad Veidt und Paul Wegener; Gitta Alpar, Michael Bohnen, Fritzi Massary, Heinrich Schlusnus und Richard Tauber.

☆

Berlin war in den zwei Jahrzehnten zwischen den beiden Weltkriegen — um in der Sprache der Stadt zu bleiben — immer »vorneweg«. Um einige wenige Beispiele zu nennen: Schon 1912 wurde hier der Begriff »Einbahnstraße« geprägt; es gab drei von ihnen in der Friedrichstadt. 1921 wurde mit der Avus die erste kreuzungsfreie Autostraße Europas und erste deutsche Rennstrecke eingeweiht, 1922 auf dem Potsdamer Platz der erste Verkehrsturm aufgestellt, gleichzeitig erschienen die ersten Verkehrsampeln Deutschlands im Berliner Straßenbild. Im selben Jahr wurden von Berlin aus die ersten Bilder funktelegrafisch nach den USA übertragen.

Am 29. Oktober 1923 meldete sich zum ersten Male in Deutschland der Unterhaltungsrundfunk: »Hier Sendestelle Berlin, Voxhaus, Welle 400!« Und schon im Jahre darauf, am 4. Dezember 1924, eröffnete Reichspräsident Friedrich Ebert die »Erste Große Deutsche Funkausstellung Berlin«. Sie verzeichnete mit 114 109 Besuchern gleich einen Rekord.

1923 wurde in Tempelhof offiziell der Flughafen in Betrieb genommen, der lange Zeit als der modernste der Welt galt — vor allem nach den späteren großen Erweiterungsbauten. Die offizielle deutsche Verkehrsfliegerei hatte schon 1919 begonnen — mit alten Militärmaschinen und Kriegsfliegern am Steuerknüppel, zum Beispiel Ernst Udet.

In der Nacht vom 8. auf den 9. März 1929 begann in Berlin-Witzleben der deutsche Fernseh-Rundfunk: Dénes von Mihaly führte einem kleinen, staunenden Publikum einen ersten Testfilm vor, in dem sich ein Herr eine Zigarette anzündete und Filmdiva Pola Negri ihr schönstes Lächeln zeigte.

Während der »8. Großen Deutschen Funkausstellung 1931« führte Manfred von Ardenne als Weltpremiere, zusammen mit der Firma Loewe, zum erstenmal ein vollelektronisches Fernsehen vor, und schon 1932, während der nächsten Berliner Funkausstellung, stellte die Firma Telefunken ihren Fernsehempfänger »FE 1« vor. Die Besucher der Ausstellung konnten Hans Albers und Käthe von Nagy auf der Mattscheibe in einem zärtlichen Tête-à-tête bestaunen.

Einige Jahre zuvor waren die ersten Raketen-Autos über die Avus gedonnert, und Berlin war schon 1930 der »Geburtsort« der ersten Rakete, aus der zehn Jahre später die »V 2« und nach weiteren zwanzig Jahren schließlich die Mondrakete »Saturn V« entstand.

Von den 16 000 Patenten, die 1945 beim Ausverkauf des deutschen Geistes den Alliierten in die Hände fielen, waren rund 2800 Erfindungen, die von Ingenieuren, Forschern oder auch nur genialen »Bastlern« in Berlin gemacht worden sind.

»Berlin war in Wahrheit eine prometheische Stadt, welche das Feuer aus allen Himmeln holte und es ihren Menschen weitergab«, stellt der Schriftsteller Gustaf Hillard fest, der Anfang der zwanziger Jahre als Dramaturg bei Max Reinhardt gearbeitet hat.

Die Reichsmetropole war mit ihren 750 000 Arbeitern (Metallverarbeitung, Elektronik, Feinmechanik, Optik, Bekleidung, Nahrungs- und Genußmittel, Papier, Chemie u. a.) und mit ihren 300 000 Beschäftigten (1927) in fast 68 000 Handwerksbetrieben die größte Industriestadt des Kontinents, und nach London, New York und Chikago hielt sie den vierten Platz auf der Weltrangliste.

86 Prozent der deutschen Konfektion kamen aus Berlin, und der Hausvogteiplatz war das weltweit bekannte Zentrum der Berliner Mode.

52 Prozent aller elektrotechnischen Erzeugnisse und 30 Prozent aller Produkte des grafischen Gewerbes stammten aus der Reichshauptstadt.

In 3150 (!) Bankniederlassungen bewältigten 52 000 Angestellte 1928 mehr als ein Viertel des gesamten deutschen Geld- und Börsenverkehrs.

Venedig und Amsterdam gelten, sehr zu Unrecht, als die Städte mit den meisten Brücken. Berlin stellt ihre Konkurrentinnen in den Schatten: Die Reichshauptstadt besitzt mehr Brücken als Venedig und Amsterdam zusammen und hält 1936 mit 957 Brücken den Rekord als brückenreichste Stadt der Welt. Fast die Hälfte dieser 957 Brücken — nämlich 455 — überqueren Wasserläufe (hauptsächlich Spree und Havel und Kanäle), 375 führen über Straßen, 127 schwingen sich über Bahnanlagen.

Die vielen Superlative und »Rekorde« Berlins erstreckten sich außer denen, die in diesem ersten Kapitel des Berlin-Berichtes angedeutet wurden, auf zahlreiche Gebiete der Kunst, der Wissenschaft, des Verkehrs, aber auch auf jene Bereiche, die immer wieder Schlagzeilen in der Sensationspresse der Welt machten.

In der Reichshauptstadt gab es die größten Skandale der damaligen Zeit. Es gab Prozesse, die ganz Europa in Atem hielten — vor allem, wenn die Starverteidiger Dr. Dr. Frey und Dr. Alsberg in ihnen auftraten. Es gab rund 60 Ganoven-Organisationen (die legendären Ringvereine), und schließlich konnte sich Berlin rühmen, die schlagkräftigste Mordkommission der Welt zu besitzen. Ihr Chef, Kriminalrat Ernst Gennat, der 1939 starb, gilt noch heute als eine Art von Schutzpatron vieler Mordspezialisten.

Die Reichshauptstadt ist auch das Paradies der Zeitungsmacher und -leser. Hier rauscht die Sinfonie der Rotationsmaschinen rund um die Uhr. Die neuesten Nachrichten, die letzten Meldungen, klärende Kommentare, aggressive Leitartikel, kluge Kritiken und die ganze Vielfalt interessanten Lesestoffes — das alles spucken sie Tag und Nacht aus.

In keiner anderen Stadt der Welt wird soviel Papier bedruckt wie in Berlin. 1930 erscheinen 149 Tageszeitungen — von den Weltblättern »Vossische Zeitung« und »Berliner Tageblatt« über die Massenpresse »Berliner Morgenpost« und »Berliner Lokal-Anzeiger« bis hin zum kleinen »Lankwitzer Anzeiger« und den »Dahlemer Nachrichten« (die allerdings, wie einige andere Vorort-Blätter, nur einmal wöchentlich erscheinen).

Olympia 1936 in Berlin. Das Foto gibt den Blick frei auf das Brandenburger Tor, durch das großstädtischer Verkehr flutet. Die Masten sind mit Eichenlaub und golden glänzenden Bändern umwickelt. Während der Dunkelheit hüllen riesige Scheinwerfer den Farbenrausch in gleißendes Licht. (5)

Ecke Unter den Linden — Friedrichstraße, gesehen von der Kranzler-Ecke aus, bei „normalem Verkehr", als die Reichshauptstadt sich anschickt, ihre Olympia-Gäste zu empfangen. (6)

„Blumen, frische Blumen!" Die Verkaufsstände am Leipziger und Potsdamer Platz charakterisierten ein Stück Berliner Volkslebens. (7)

Wenn man berücksichtigt, daß fast 20 Berliner Zeitungen täglich mit zwei Ausgaben — das Boulevard-Blatt »Tempo« sogar mit drei — erscheinen und bei besonderen Ereignissen zusätzliche Extrablätter hinzukommen, gibt es in Berlin alle zehn Minuten eine neue Zeitung.

Die Reichshauptstadt ist auch der Erscheinungsort so vieler Wochen-, Fach- und Monatszeitschriften, daß die Zahl 3000 zeitweilig überschritten wird. Die Liste beginnt bei der »Berliner Illustrirten« (aus Gründen der Tradition ohne »e«!), die das auflagenstärkste Bilderblatt der Welt ist; sie setzt sich fort mit der »Grünen Post« — der Urmutter aller unterhaltenden Wochenzeitschriften —, mit der »Koralle«, der »Dame« und der »Woche«; sie umfaßt die aggressiv-geistreiche »Weltbühne«, den renommierten »Querschnitt« und die anspruchsvolle »Literarische Welt« ebenso wie das freche Magazin »Uhu«. Die Liste endet bei den Unterhaltungszeitschriften jeglichen Niveaus und den Fachblättern aller nur denkbaren Berufe, den Gazetten aller Richtungen und Meinungen, den Periodika mit der verrücktesten Zielsetzung und der verwirrenden Fülle der Zeitschriften seriöser und skurriler Vereine.

Im Zeitungsviertel mit seinem ganz besonderen Flair residieren auch die großen Drei der Branche: Ullstein, Scherl und Mosse, deren Namen untrennbar mit der Berliner Zeitungsgeschichte verbunden sind. Hier wirkten Männer, deren Wort und Meinung in der ganzen Welt etwas galten, und hier schrieben Kritiker, die der Kunst und vor allem dem Theater neue Wege wiesen und unbestechlich in ihrem Urteil waren.

Wer je als Journalist in einem dieser Großverlage gearbeitet hat, fühlt sich noch heute einem elitären Berufsorden zugehörig . . .

☆

Berlin galt als die »telefonwütigste« Stadt der Welt. Von fast einer halben Million Telefonanschlüssen wurden täglich Einemilliondreihunderttausend Gespräche durch die »Quasselstrippe« geführt.

Es gab, es gab, es gab . . .

»Wer das Berlin von 1918 bis 1933 nicht erlebt hat, weiß nicht, was eine Weltstadt alles zu bieten hat — im Guten wie im Bösen«, rundet Egon Erwin Kisch, der berühmte »Rasende Reporter« aus Prag, der von 1921 bis 1933 meist in Berlin lebte und 1948, nach seiner Rückkehr aus Mexiko, in seiner Heimatstadt starb, die Erinnerungen an seine Jahre an der Spree ab.

Und der erste Präsident der Bundesrepublik Deutschland, Theodor Heuss, der viele Jahre seines Lebens in Berlin verbracht hat, schrieb in seinem Essay über die alte Reichshauptstadt, das er eine »Liebeserklärung an diese schicksalsreiche Stadt« nennt, in bezug auf Berlin: »Liebe ist ohne Dankbarkeit nicht recht vorstellbar.«

☆

Berlin, Berlin ...

Vielgestaltig, hinreißend schön, schillernd und schäumend, berauschend und manchmal entnervend, aber eine Stadt, die jeden packt, der dort lebt oder die Stadt auch nur besucht.

Berlin ...

Das alles lebt und wirkt und arbeitet vor der Kulisse dieser großen Stadt.

1914 hat das eigentliche Berlin — ohne seine Vororte — »nur« 2,4 Millionen Einwohner. Nach dem Ersten Weltkrieg erlebt die Reichshauptstadt durch eine verwaltungsmäßige Großtat, die in dieser Dimension bis heute ohne Beispiel geblieben ist, ihren großen Sprung nach vorn: Sieben Städte (unter ihnen Charlottenburg und Köpenick), 56 Dörfer (zum Beispiel Tempelhof und Pankow) und 29 Gutsbezirke (zu denen — um wieder nur exemplarisch zwei zu nennen — Dahlem und Frohnau gehören) werden am 1. Oktober 1920 eingemeindet und Teile Groß-Berlins. Nach diesem Zuwachs wird die Stadt in 20 Verwaltungsbezirke eingeteilt und hat nun 4,2 Millionen Einwohner.

Jetzt ist die deutsche Metropole in jeder Beziehung eine Weltstadt und nach New York und London die größte Stadt der Welt. Erst zehn Jahre später wird sie von Tokio und Paris überrundet. Mit ihrer

Fläche von 882 Quadratkilometern übertrifft sie bis heute alle anderen Metropolen.

Ihre Seen, Flüsse, Kanäle und Parks sorgen für die berühmte Berliner Luft.

☆

Berlin zwischen den beiden Weltkriegen ... Die lauten Straßen und pulsierenden Plätze dieser Weltstadt, ihre stillen Alleen in den Vororten, ihre repräsentativen Bauten, ihre endlosen Häuserreihen ... Der vom Verkehr spiegelnde Asphalt ... Die bunten Plakate der vierhundert Kinos ... die Lichtkaskaden der Reklame ... Die verführerischen Schaufenster, die animierenden Bars...

Die fast 16 000 (!) »Pinten«, »Eckkneipen« und »Destillen« mit ihrer meist anheimelnd-verräucherten, gelegentlich anrüchigen, immer aber originellen Atmosphäre ...

Die lockenden Tanzpaläste, in denen Deutschlands beste Kapellen spielten: Feuerwerk der Lebensfreude, Reigen im Charleston-Rhythmus, Jazz-Besessenheit statt längst verklungener Walzer-Seligkeit ...

Die vielen Versuchungen des Nachtlebens von einem bisher in Deutschland unbekannten Raffinement ...

Das aufmunternde Schreien auf den über dreihundert Sportplätzen, im Sportpalast, auf den Pferderennbahnen und ab 1935 in der Deutschlandhalle ...

Der Beifall des Publikums in den Theatern, Konzertsälen und in den Kabaretts, in den beiden Varietés »Scala« und »Wintergarten« mit ihren Weltattraktionen und ihrer Startrampe großer artistischer Sensationsnummern ...

... das alles und noch viel, viel mehr fügt sich zum heiteren Teil des Berlin-Bildes von damals zusammen, dem eine unnachahmliche Mischung aus hauptstädtischem Selbstbewußtsein, Keßheit und Tempo den »letzten Pfiff« verlieh.

Die andere Seite Berlins — das ist die rastlose Arbeit in der unermüdlichen Stadt, das sind die großen Fabriken und die Arbeiterviertel im Norden und Osten mit ihren düsteren Hinterhöfen, deren »Miljöh« Heinrich Zille mit seinem Zeichenstift so trefflich charakterisierte.

Aber ...

Aber zum Berlin von damals — der Reichshauptstadt der zwanziger und dreißiger Jahre — gehören auch Revolution, Inflation und Arbeitslosigkeit mit ihrer Not für hunderttausende Familien in der weltweiten Wirtschaftskrise; gehören die Saal- und Straßenschlachten zwischen Kommunisten und Nationalsozialisten; gehören politische Skandale und Verbrechen.

Dem 30. Januar 1933, dem Reichstagsbrand, der Bücherverbrennung und der großen »Säuberung« folgten alle jene politischen und militärischen Ereignisse im Dritten Reich, die schließlich zum Untergang Berlins führten — den niemand vorauszusehen wagte, als sich die ganze Welt 1936 von den zum »größten Fest aller Zeiten« erhobenen Olympischen Spielen beeindrucken ließ ...

Olympia 1936:
»Das größte Fest aller Zeiten«

II

Goldmedaille für Propaganda

Duell mit Sekt, Musik und Körperkräften

Mit Ärger fing alles an ...

Adolf Hitler, Reichskanzler des Deutschen Reiches, wollte zunächst von den XI. Olympischen Spielen, die 1936 in Berlin ausgetragen werden sollten, nichts wissen.

Schon am 13. Mai 1931, lange vor Hitlers Machtantritt, wurden die Olympischen Sommerspiele 1936 auf einer Tagung des Internationalen Olympischen Komitees in Barcelona nach Berlin vergeben.

Der ersten Abstimmung des Komitees folgte eine schriftliche Umfrage bei jenen Mitgliedern, die auf dieser Tagung in Barcelona nicht dabei waren. Die große Mehrheit der 53 stimmberechtigten Nationen im Olympischen Komitee entschied sich für Berlin. Schon einmal, 1912, war die Wahl auf die deutsche Reichshauptstadt gefallen. Aber der Erste Weltkrieg hat es nicht zu den für 1916 geplanten Spielen kommen lassen. Die Jugend der Welt lag sich im mörderischen Kampf gegenüber ...

Als die Wahl 1931 für Berlin entschied, dachte noch niemand an einen möglichen Sieg des Nationalsozialismus.

Staatssekretär Dr. Theodor Lewald, von 1919 bis 1933 Präsident des Deutschen Reichsausschusses für Leibesübungen, wurde 1932 zum Reichskommissar für die Olympischen Spiele ernannt. Reichspräsident Paul von Hindenburg hatte diesen Mann für seine Verdienste um den Sport mit dem Adlerschild des Deutschen Reiches ausgezeichnet: mit der höchsten Ehrung, die es in der Weimarer Republik gab.

Lewald war offenbar der Grund dafür, warum Hitler zunächst nichts von den Olympischen Spielen in Deutschland wissen wollte;

denn der Mann, der sich dem Sport in Deutschland verschrieben hatte, paßte nicht in das Bild vom »arischen Menschen«: Lewald war »Halbjude«.

Nur so ist es zu verstehen, daß Hitler in völliger Verkennung der Tatsachen die Olympischen Spiele — wie er wörtlich sagte — für »ein vom Judentum inspiriertes Schauspiel« hielt, »das unmöglich in einem nationalsozialistisch regierten Reich abgewickelt werden kann.«

Aber es gelingt dem Reichspropagandaminister Dr. Joseph Goebbels, dem Reichssportführer Hans von Tschammer und Osten und den Mitgliedern des Deutschen Olympischen Komitees — unter ihnen Dr. Carl Diem, von 1913 bis 1933 Generalsekretär des Deutschen Reichsausschusses für Leibesübungen und 1920 Mitbegründer der Deutschen Hochschule für Leibesübungen —, Staatssekretär Dr. Hans Pfundtner vom Reichsinnenministerium und dem Reichsjugendführer Baldur von Schirach, Hitler zu überzeugen.

Der Führer sieht ein, daß sich hier eine Gelegenheit bietet, »der Welt das neue Deutschland vorzustellen«. Er wittert die Chance, mit den vielen »Greuelberichten« (so Goebbels) aufräumen zu können, die im Frühling und Sommer 1933 von der Weltpresse veröffentlicht wurden, und die politische Isolierung zu durchbrechen, in die das Deutsche Reich nach dem Austritt aus dem Völkerbund (19. Oktober 1933) geraten war.

Vor allem Dr. Goebbels erblickt in den Olympischen Spielen ein »Propaganda-Geschenk des Himmels«. Später, nach den Spielen, wird der »Angriff« schreiben:

»Olympia 1936 war nicht zuletzt eine Arbeit des Propagandaministeriums.«

Hitler kann sich den Argumenten seiner Fachleute nicht verschließen. Er gibt nicht nur Anweisung, den zahlreichen Gästen des Auslandes, die zu erwarten sind, den Eindruck eines friedlich gesinnten Deutschland zu vermitteln; er ordnet auch an, daß »der gesamte Staats-, Partei- und Wehrmachtsapparat heranzuziehen ist, um eine perfekte Abwicklung der Spiele zu gewährleisten. Sie sollen das größte Fest aller Zeiten werden«.

Der glanzvolle Ablauf der Spiele, ihre präzise Organisation, bei der auch nicht die geringste Panne passierte, ging als das »Wunder von Berlin« in die Geschichte der Olympischen Spiele ein.

☆

Olympische Spiele in Nazi-Deutschland? In der Welt gibt es zunächst überall Proteste — mit dem Argument, man könne die Spiele nicht in einem Land stattfinden lassen, das an »minderwertige« und »überlegene« Rassen glaubt und von dem man fest überzeugt ist, daß es alles tut, um einen Krieg vorzubereiten. Als sich Hitler von den Rüstungsbeschränkungen der Versailler Verträge lossagt und 1935 die allgemeine Wehrpflicht einführt, mehren sich die Stimmen, die gegen Berlin als Olympiastadt sprechen.

Dann aber setzt sich die Erkenntnis durch, daß Sport nichts mit Politik zu tun hat und daß es unsportlich und unfair ist, dem Deutschen Reich sozusagen im letzten Augenblick die Olympischen Spiele zu entreißen. Kaum einer ahnt freilich zu dieser Zeit, daß vor allem Goebbels die Spiele ausnutzen wird, um den Deutschen einzureden, die Welt habe Hitler und den Nationalsozialismus akzeptiert und suche Freundschaft mit dem deutschen Volk.

Die große Illusion vom ewigen Frieden — unter diese Parole wird Goebbels die Spiele stellen.

Zu Beginn der Spiele, auf einer großen Pressekonferenz in den Berliner Zoo-Festsälen, an der 2500 Journalisten aus der ganzen Welt teilnehmen, weist Goebbels den Gedanken zurück, mit den Olympischen Spielen werde Propaganda für das nationalsozialistische Deutschland getrieben.

»Deutschland ist allerdings gewillt, sich seinen Gästen selbstverständlich von der besten Seite her zu zeigen«, erklärt der Minister. »Das gebietet uns die Höflichkeit, hat jedoch mit politischer Propaganda nichts zu tun. Wir möchten, daß Sie Deutschland so sehen, wie es ist, und wir haben nicht die Absicht, Ihnen Potemkinsche Dörfer vor Augen zu führen.«

Goebbels schlägt den Journalisten einen »Weltpressefrieden« vor — ein Wunschtraum, der lebhaft begrüßt wird, aber nicht zu verwirklichen ist.

Mit dieser großen Friedensidee ist es allerdings nicht zu vereinbaren, daß die gesamten Deviseneinnahmen des Olympischen Jahres ausschließlich in die deutsche Rüstung fließen: Fremde Währungen im Werte von etwa fünfhundert Millionen Reichsmark geben die rund 95 000 ausländischen Besucher aus, die 1936 Berlin und Deutschland besuchen. Besonders großzügig mit dem Geld sind die Touristen aus den USA.

Viele Jahre später, am 12. Mai 1942, wird Adolf Hitler in einem seiner berühmten Tischgespräche feststellen: »Das Olympiastadion hat uns eine halbe Milliarde Devisen eingebracht«.

Wenn der Führer vom Olympiastadion spricht, meint er die ganzen Spiele. Der Fünfhundert-Millionen-Reichsmark-Erlös aus fremden Währungen war 1936 eine ungeheuere Summe (mit etwa fünffacher Kaufkraft gegenüber der D-Mark 1972).

⭑

In dem hügeligen Waldgelände, auf dem schon 1913 das Deutsche Stadion als Schauplatz für die Olympischen Spiele 1916 errichtet worden war, entsteht nach den Plänen von Werner March in knapp zwei Jahren das gesamte Reichssportfeld mit seinem Olympiastadion für 100 000 Zuschauer (das 71 Millionen Reichsmark gekostet hat) und der Dietrich-Eckart-Freilichtbühne (heute »Waldbühne«) mit 20 000 Plätzen.

Zum Reichssportfeld gehören außerdem: das Maifeld als Festplatz für 500 000 Teilnehmer, das vom 76 Meter hohen Glockenturm überragt wird; das Schwimm- und das Hockeystadion, der Reiterplatz und die Basketballplätze, eine Turn- und eine Schwimmhalle, das Polofeld, das Haus des Deutschen Sports, die Reichsakademie für Leibesübungen und eine große Gaststätte.

Zahlreiche Parkplätze können 24 000 Autos aufnehmen. Große

neue U- und neue S-Bahnhöfe mit allem technischen Komfort ermöglichen eine bisher nie dagewesene Zugfolge.

Die Regattabahn von Grünau — im Osten Berlins, wo sich die Dahme zum Langen See weitet — wird zu einer für die ganze Welt vorbildlichen Ruderkampfbahn von zweitausend Meter Länge ausgebaut.

Allein auf dem Reichssportfeld müssen 5 000 000 Kubikmeter Erde bewegt werden, und zeitweise arbeiten 2500 Männer Tag und Nacht. Die Deutschlandhalle — als des Reiches schönster und größter Hallenbau gefeiert — ist schon 1935 eröffnet worden. Hier werden die Olympischen Wettkämpfe im Boxen, Ringen und Gewichtheben ausgetragen.

Etwa vierzehn Kilometer vom Reichssportfeld entfernt — bei Döberitz — plant und baut die Wehrmacht das Olympische Dorf (in dem nach den Spielen eine Infanterieschule untergebracht wird). In 140 einstöckigen Steinhäusern, die von Gartenanlagen umrahmt sind, wohnen die 3941 Männer, die an den Spielen teilnehmen. Jede Nation erhält ihren eigenen Wohnbezirk. Die 328 Mädchen werden in dem neuerrichteten »Kameradschaftshaus« auf dem Reichssportfeld untergebracht.

In den beiden Unterkünften kommt es nach den Spielen zum »größten Handtuch-Diebstahl der Geschichte«: Als Souvenir nimmt jeder Teilnehmer der Spiele eines der bunten Handtücher mit, die mit den Olympischen Ringen geziert sind und die Aufschrift tragen: »Olympische Spiele Berlin 1936«. Über viertausend dieser Andenken sind in den Koffern der Sportler verschwunden.

Alle diese olympischen Bauten stehen unter der Parole: Etwas Schöneres, Großzügigeres und Besseres hat es bisher noch nicht gegeben.

Der französische Botschafter in Berlin, André François-Poncet, schreibt über das Olympiastadion:

»Von innen gesehen, ist es von überragender Schönheit. Breite Zugänge gestatten einer großen Menge (100 000 Menschen) den Eintritt und das Verlassen in wenigen Augenblicken und ohne Gedränge. Das

Gebäude ist mit aller Bequemlichkeit ausgestattet. Die Kleiderablage für die Sportmannschaften, die für die Presse vorgesehenen Einrichtungen, die Restaurants und die Regierungs-Tribüne — das alles läßt nichts zu wünschen übrig. Die rotbraune Farbe des Sandes auf der Bahn, das leuchtende Grün des Rasens, das zarte Grau der Mauern und Stufen bieten ein verführerisch schönes Farbenbild dar.«

Paul Stehlin, der Zweite Luftwaffenattaché der Französischen Botschaft, der mit besonderem Auftrag des Geheimdienstes seines Landes bis zum Ausbruch des Krieges in Berlin weilt, ergänzt seinen Botschafter:

»Im Innern war das eben erst fertiggestellte Stadion inmitten seiner malerischen Umgebung von Wäldern und Seen von atemberaubender Schönheit. Die Proportionen gefielen dem Auge ebenso wie die Harmonie der Farben . . .«

☆

Während die baulichen Vorbereitungen auf vollen Touren laufen, werben große Plakate in allen Erdteilen für die Olympischen Spiele in Berlin. Filme und Plaketten, Postkarten und ein Pressedienst in vierzehn Sprachen werden in die Welt verschickt, Flugblätter in Massenauflagen verteilt, Olympia-Schlager komponiert, die viersprachige Zeitschrift »Olympische Spiele« versandt, Olympia-Wochen veranstaltet, Ausstellungen gezeigt. Im Juli 1936 wird in Zeesen bei Berlin die größte Kurzwellenfunkstelle der Welt in Betrieb genommen; sie bricht während der Spiele im Rund-um-die-Uhr-Betrieb alle bisherigen Senderekorde.

Der Kartenverkauf wird so organisiert, daß es nirgendwo Schwierigkeiten gibt. Insgesamt werden 3 769 892 Karten ausgegeben (358 990 davon an Ehrengäste aus der ganzen Welt verschenkt).

Deutschlands beste Verkehrs-Fachleute kommen in die Reichshauptstadt, um alle Probleme zu lösen. 1936 gibt es in der Stadt fast 120 000 zugelassene Personenkraftwagen. Mindestens noch einmal soviel werden erwartet. Berlin, längst schon an starken Verkehr gewöhnt, erhöht die Zahl seiner 268 Verkehrsampeln um viele neue (im Sommer 1936 werden in München die bisherigen sechs Ampeln auf acht erhöht ...)

S- und U-Bahn werden mit einer bisher nie dagewesenen Zugfolge auf wichtigen Strecken verkehren: alle 90 Sekunden ein Zug. Das »Ostkreuz«, ohnehin schon meistfrequentierter Bahnhof des Kontinents, wird während der Olympischen Spiele täglich innerhalb von 20 Stunden 1700 Züge abfertigen.

Auch die Unterbringung der Gäste stellt keine Probleme. Die 462 Hotels — darunter die weltberühmten Häuser »Adlon«, »Bristol«, »Esplanade« und »Excelsior« —, 6557 Pensionen und Heime und dazu 150 000 Privatquartiere garantieren, daß kein Gast aus der ganzen Welt oder aus Deutschland außerhalb Berlins wohnen muß.

In sämtlichen Zügen, die vor und während der Spiele aus allen Himmelsrichtungen nach Berlin fahren, gehen Beauftragte des Verkehrsamtes von Abteil zu Abteil. Jeder, der noch keine Unterkunft in Berlin hat, erhält auf der Fahrt in die Reichshauptstadt ein Quartier angewiesen. Ähnliches erleben die Autofahrer, die vor der Stadt empfangen und über die besten Wege durch die Olympiastadt zu ihrer Unterkunft beraten werden.

Der Flughafen Tempelhof, auf dem schon 1935 über 190 000 Fluggäste abgefertigt wurden, wird einen in Europa bisher nicht gesehenen Flugverkehr erleben.

André François-Poncet schreibt später in seinen Memoiren:

»Alle Welt ist begeistert von der lückenlosen Organisation, der geschlossenen Ordnung und Disziplin, dem ganzen Fest, das mit verschwenderischer Großzügigkeit aufgezogen ist.«

Der amerikanische Botschafter William E. Dodd ergänzt seinen Kollegen:

»Noch nie habe ich eine so bis ins letzte ausgeklügelte Organisation erlebt.«

Zu dieser Organisation gehört auch der Olympische Fackellauf über die 3054 Kilometer lange Strecke von Olympia bis nach Berlin. Diese

Idee stammt ebenso von Dr. Diem wie die große Olympische Glocke mit der Aufschrift: »Ich rufe die Jugend der Welt«.

Am 20. Juli 1936 wird in Olympia mittags punkt zwölf Uhr die erste Fackel entzündet, und am Sonnabend, dem 1. August, trifft auf die Minute pünktlich im Berliner Lustgarten das Olympische Feuer ein.

Der ganze Lauf ist in Teilstrecken von eintausend Metern eingeteilt, so daß insgesamt 3054 Läufer das Feuer tragen. Und viele von ihnen müssen — vor allem in Bulgarien — buchstäblich über Stock und Stein laufen. Unterwegs gibt es manche Feierstunde — zum Beispiel in Belgrad, wo der junge König Peter ein Stück die Fackel trägt; in Budapest vor dem Grabmal des Unbekannten Soldaten; in Prag vor dem Denkmal des tschechischen Kirchenreformers und Nationalhelden Johannes Hus. Lauf und Zeit sind minutiös genau berechnet.

Der Rundfunk und Pressevertreter sind während der Spiele immer und überall dabei. 2500 Journalisten aus aller Welt berichten stündlich in ihre Heimatländer. 150 deutsche Rundfunkreporter unterrichten über insgesamt 400 Sender des deutschen Rundfunks — darunter die »Richtstrahler« in alle Länder der Erde — die Hörer ununterbrochen über alle Einzelheiten der Olympischen Spiele.

Eine Fernsehkamera im Olympiastadion überträgt das Ereignis in 28 »Fernsehstuben« der Reichspost und auf rund zweihundert Bildschirme in Berlin. Hundert Kameramänner belichten unter der Leitung von Leni Riefenstahl 500 000 Meter Film und stellen den »größten Sportfilm aller Zeiten« her. Sie filmen aus Erdgruben und unter Wasser, vom Flugzeug und vom Ballon aus. Die Olympischen Spiele sollen ein Triumph moderner Technik werden.

☆

In den letzten Monaten vor den Spielen gibt es hinter den Kulissen mit Hitler noch eine Auseinandersetzung. Reichssportführer von Tschammer und Osten und Reichsjugendführer Schirach bitten den Führer, das äußere Bild der Olympischen Spiele »so zivil wie möglich« zu halten. Der Reichssportführer schlägt Hitler sogar vor, zu allen Veranstaltungen in einem hellen Sommeranzug zu erscheinen.

Doch der Reichskanzler will davon nichts wissen und entscheidet sich für die Uniform. So kommt es dann, daß während der Spiele SA- und SS-Uniformen das Bild beherrschen: Allein auf der elf Kilometer langen Feststraße vom Berliner Rathaus über die Prachtstraße Unter den Linden und die Ost-West-Achse zum Olympiastadion bilden beim Fackellauf achtzigtausend uniformierte Männer Spalier — wie sich später herausstellt, der einzige »Schönheitsfehler« für die ausländischen Besucher.

Während Hitler ostentativ in der Regierungsloge des Olympiastadions in Uniform erscheint, bevorzugen fast alle Mitglieder der Reichsregierung — vor allem Goebbels, Innenminister Frick, Erziehungsminister Rust und sogar der uniformbesessene Göring — Zivil.

Als Mitte Juli die ersten ausländischen Gäste in Berlin eintreffen, erleben sie überall eine festlich gestimmte Stadt. Nichts läßt ein »kriegerisches« Deutschland erkennen, und auch von Antisemitismus ist nichts zu spüren. An den Zeitungskiosken gibt es jede gewünschte ausländische Zeitung. Das antisemitische Hetzblatt »Der Stürmer« ist ebenso verschwunden wie die Schilder an manchen Geschäften und Restaurants »Juden unerwünscht« entfernt worden sind.

In den Auslagen Berliner Buchhandlungen dürfen sogar während der Olympischen Spiele die Namen jener zum Teil weltberühmten Schriftsteller und Dichter wieder auftauchen, deren Bücher am Abend des 10. Mai 1933 auf dem Opernplatz gegenüber der Universität unter der Parole »Deutsche Studenten wider den undeutschen Geist« in einem makabren Schauspiel verbrannt worden sind (Goebbels hatte diese Kulturschande inszeniert).

Und ist nicht Dr. Lewald das beste Beispiel dafür, daß es mit dem Haß auf die Juden gar nicht so schlimm ist? Daß allein 157 jüdische unter den 598 Professoren der Friedrich-Wilhelms-Universität und den weiteren 162 Lehrern der Technischen und anderer Hochschulen längst entlassen und ebenso viele Künstler zur Emigration gezwungen wurden — darüber spricht in Berlin niemand.

»So wurde der Eindruck erweckt«, schreibt Louis P. Lochner, damals Chef der amerikanischen Nachrichtenagentur »Associated Press« für Mitteleuropa in Berlin, »als ob der Antisemitismus in Deutschland gar nicht so wild sei, wie wir ausländischen Korrespondenten ihn hingestellt hatten. Für die Dauer der Spiele waren die radikalsten Antisemiten an die Kandare genommen.«

Auch der Kampf gegen die Kirche ist ausgesetzt. Die Regierung setzt alles daran, den besten Eindruck zu machen. Alle Behördenleiter, alle Polizisten, alle Ordner, Dolmetscherinnen und überhaupt alle, die mit den Fremden in Berührung kommen, sind betont freundlich und konziliant.

Dr. Gerhard Krause, der die Pressestelle der XI. Olympischen Spiele leitet, schreibt in einem Artikel:

»Wir haben uns zwar durchgesetzt, aber unsere Feinde in der ganzen Welt sind noch lange nicht stumm. Sie lauern nur auf die ‚Zwischenfälle', auf ein besonderes Verhalten der Zuschauermenge, das als unsportlich angesehen werden könnte, auf irgend etwas anderes, was nicht den internationalen Gesetzen der Gastlichkeit oder der Höflichkeit entspricht.

Wir wollen uns daher in Zucht halten, stets unserer Pflichten als Gastgeber und unseres eigenen Wertes bewußt. Wir wollen unseren Gästen offen gegenübertreten; denn wir haben ihnen nichts zu verbergen. Unsere Gastfreundschaft sei von gewinnender Herzlichkeit, aber frei von Unterwürfigkeit und Liebedienerei . . .«

Sogar alle gehässigen Plakate sind verschwunden, und in den deutschen Zeitungen wird nicht gegen die westlichen Demokratien, gegen den Liberalismus, den Marxismus und die »Dekadenz der zwanziger Jahre« geschrieben. In den Tanzpalästen ist sogar »entarteter« Jazz erlaubt. Der Schweizer Teddy Stauffer mit seinen »Original Teddies« darf im »Delphi« einen Swing spielen, der die Menschen zur Ekstase bringt. Und auch die übrigen Tanzkapellen — etwa Marek Weber, Dajos Bela, Oskar Joost und Bernhard Etté — brauchen in diesen Wochen keine Rücksicht auf die Reichsmusikkammer zu nehmen.

Es ist wirklich an alles gedacht: Die rund siebentausend Prostituierten, die vor 1933 in Berlin registriert und öffentlich kontrolliert waren und deren Reihen dann von den Nationalsozialisten radikal gelichtet wurden, erreichen während der festlichen Wochen wieder ihren alten Stand — durch »Verstärkung« aus der Provinz.

Eine Sportlerin macht schon Schlagzeilen, bevor sie in Berlin eingetroffen ist. Eleanor Holm, eine Meisterschwimmerin der USA und eine der aussichtsreichsten Goldmedaillen-Anwärterinnen, reist mit der gesamten nordamerikanischen Olympia-Mannschaft auf dem Luxusdampfer »Manhattan«.

Der jungen, hübschen und temperamentvollen Schwimmerin gefällt das Leben an Bord so gut, daß sie es allzu reichlich genießt. Sie nimmt jede Gelegenheit wahr zum Flirt und schockiert ihre Kameraden und auch die übrigen Passagiere durch allzu reichlichen Alkoholgenuß.

Alle guten Ermahnungen schlägt sie in den Wind. Ihr liebster Platz bleibt ein Barhocker. Schließlich ist ihr Benehmen in den Augen des Mannschaftskapitäns so skandalös, daß er sie aus der Olympia-Mannschaft ausschließt. Aber Eleanor Holm denkt gar nicht daran, wieder nach Hause zu fahren. Als ihr in Berlin sogar von ihrer Botschaft offiziell »befohlen« wird, mit dem nächsten Flugzeug nach Hamburg zu fliegen und dort schleunigst ein Schiff zu besteigen, weigert sie sich.

Bald nach ihrer Ankunft in der deutschen Reichshauptstadt hat sie den Vertrag einer amerikanischen Zeitung bekommen. Sie wird über die Olympischen Spiele berichten. So erlebt Eleanor Holm die festlichen Tage von Berlin auf der Pressetribüne des Olympiastadions und ist hier bald eine ebenso beliebte Erscheinung wie am Abend und in der Nacht in den eleganten Bars Berlins.

In diesem Olympia-Jahr 1936, so gestattet es Frau Mode, dürfen die Damen fünf Zentimeter mehr von ihren Beinen zeigen: Die Kleidersäume sind von 25 auf dreißig Zentimeter über den Boden hochgerutscht. Zweifarbige Jackenkleider sind der letzte Schrei, und blau und rot, braun und lila gelten als die beliebtesten Farben. Vor den Spielen haben die großen Kaufhäuser Berlins Strohhüte mit Bandgarnierung für 3,75 Reichsmark angeboten: »flotte, jugendliche Glocken in allen nur denkbaren Farben«.

Die Damen der Berliner Gesellschaft schwärmen von einem Diplomaten, der seit März in der Reichshauptstadt weilt und ihnen die neuesten Tänze aus Lateinamerika und noch einiges andere beibringt: der Mann heißt Porfirio Rubirosa. Er ist Sekretär an der Gesandtschaft der Dominikanischen Republik, wird in den nächsten drei Jahrzehnten Schlagzeilen als »Liebesdiplomat« machen und später bekennen, die schönsten Nächte seines Lebens habe er während der Olympischen Spiele in Berlin verbracht.

☆

Während in der Reichskochschule die Köche so ausgebildet werden, daß sie im Olympiadorf jeder der 51 Gastnationen ihre gewohnten Speisen bereiten können ...

Während der Chefmixer des Luxusdampfers »Columbus« anreist, um in der alkoholfreien Bar des Olympiadorfes alle nur denkbaren Getränke zu zaubern ...

Während kostbare Devisen bereitgestellt werden, um 500 000 Apfelsinen und 100 000 Zitronen einzukaufen ...

Während 72 000 Kilogramm Fleisch und Geflügel, 15 000 Kilogramm Butter und 280 000 Eier in die Kühlhäuser des Olympischen Dorfes geschafft werden und die Organisation durchgeprüft wird, wie die Kartoffeln in bestimmten Küchen der Stadt schnell geschält und in das Dorf gebracht werden können ...

... während das und vieles andere »anläuft«, verwirklichen sich die Pläne für den Festschmuck, die Reichsbühnenbildner Benno von Arent entworfen hat.

Die großen staatlichen Gebäude, die zwischen Dom und Schloß bis zum Brandenburger Tor im Laufe der Jahrhunderte entstanden waren, sind fast eingehüllt in riesige samtene Draperien, die sich vom Dach bis zur Erde hinunterziehen und mit dem Hakenkreuz geschmückt sind.

Berlins Prachtstraße Unter den Linden wird von einem Fahnen- und Farbenrausch beherrscht, wie ihn die Stadt noch nie erlebt hat. An vierfachen Reihen von Masten hängen die Fahnen aller Nationen, die an den Olympischen Spielen teilnehmen, flattern die deutschen Flaggen. Nachts wird die Farbenpracht mit dem gleißenden Licht von zahllosen Scheinwerfern überflutet, und so entstehen Bilder, die — wie ein Reporter der Londoner »Times« schreibt — »ins Unwahrscheinliche emporgehoben werden«.

Und — um den Gästen die Schönheiten der deutschen Städte während ihres Besuches in Berlin möglichst nahezubringen — sind auf runden Sperrholztafeln von 1,60 Meter Durchmesser von bedeutenden Künstlern 453 deutsche Städtebilder in Öl gemalt und an den Fahnenstangen entlang der »Via Triumphalis« Unter den Linden angebracht.

Die ganze Ost-West-Achse bis hin zum Reichssportfeld bildet ein einziges Flaggenmeer. Hinzu kommen 70 000 Meter Eichenlaub, die sich von Mast zu Mast schwingen und so präpariert sind, daß sie während der Olympischen Spiele ihre Frische nicht verlieren. Es flattern ungezählte Wimpelbänder über der Feststraße, und vom Eröffnungs- bis zum Schlußtag werden darüber hinaus zwölf Millionen Fahnen in ganz Berlin aus den Fenstern hängen.

Rings um das Olympiastadion hat längst die Wehrmacht mit den Scheinwerfern ihrer Flak geprobt, einen Lichtdom über das nächtliche Rund des Stadions zu wölben. Und in ihren Garnisonen üben Musikzüge der Wehrmacht: Sie werden das stärkste Musikkorps bilden, das es je gegeben hat, und mit 3400 Mann zum Schluß der Abschiedsfeierlichkeiten den Großen Zapfenstreich spielen.

»Künstlerisches Genie und technischer Formungswille bewältigten Aufgaben einer neuen Zeitgeschichte«, heißt es in einem zeitgenössischen Bericht des Deutschen Nachrichtenbüros über die Feststraße. »Die tiefe Verbindung des Deutschtums mit dem Hellenismus hat in Berlin zu der geistigen Verknüpfung die harmonische Vollendung gefunden. Großartigkeit und Schönheit, Prunk und Pracht haben sich zu einem gigantischen Gemälde von Ton und Farbe vereint.«

Vor den eigentlichen Spielen treffen sich Flieger aus zehn Nationen Europas, die eine Art Olympischen Kunstflug-Turniers austragen. Große Sternfahrten von Kanu-Sportlern, Fliegern, Autofahrern und

Radlern sind in der Reichshauptstadt eingetroffen. Auf dem Rupenhorn am Stössensee, in der Nähe der Heerstraße, ist ein internationales Jugendzeltlager — das erste seiner Art — aufgebaut: Jungen aus 25 Ländern mit je dreißig Mann haben sich hier eingefunden, um auf ihre Weise den Olympischen Gedanken zu pflegen.

Der Olympische Kunstwettbewerb, zu dem alle künstlerisch Schaffenden der Welt aufgerufen waren, hat allerdings nicht den gewünschten Erfolg. Viele Preise — etwa für dramatische Werke und grafische Kunst — werden überhaupt nicht verteilt. Eine Lieblingsidee des Baron Pierre de Coubertin, der die Olympischen Spiele 1894 neu belebt hat, hat sich nicht durchgesetzt. Das bleibt die einzige Enttäuschung in diesen festlichen Wochen von Berlin.

☆

Eine Stadt im Festrausch, Männer und Frauen aus 52 Nationen im sportlichen Wettkampf, 510 000 Besucher aus aller Welt und aus Deutschland in der Reichshauptstadt, Musik und Tanz und Festtagsstimmung bei meist herrlichem Wetter — aber kaum einer ahnt, was sich im Berlin jener Wochen hinter den Kulissen ereignet und mit welchem Raffinement die Führer der Nationalsozialisten prominente Politiker und Diplomaten aus allen Ländern der Erde für sich zu gewinnen wissen.

Aus dem »Wunder von Berlin«, das sich in den Olympischen Spielen manifestiert, wird der größte Propaganda-Coup der Weltgeschichte.

☆

Als am Morgen des 1. August 1936, punkt acht Uhr, der Musikzug des Wachregiments Berlin vor dem Hauptquartier des Olympischen Komitees im Hotel »Adlon« Unter den Linden zum großen Wecken anmarschiert, beginnt das »größte Fest aller Zeiten«, wie Hitler es gefordert hat. Durch die Straßen bewegen sich riesige Menschenmassen.

Festgottesdienst im Berliner Dom und in der Hedwigs-Kathedrale. Danach: feierlicher Zug der Weltrepräsentanten der Olympischen Idee — an ihrer Spitze Graf Henri de Baillet-Latour, der Präsident des Internationalen Olympischen Komitees, und Dr. Theodor Lewald, der Präsident des Organisationskomitees für die XI. Olympischen Spiele — über den freien Platz des Lustgartens zum Ehrenmal, wo die Toten des Weltkrieges durch Kränze geehrt werden. »Die Jugend der Welt soll sich nie wieder auf den Schlachtfeldern gegenüberstehen!« steht über diese Zeremonie in allen deutschen Zeitungen.

Danach wieder Lustgarten: Jugendfeier. Baldur von Schirach richtet seine Grüße an die Jugend der Welt, mehrere Minister sprechen, und die Rede von Goebbels gipfelt in dem Satz: »Über allen Schranken hinweg eint die Olympische Idee als eine Idee des Friedens die Besten der Welt, und in ihr ruht das Bekenntnis einer neuen Weltauffassung: der Harmonie von Körper, Geist und Seele.«

200 000 Jugendliche lauschen andächtig, berauschen sich an der Goebbels-Rede, jubeln mit einer Begeisterung, die sich überschlägt, als der Propagandaminister mit der Beschwörungsgeste eines Magiers seine letzten Worte über den Platz dröhnen läßt: »Heilige Flamme, glüh', glüh' und verlösche nie!«

Erwartungsvolle Stille, dann ein fernes Brausen von Freudengeheul. Es wird stärker, immer lauter, rauscht durch das Spalier der Hunderttausenden: Das Olympische Feuer ist da! Auf die Minute pünktlich. Etwas später lodert es in einer riesigen Schale. Von hier aus wird es am Nachmittag zur Eröffnung der Spiele in das Stadion getragen.

Am Nachmittag dieses 1. August werden die Olympischen Spiele mit einer Feier eröffnet, die — so Graf Baillet-Latour — »an Disziplin und Pracht und Begeisterung alles übertrifft, was bei den früheren Olympischen Spielen geboten wurde«.

An den Masten des Stadions werden die Flaggen der 52 teilnehmenden Nationen gehißt. Der Einmarsch der insgesamt 4269 olympischen Athleten und Sportlerinnen beginnt. Das ist die größte Zahl seit den I. Olympischen Spielen der Neuzeit 1896 in Athen. (Vergleichszahl:

Bei den Olympischen Spielen 1968 in Mexiko nahmen 119 Länder mit 7226 Athleten teil; dabei ist zu berücksichtigen, daß sich die Zahl der selbständigen Staaten durch die Liquidierung der großen Kolonialreiche seit 1945 inzwischen fast verdreifacht hat.)

Nur die Sowjetunion und Spanien, wo am 18. Juli der Bürgerkrieg begonnen hat, sind in Berlin nicht vertreten. Die schon eingetroffenen spanischen Reiter werden von ihrem Olympischen Komitee zurückbeordert.

Den Anfang bilden traditionsgemäß die Griechen. Mit Ausnahme der Engländer und Japaner grüßen alle einmarschierenden Nationen vor der Ehrentribüne, auf der Hitler mit seinem Gefolge und seinen Gästen Platz genommen hat, mit dem »deutschen Gruß«: sie erheben die rechte Hand.

Der deutsche Gruß ist zum »olympischen Gruß« geworden. Jedesmal jubeln die Hunderttausend auf, und manchmal steigert sich der Beifall zu ekstatischer Stärke — besonders als die französische Mannschaft vorbeizieht, die ebenfalls Hitler mit dem deutschen Gruß ehrt.

Die Franzosen werden noch aus einem anderen Grund besonders gefeiert: Man hatte befürchtet, daß sie nach Hitlers Bruch des Locarno-Vertrages und der vertragswidrigen Besetzung der entmilitarisierten Zone des Rheinlandes am 17. März 1936 den Spielen fernbleiben würden.

Aber Léon Blum, der Chef des Volksfrontkabinetts (Kommunisten und Radikalsozialisten), »war der Ansicht, es sei kleinlich, einen Nadelstich zu versetzen, wenn die Energie fehlt, mit dem Schwert dreinzufahren«, sagt François-Poncet dazu.

Der Jubel, mit dem die Franzosen überschüttet werden, gefällt Hitler nicht ganz. Dazu Albert Speer:

»Hitler witterte im langanhaltenden Beifall des Publikums eine Volksstimme, die von Sehnsucht nach Frieden und Verständigung mit dem westlichen Nachbarland getragen war. Wenn ich richtig deute, was ich damals beobachtete, war er über diesen Jubel der Berliner eher beunruhigt als erfreut.«

Auch die Österreicher — als Blutsbrüder gefeiert — werden mit einem so frenetischen Beifall überschüttet, daß es schon eine politische Demonstration ist.

»In dieser Minute ergreift ein einziges Gefühl der Zusammengehörigkeit Zuschauer und Kämpfer«, kommentiert ein deutscher Sprecher die Szene des österreichischen Einmarsches in das Olympiastadion.

Neuen Jubel gibt es, als auch das starke Aufgebot aus den USA der Ehrenloge den Hitler-Gruß erweist. Die Zuschauer aus den Vereinigten Staaten grüßen auch später immer am lautesten, wenn ein prominenter Nationalsozialist die Führerloge betritt. Sie sind nicht die einzigen Ausländer, die vor allem Göring lautstark mit »Hermann! Hermann!« empfangen ...

Pünktlich trifft der letzte Fackelträger ein und entzündet die Olympische Flamme. Schließlich tritt Hitler an das Mikrofon und spricht den stilistisch etwas verunglückten Satz:

»Ich verkünde die Spiele von Berlin zur Feier der Elften Olympiade neuer Zeitrechnung als eröffnet!«

Danach hallt der Klang der Olympischen Glocke über das festliche Rund. Kanonen donnern den Salut, die Olympische Hymne, von Richard Strauß komponiert, brandet auf. Ihre letzten Zeilen lauten:

Freudvoll sollen Meister siegen.
Siegesfest Olympia!
Freude sei noch im Erliegen.
Friedensfest Olympia!

Unzählige Tauben flattern mit rauschendem Flügelschlag in den blauen Himmel hoch, um die Friedensbotschaft in die Welt zu tragen.

Als der letzte Fackelträger das Olympische Feuer entzündet hat, überreicht der Marathonlauf-Sieger von 1896, der Grieche Spyridon Louis, dem Führer und Reichskanzler als »Symbol der Liebe und des Friedens« einen Ölzweig.

Die Fahnenträger der Nationen schließen sich um die Rednerbühne zu einem Halbkreis zusammen. Der Olympische Eid wird gesprochen. Händels »Hallelujah« hallt über das festliche Bild. Die Nationen ziehen noch einmal langsam, vom Jubel der Masse gegrüßt, durch das Stadion und entschwinden durch das Marathon-Tor.

Während der nächsten vierzehn Tage werden die Spiele abgewickelt.

»Man hat das Bild eines versöhnten Europa vor sich«, schreibt François-Poncet, »das seine Streitigkeiten im Wettlauf, Hochsprung, Wurf und Stabwerfen austrägt.«

Hitler ist Zeuge der meisten olympischen Wettkämpfe. Er begrüßt in seiner Loge zahlreiche Ehrengäste: den Zaren Boris III. von Bulgarien, den Kronprinzen Adolf von Schweden, Umberto von Italien, Paul von Griechenland, den schwedischen Forscher Sven Hedin, den polnischen Staatssekretär des Äußeren Graf Szembek, die beiden ältesten Söhne des Duce, den britischen Unterstaatssekretär des Auswärtigen Amtes Sir Robert Vansittart, den früheren englischen Marineminister Lord Monsell, den italienischen Minister für Volksbildung Dino Alfieri, Lord Camrose vom Londoner »Daily Telegraph«, den Zeitungsverleger Viscount Berry Kemsley und viele andere prominente und wichtige Gäste aus aller Welt.

André François-Poncet ist der Ansicht, daß die meisten prominenten Besucher weniger wegen der Olympischen Spiele gekommen sind, sondern um Hitler, »diesem für die Zukunft so bestimmenden Mann, der das Schicksal des Kontinents in seinen Händen zu halten scheint«, zu begegnen.

Hitler beobachtet mit großem Interesse und leidenschaftlicher Spannung die Wettkämpfe. Wenn die Deutschen siegen, hellt sich sein Gesicht auf, er schlägt sich schallend auf die Schenkel, wendet sich lachend zu Goebbels oder einem anderen seiner Minister, der gerade neben ihm sitzt. Verlieren die Deutschen aber, dann verfinstert sich seine Miene, wie alle Zeugen übereinstimmend berichten und auch der Verfasser bestätigen kann, da er von der ersten Reihe der Pressetribüne aus, die unmittelbar über der Führerloge lag, die Szene beobachten konnte.

Besonders gebannt verfolgt Hitler die Viermal-Hundert-Meter-Staffel der Frauen. Die deutschen Mädchen haben bereits im Vorlauf einen neuen Weltrekord aufgestellt und ihre großen Konkurrentinnen ausgeschaltet. Als Favoriten gelten jetzt die USA und Deutschland. Siegessicher gehen die deutschen Mädchen an den Start — zusammen mit ihren englischen, italienischen, kanadischen, holländischen und nordamerikanischen Kameradinnen.

Hunderttausend Augenpaare sind auf die Szene gerichtet. Ein Raunen und Vibrieren liegt in der Luft — jene fieberhafte Atmosphäre, die gelegentlich von Stimmen durchrauscht wird wie von einem Wind.

Der Startschuß fällt. Die erste deutsche Läuferin schießt pfeilschnell davon. Der erste Stabwechsel klappt hervorragend. Der Vorsprung vor den Amerikanerinnen wächst. Der zweite Stabwechsel. Wieder phantastisch. Maria Dollinger, die jetzt als dritte der deutschen Staffel läuft, vergrößert den Vorsprung. Wenn nicht alle Zeichen trügen, wird wieder ein neuer Weltrekord geboten. Der Vorsprung der deutschen Mädchen scheint einen Sieg zu garantieren.

Mit zehn Meter Vorsprung übergibt Maria Dollinger den Stab an die letzte deutsche Läuferin, Ilse Dörfeld. Hunderttausend Menschen blicken gebannt auf die Szene. Und da gibt es einen Aufschrei des Entsetzens. Ilse hat den Stab nicht fest genug gepackt. Er fällt ihr ein paar Meter, nachdem sie ihn übernommen hat, aus der Hand und rollt auf die Bahn.

Dem Aufschrei der Menge folgt lähmendes Entsetzen, und für eine Sekunde hätte man im Riesenrund des Stadions eine Stecknadel fallen hören können.

Ilse Dörfeld schlägt die Hände vor ihr Gesicht, taumelt von der Bahn, und alle im Stadion spüren, daß sie weint. Die Goldmedaille der Viermal-Hundert-Meter-Staffel der Frauen geht an die USA.

In dem Augenblick, da der Stab fällt, springt Hitler erschrocken auf und tut etwas, was während der ganzen Olympischen Spiele noch niemand beobachtet hat: Er nimmt die Mütze vom Kopf und sinkt fassungslos und kopfschüttelnd in seinen Sessel zurück.

☆

Star der Olympischen Spiele ist der farbige Amerikaner Jesse Owens, der sensationelle Leistungen im Weitsprung und im 100-Meter-Lauf vollbringt. Ihm gegenüber zeigt sich Hitler sehr unfair.

Wenn er im Stadion weilt, beglückwünscht er die Sieger stets in seiner Loge. Als Jesse Owens den 100-Meter-Lauf gewonnen hat, erklärt Hitler seiner deutschen Umgebung:

»Die Amerikaner sollen sich schämen, daß sie sich ihre Medaillen von Negern gewinnen lassen! Ich werde diesem Schwarzen nicht die Hand reichen.«

Baldur von Schirach berichtet, daß der Reichssportführer von Tschammer und Osten Hitler vergeblich beschwor, den Helden der Olympischen Spiele zu empfangen. Der Führer verläßt vorzeitig das Stadion ...

Einige Stunden später, in der Reichskanzlei, versucht Schirach, seinen Führer mit politischen Argumenten zu überzeugen:

»Amerika wird die Behandlung von Jesse Owens als unfair vermerken. Er ist amerikanischer Staatsbürger, und es ist doch nicht unsere Sache, darüber zu entscheiden, wen die Amerikaner starten lassen. Außerdem ist er ein sympathischer und gebildeter Mann, ein College-Student.«

Schreiend erwidert Hitler:

»Glauben Sie im Ernst, Schirach, daß ich mich fotografieren lasse, während ich einem Neger die Hand schüttle?«

Diese Haltung des deutschen Reichskanzlers verträgt sich nicht mit dem, was Wilhelm Weiss, der Leiter des Reichsverbandes der Deutschen Presse, in der Zeitschrift ihres Verbandes geschrieben hat:

»Es wird die vornehmste Aufgabe der deutschen Presse bleiben, unseren freudig begrüßten Gästen und Kameraden aus der ganzen Welt zu beweisen, daß sich der härteste Wettstreit der Körper mit der echten Ritterlichkeit des Geistes zu paaren weiß ... Die Jugend der Welt soll ein deutsches Geschlecht kennenlernen, das ebenso hart und entschlossen im Kampfe wie zuverlässig und ritterlich in seiner Gesinnung ist — ein Geschlecht, mit dem es sich lohnt, die Ideale einer neuen Zeit zu verteidigen.«

Noch ein zweites Mal läßt Hitler ritterliche Gesinnung vermissen. Als die besten Fechterinnen der Welt qualifizieren sich die Ungarin Ilona Schacherer-Elek (Goldmedaille), die Deutsche Helene Mayer (Silber) und die Österreicherin Ellen Preis. Alle drei sind »nichtarisch«, daher für Hitler »artfremd« und »minderwertig«. Auch die drei Mädchen empfängt er nicht. Dabei ist Helene Mayer, die als rassisch Verfolgte schon emigriert ist, gebeten worden, noch einmal für Deutschland anzutreten.

Helene Mayer, von den Deutschen nur die »blonde He« genannt, hatte schon als Primanerin 1928 in Amsterdam die Goldmedaille für Deutschland errungen und war damals ausgerechnet von der völkischen Presse als Prototyp des »reinrassigen deutschen Mädchens« gefeiert worden.

Aber darüber spricht niemand im festlichen Berlin — vor allem kein Deutscher, zumal immer neue deutsche Siege verkündet werden. Die Deutschen haben allen Grund, stolz zu sein. Bei den Olympischen Sommerspielen liegen sie mit 33 Gold-, 26 Silber- und 30 Bronzemedaillen vor den USA (24 Gold-, 20 Silber- und 12 Bronzemedaillen) weit an der Spitze. Mit Abstand folgen Ungarn, Italien, Finnland, Schweden, Japan, Holland und Großbritannien.

Die Berliner sind besonders stolz: Von den deutschen Preisträgern sind 17 Gold-, 19 Silber- und 18 Bronzemedaillengewinner Bürger ihrer Stadt.

☆

Berlin, seine Einwohner und seine Besucher lassen sich blenden vom glanzvollen Bild der Stadt, die auch in der Nacht keine Ruhe findet. Alle Lokale sind rund um die Uhr geöffnet, es gibt keine Polizeistunde, und die lichtüberflutete Innenstadt, zwischen Kurfürstendamm und Unter den Linden, wogt auch lange nach Mitternacht noch in einem unübersehbaren Menschenstrom.

Olympische Spiele Berlin 1936 . . .

In den Opernhäusern gibt es Galavorstellungen. Die Bühnen Berlins spielen die besten Theaterstücke mit den berühmtesten Schauspielern. In den Kinos werden die schönsten Filme gezeigt.

Tage der Feste und der Empfänge. Nachtmusiken im Schloß Charlottenburg und im Schlüter-Hof des ehemaligen Königlichen Schlosses in der Innenstadt, internationale Tanz-Festspiele, Kunstausstellungen und Festkonzerte. Berlin erscheint allen als eine Stadt des Glücks und des Friedens, und überschäumende Lebensfreude hat alle gepackt.

»Keinem Propagandachef der Weltgeschichte ist bisher eine so grandiose Täuschung gelungen«, sagt der weltberühmte englische Historiker Arnold J. Toynbee, der zu einem der großen Empfänge geladen ist, die Hitler gibt.

Zwischen den führenden Ministern wird ein wahres Duell ausgetragen: Sie überbieten sich mit dem Glanz ihrer Feste, die »beim französischen Sonnenkönig nicht phantastischer gewesen sein können« — so der berühmte amerikanische Romancier Thomas Wolfe (»Schau heimwärts, Engel«), der sich in Berlin aufhält, um seine Tantiemen, die ihm sein Verleger Ernst Rowohlt aus devisenrechtlichen Gründen nicht auszahlen kann, zu »verjubeln«.

Die offiziellen Feste reißen nicht ab. In der Berliner Staatsoper, deren Räume neu mit cremefarbener Seide bespannt sind, gibt es ein üppiges Essen mit nachfolgendem Ball.

»Ein Boden verbindet Bühne und Zuschauerraum«, notiert François-Poncet, über die Galanacht in der Staatsoper. »Unzählige Lakaien in rotem Anzug und gepuderten Perücken, mit langen Stäben, auf denen hohe Laternen stecken, säumen die Gänge zwischen den Tischen, wo es von Uniformen, goldübersäten Anzügen und Frauen in großer Toilette wimmelt.«

»Der Stab des Regimes ist vollzählig erschienen: in strahlendem Glanze, liebenswürdig und zuvorkommend«, fährt der französische Botschafter fort. »Man fragt sich, wie diese Männer, die offensichtlich Vergnügen an diesen mondänen und raffinierten Festlichkeiten finden, gleichzeitig Anstifter der Judenverfolgungen und Folterungen in den Konzentrationslagern sein können.«

Hermann Göring gibt ein Fest im Hof seines Luftfahrtministeriums. »Es war vermutlich das originellste, grandioseste, wundervollste aller dieser Feste in Berlin«, erinnert sich Paul Stehlin, Luftwaffenattaché an der Französischen Botschaft in Berlin.

Göring hat im Hof seines Reichsluftfahrtministeriums ein ganzes Dorf des 18. Jahrhunderts im Miniaturstil erstehen lassen: mit Gasthof, Post, Bäckerei und vielen Handwerkerläden. Die Diplomaten aus 51 Nationen haben ihren Spaß daran, daß der korpulente Göring auf einem Pferdchen-Karussell fährt, bis ihm der Atem ausgeht.

Der amerikanische Botschafter William E. Dodd ist vor allem beeindruckt von den riesigen Scheinwerfern auf den Dächern der umliegenden Häuser, die den Platz taghell erleuchten.

Goebbels ladet fast zweitausend Menschen zu einem abendlichen Diner und einer italienischen Nacht auf die Pfaueninsel im Wannsee ein. Pioniere der Wehrmacht haben eine Schiffsbrücke gebaut, um die Insel mit dem Festland zu verbinden, und bilden mit präsentiertem Ruder Spalier bei der Ankunft der Gäste. Die Geladenen aus Politik, Diplomatie, Wirtschaft und Kunst werden von einem Schwarm junger Mädchen in Pagenkostümen der Renaissancezeit empfangen und zu ihren Plätzen geleitet.

Auf dem Rasen sind bunte Zelte errichtet, in denen reich gedeckte Tische stehen, und die Bäume sind raffiniert illuminiert. Mehrere Tanzorchester spielen ununterbrochen. Der beste Sekt wird serviert, Goebbels zeigt sich als charmanter Plauderer. Zeugen jener Nacht berichten, der Propagandaminister habe den Eindruck vermitteln wollen, als sei die ganze Welt nur zu den Olympischen Spielen gekommen, um Hitler zu ehren.

»Gegen zehn Uhr wurde ein Feuerwerk abgebrannt, das geradezu Assoziationen an den Krieg weckte«, notiert der amerikanische Botschafter Dodd in sein Tagebuch (Eintragung vom 16. August 1936). »Es dauerte eine halbe Stunde, und sehr viele Gäste beschwerten sich über diese Form der Kriegspropaganda. Die Leute an unserem Tisch zitterten beim furchtbaren Lärm der Explosionen, die den Erdboden erschütterten.«

Joachim von Ribbentrop, am 11. August 1936 von Hitler zum

neuen deutschen Botschafter in London ernannt, versammelt im Garten seiner Luxusvilla in Dahlem unter einem riesigen Zelt siebenhundert Personen. Er feiert mit viel Sekt die Olympischen Spiele und seine neue Würde. Fast alle Angehörigen des Diplomatischen Corps in Berlin sind mit ihren Damen erschienen.

Auch Rudolf Heß, der Stellvertreter Hitlers als Parteichef, gibt einen Empfang für die ausländischen Gäste. Bei dieser Gelegenheit lernt er den Herzog von Hamilton kennen, den Führer des britischen Frontkämpferverbandes: jenen Mann, zu dem Heß 1941 fliegt, um — wie er glaubt — Friedens- und Weltpolitik machen zu können.

Auf einem der zahlreichen Empfänge, die Hitler in der Reichskanzlei gibt, sitzt Henriette von Schirach, die Frau des Reichsjugendführers, neben Graf Henri de Baillet-Latour. Baldur von Schirach berichtet:

»Henriette sagte dem alten Herrn, wie glücklich sie über dieses große Fest der Jugend, der Versöhnung und des Friedens sei. Der Graf hörte aufmerksam zu, dann erwiderte er:

‚Gott erhalte Ihnen Ihre Illusionen! Wenn Sie mich fragen, dann sage ich: In drei Jahren haben wir Krieg.'

Entsetzt berichtete mir Henriette spät in der Nacht von der düsteren Prophezeihung ihres Tischnachbarn. Ich war nicht besonders überrascht ... Aber ich konnte verstehen, daß die Berliner Olympischen Spiele bei älteren ausländischen Besuchern Beklemmung hervorriefen.«

Auch Thomas Wolfe blickte hinter die Kulissen, wenn er über das olympische Berlin feststellt:

»Das prunkvolle Bild ist überwältigend — so überwältigend, daß es fast schon erdrückend wirkt. Etwas Unheilverkündendes scheint darin zu liegen. Man spürt die horrende Konzentration, das ungeheuer Straffe und Geordnete in den von überallher zusammengezogenen Kräften des Landes. Das Unheilverkündende liegt darin, daß diese Demonstration offensichtlich über die Erfordernisse des Sports hinausgeht. Die Spiele scheinen nur ein Symbol der neugewonnenen Macht zu sein: ein Mittel, um der ganzen Welt vor Augen zu führen, wie weit diese neue Macht es gebracht hat.«

Anfang September 1936 schreibt Thomas Wolfe an seinen Freund Maxwell E. Perkins, Cheflektor seines amerikanischen Verlegers Charles Scribner's Sons, eine Ansichtskarte des Brandenburger Tors mit der dort stationierten Wachtruppe:

»Wir werden nie so marschieren lernen wie diese Jungens — und es sieht so aus, als wären sie bereit, wieder loszuschlagen.«

Sind Baillet-Latour und Wolfe die einzigen kritischen Beobachter? Grundsätzlich muß diese Frage bejaht werden — auch wenn noch andere ausländische Besucher die Wirklichkeit hinter den Kulissen des Nationalsozialismus erkannten.

Die Welt scheint geblendet zu sein. Der italienische Botschafter Dr. Bernardo Attolico prägt das Wort vom »Wunder von Berlin«. Der jugoslawische Gesandte Dr. Aleksander Cincar-Markowitsch berichtet seiner Regierung: »Wir werden gut daran tun, mit Hitler die besten Beziehungen zu pflegen ...«

Der polnische Botschafter Josef Lipski äußert sich gegenüber dem Grafen Henri de Baillet-Latour: »Wir müssen auf der Hut sein vor einem Volk, das so zu organisieren versteht. Eine Mobilmachung in Deutschland wird genau so schnell und reibungslos funktionieren wie die Organisation der Spiele ...«

Und Kintomo Graf Mushakoji, der Botschafter Japans, der zwanzig Parlamentarier seines Landes Hitler vorstellt, berichtet nach Tokio: »Auch nur einen Abglanz der Berliner Olympischen Spiele 1940 in Tokio zu erreichen, wird größter Anstrengungen bedürfen.«

Der »Völkische Beobachter« schreibt in seiner Ausgabe vom 17. August 1936, die einen großen Bericht über die Abschlußfeierlichkeiten der Olympischen Spiele veröffentlicht, in einem Leitartikel:

»Das neue Deutschland hat, wie ihm unsere ausländischen Gäste und die Presse aller Länder tausendfach aus freien Stücken bescheinigt haben, mit der großzügigen Organisation und Durchführung der Olympischen Spiele 1936 der Welt sein wahres Gesicht gezeigt.«

War es wirklich das wahre Gesicht?

☆

Nach den Olympischen Spielen erscheint Hitler in den Augen der Welt tatsächlich als Friedensfürst. Die Euphorie der Olympischen Spiele lockt eine Schar prominenter Besucher im Spätsommer 1936 nach Berlin. Hitler empfängt — um nur wenige Namen zu nennen — Philip Henry Kerr Marquess of Lothion, den Sekretär des großen liberalen englischen Politikers David Lloyd George, der bald danach ebenfalls ein Gespräch mit Hitler führt.

Der Führer spricht lange mit dem ehemaligen britischen Luftfahrtminister Sir Vane-Tempest-Steward, Marquess of Londonderry. Er redet mit einer Abordnung amerikanischer Bankiers, mit Politikern, Wissenschaftlern und Professoren aus aller Welt. Es folgt der Besuch des italienischen Außenministers Galeazzo Graf Ciano, seines österreichischen Kollegen Guido Schmidt. Es folgen, es folgen ...

Jeder einmal in Berlin, jeder einmal bei Hitler.

Der betagte britische Staatsmann David Lloyd George ist von Hitler so beeindruckt, daß er erklärt, er werde künftig auch »Heil Hitler« sagen, um diesen »wirklich großen Mann« zu ehren. Dem Korrespondenten der Kopenhagener Zeitung »Berlinske Tidende« erklärt der Engländer sogar: »In früheren Jahren sprach man immer von Amerika als dem Land der Wunderwerke. Jetzt ist es Deutschland.«

Wen wundert es hier noch, daß sogar Winston Churchill, später der konsequenteste Gegner Hitlers, in der Londoner »Times« einen offenen Brief an Hitler richtet, in dem es heißt:

»Sollte England in ein nationales Unglück kommen, das dem Unglück Deutschlands von 1918 vergleichbar wäre, so würde ich Gott bitten, uns einen Mann zu senden von Ihrer Kraft des Willens und des Geistes.«

Aber dieses große Wohlwollen weicht eineinhalb Jahre nach den Olympischen Spielen wachsender Vorsicht. Die Friedenstöne aus Berlin sind verklungen.

Berlin selbst kehrt schon im Spätsommer 1936 zum Alltag zurück. »Der Stürmer« liegt wieder in den Kiosken, die ausländischen Zeitungen sind verschwunden, und überhaupt ...

Berlin, Stadt der Theater. Acht große Namen aus einem einzigen Ensemble (v. l. n. r.): Hermann Valentin, Tilly Wedekind, Werner Krauß, Käthe Dorsch, Elisabeth Bergner, Eleonore von Mendelssohn und Heinrich George 1928. (8)

Musentempel am Gendarmenmarkt: das Preußische Staatstheater, 1819—21 von Karl Friedrich Schinkel erbaut. Seine größte Zeit erlebte es unter den Intendanten Leopold Jeßner und Gustaf Gründgens. (9)

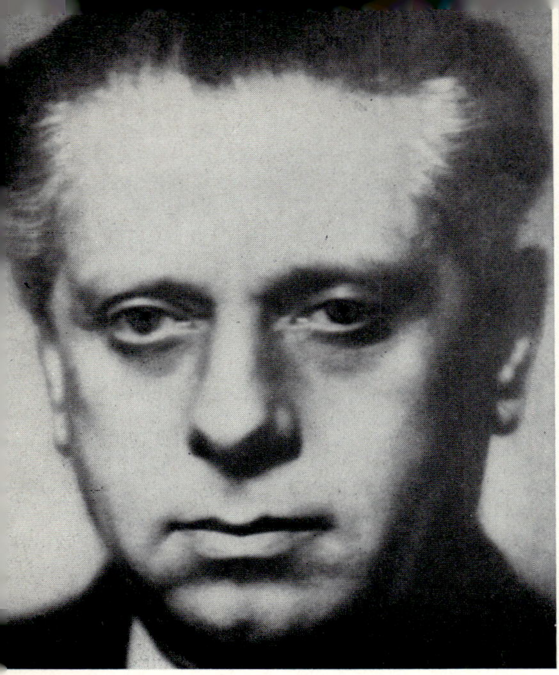

Max Reinhardt (10)

Erwin Piscator (11)

Die großen Zauberer des Berliner Theaters

Leopold Jeßner (12)

Jürgen Fehling (13)

In der berühmten Zeitschrift »Der Querschnitt« erscheint ein Artikel, in dem Hans Hofer den Olympischen Spielen nachtrauert, die das Leben so heiter gemacht haben:

»Nur das ff Olympische Dorf und das ff Reichssportfeld werden bleiben, aber sie sind ja olympische Notwendigkeiten und nicht Zustände, die uns zeigen, wie schlaraffisch das Leben in Berlin sein könnte, wenn — ja wenn die Olympiade nicht nur sechzehn kurze Sommertage dauerte!«

Und als dann im »Querschnitt«-Oktoberheft 1936 ein »Fremdwörterbuch« erscheint — in dem es zum Beispiel heißt: »Charakter: ein Hindernis in der Karriere; Diplomatie: keep smiling mit dem Dolch im Gewande; Journalismus: Seiltanz zwischen den Zeilen« —, da wird es Goebbels zuviel, und die einst berühmte Zeitschrift »Querschnitt« wird verboten.

Die Berliner haben es eigentlich gleich gewußt: Als bald nach der Machtübernahme Hitlers Unter den Linden die alten Bäume wegen »Altersschwäche« abgeholzt wurden — in Wirklichkeit geschah das, um Platz für noch breitere Marschkolonnen gewinnen zu können —, erwachte in den Berlinern der Aberglaube.

Wenn die Linden nicht mehr blühen, dann muß es bald mit allem vorbei sein. Im Kehrreim des beliebtesten Berliner Marschliedes, das Walter Kollo komponiert hat, heißt es:

»Solang' noch Untern Linden die alten Bäume blüh'n,
kann nichts uns überwinden — Berlin bleibt doch Berlin!«

Zwar wurden 1934 neue kleine Linden gepflanzt, aber der Tod der alten Bäume — das konnte nur Unheil bedeuten ...

Die Jugend der Welt, die so voller Friedenshoffnungen Berlin verlassen hat, trifft sich 1940 nicht in Tokio, sondern für sechs lange Jahre auf den Schlachtfeldern ...

III

Welthauptstadt des Theaters

Meister der Regie, Elite der Schauspielkunst

Gestalten und Namen, die Großen der Weltliteratur und die Avantgardisten einer neuen Zeit, Klassik und Moderne. Vorhang zu, Vorhang auf, Kulissenduft, Theaterluft. Jede Woche zwei bis drei Uraufführungen an einer der 49 Bühnen Berlins.

So sieht die stolze Liste dieser 49 Bühnen aus (die ersten vier sind »Staatstheater«):

1. Staatsoper Unter den Linden
2. Schauspielhaus am Gendarmenmarkt (»Staatstheater«)
3. Staatsoper am Platz der Republik
4. Schiller-Theater
5. Städtische Oper
6. Deutsches Theater
7. Kammerspiele
8. Die Komödie
9. Deutsches Künstler-Theater
10. Lessing-Theater
11. Renaissance-Theater
12. Theater am Bülowplatz (Volksbühne)
13. Theater am Schiffbauerdamm
14. Theater in der Königgrätzer Straße
15. Die Tribüne
16. Berliner Theater
17. Kleines Theater
18. Komische Oper
19. Komödienhaus
20. Lustspielhaus
21. Neues Theater am Zoo
22. Residenz-Theater
23. Theater am Kurfürstendamm
24. Theater am Nollendorfplatz
25. Theater des Westens
26. Deutsches Volkstheater
27. Kleines Theater Unter den Linden
28. Reichshallen-Theater

29. Thalia-Theater
30. Central-Theater
31. Carows Lachbühne
32. Komödienhaus am Schiffbauerdamm
33. Walhalla-Theater
34. Theater in der Behrenstraße
35. Englisches Theater
36. Theater in der Klosterstraße
37. Rose-Theater
38. Lustspielhaus Friedrichstraße
39. Trianon-Theater
40. Wallner-Theater
41. Theater in der Kommandantenstraße
42. Friedrich-Wilhelmstädtisches Schauspielhaus
43. Dramatisches Theater
44. Die Junge Bühne
45. Theater im Palmenhaus
46. Schloßpark-Theater
47. Großes Schauspielhaus
48. Metropol-Theater
49. Theater im Admiralspalast

Die drei letztgenannten Häuser der 49 Theater (Stichtag 1. Januar 1927) sind reine Revue-Theater. Tendenz und Namen einiger Häuser änderten sich oft. Die fünf größten Theater (den Zuschauerplätzen nach) sind: Großes Schauspielhaus (3100), Theater im Admiralspalast (2200), Staatsoper am Platz der Republik (2039), Theater am Bülowplatz (2000) und Metropol-Theater (1820). Die Gesamtzahl der Plätze aller 49 Theater: 47 400.

⋆

Schauspiel ohne Rast, Drama ohne Pause, immer neue Ideen, neue Szenen, neue Themen, neue Impulse, Triumph und Skandal, Protest und Applaus.

Schauspieler, die bejubelt, Sänger, die gefeiert, Regisseure, die bewundert werden ...

... wo fängt man nur an, von der großen Zeit des reichshauptstädtischen Theaters zu schreiben, das die zwanziger erst wirklich zu den Goldenen Jahren machte?

»Die Bühnen überboten einander in glänzenden, sensationellen,

Staatsoper Unter den Linden
Sonntag, 2. Oktober
28. Abonnements-Vorstellung
Gut- und Umtauschscheine ungültig
Der Rosenkavalier
Dirigent: Klemperer
Lotte Lehmann a. G., Fuchs a. G.
Schöne, Klose, Krenn, Scheidl, Henke, Kullman
Anfang 7½ Uhr

Montag, 3. Oktober
5. Montagssatz
Beschränkter Kartenverkauf
Rigoletto
Dirigent: Zweig
Perras, Ruziczka, Scheidl, Kullman
Helgers, Großmann
Anfang 8 Uhr

Staatliches Schauspielhaus
Am Gendarmenmarkt
Sonntag, 2. Oktober
28. Abonnements-Vorstellung
Was ihr wollt
v. Mendelssohn, Bard, Koppenhöfer
Otto, Leibelt, Weber, Wäscher, Bildt
Franck, Schmitthenner
Anfang 8 Uhr

Montag, 3. Oktober
B. V. B. . 5. Montagssatz
Oeffentlicher Kartenverkauf
Was ihr wollt
Besetzung wie am Sonntag
Anfang 8 Uhr

Staats-Theater
Wochenspielplan
vom 2.—10. Oktober 1932

Okt.	Staats-Oper Unter den Linden	Schauspielhaus Am Gendarmenmarkt
2.	Der Rosenkavalier 27. A.-Vorst. 19½ U.	Was ihr wollt 28. Ab.-Vorst. 20 Uhr
3.	Rigoletto 5. Mo.-Satz 20 Uhr	Was ihr wollt 5. Mo.-Satz 20 Uhr
4.	Wiener Blut 29. A.-Vorst. 20 Uhr	Wallensteins Tod 29. Ab.-Vorst. 20 Uhr
5.	Der Rosenkavalier 30. A.-Vorst. 19½ U.	Die Räuber 30. Ab.-Vorst. 20 Uhr
6.	Die Hochzeit des Figaro 31. A.-Vorst. 19½ U.	Wallensteins Lager / Die Piccolomini 31. Ab.-Vorst. 20 Uhr
7.	Neueinstudierung D. Meistersinger von Nürnberg 32. A.-Vorst. 18½ U.	Was ihr wollt 32. Ab.-Vorst. 20 Uhr
8.	Wiener Blut 33. A.-Vorst. 20 Uhr	Wilhelm Tell 33. Ab.-Vorst. 19 Uhr
9.	Tristan und Isolde 34. A.-Vorst. 19 Uhr	Wilhelm Tell 34. Ab.-Vorst. 20 Uhr
10.	Cavalleria rust. Bajazzi 6. Mo.-Satz 20 Uhr	Was ihr wollt 6. Mo.-Satz 20 Uhr

Deutsches Theat.
Weidendamm 5201
8 Uhr
ROSE BERND
von Gerhart Hauptmann
mit
Paula Wessely

Kammerspiele 8¼
Schicksal nach Wunsch
Kom. v. Christa Winsloe
Regie: Rudolf Beer
Melzer, Ullrich, Riemann
Abel, Brausewetter

Theater im Admiralspalast
Friedrichst. 101/102
Täglich 8¼:
Gitta
Alpar
Katharina

Metropol-Theat.
Täglich 8¼
Fritzi
Massary
in
Eine Frau, die weiß, was sie will!

Komödienhaus
Schiffbauerdamm 25
Direkt. Victor Barnowsky
Täglich 8¼
Moral
von Ludwig Thoma
Preise 0.50—8.— M

Th. des Westens
C 1 Steinpl. 0931
Mittwoch, 5. Okt., 8¼
Wiedereröffnung
Paganini
Operette von Lehár
Vera Schwarz
Ed. Lichtenstein u. a.
Preise 0.50–2.50
Vorvk. ununterbr.

Deutsches Künstlerth.
Dir. Dr. Eugen Robert
Barb. 0403
Eröffnungs-Vorstellg.
3. Oktober, 8 Uhr
Das Märchen vom Wolf
Lustspiel v. Franz Molnár
Regie: Eugen Robert
Mady Christians, Adele Sandrock, Hedwig Wangel,
Ernst Dumcke, Anton Edthofer, Paul Morgan

Lessing-Theater
Täglich 8¼
Grete
Mosheim
Oskar
Homolka
Pygmalion
Carlsen, Stössel, Schröder

Komische Oper 8½
Friedrichstr. 104
Man braucht kein Geld
Musik. Lustspiel von Bibo und Rosen
Musik von Willy Rosen
Ander, Falkenstein, Fischer
Lenz, Lilien, Perry

Thalia-Theater
Dresdener Str. 72
F 7 Jannow. 5258
Täglich 8¼
Der große Erfolg
Prinzessin für eine Nacht
Hechy, Poremski, Hoffmann
Vorz. dies. Inserats 50 %

Kurfürstend. Th. 8¼
Tel. J1 Bism. 1400
Der große Operetten-Erfolg!
Der Vetter aus Dingsda
Margit Suchy
Walter Jankuhn

Renaissance-Th.
Hardenbergstr. 6
Steinplatz 4854
Der Sensationserfolg!
Ganoven-Ehre
Täglich 8¼ Uhr

Theater i. d. Behrenstr.
Bis Mittwoch! 8½ Uhr
Ralph Arthur Roberts
Der Tiefstapler
Donnerst.: Bargeld lacht!

Städt. Oper
raunh. 0231. Turnus II
Anfang 8 Uhr
Neueinstudierung
Ein Maskenball!
Nemeth, Onegin, Berger
Pataky, Reinmar, Destal
Ditter, Gonszar
Dirig. Fritz Busch a. G.

Schiller Theater
Grolmanstr. 70
Steinpl. C1 6715
Täglich 8¼ Uhr
Der **18.** Oktober
v. Alten, Hellinger
Heuser, Strömer
Regie: Kenter

Stettiner Sänger
Reichshallen-Th.
am Dönhoffplatz
Direktion Meysel
8¼ Uhr
Sonntags
3½ Uhr
z. ermäßigt. Preisen
Das neue Programm
mit der Posse Und abends wird getanzt

Zentral-Th. 8¼
Reise ins Glück
Heute Nacht 11 Uhr:
Dirnentragödie
Vorz. halbe Pr. ab 50 Pf.

Volksbühne
Theater a. Bülowplatz
D 1 Nord. 2944. 8¼ Uhr
Der Revisor
Regie: Heinz Hilpert
Bois, Karchow, Haack
Heute nachm. 3½:
Premierenbesetzung
Preise 75 Pf.—4.- M

BERLINER THEAT.
Charlottenstraße 90
A 7 Dönh. 625
Täglich 8¼ Uhr
MOISSI
Der lebende Leichnam
50 Pf.—4 M

Elisabeth Bergner in Der träumende Mund mit Rudolf Forster
Regie: Paul Czinner

PLAZA
Nähe Schles. Bhf.
5 u. 8¼ . Stgs. 2.5, 8¼ U.
E 7 Weichsel 4031
Der Bettelstudent

Rose-Theater
Gr. Frankf. Str. 132
T. Weichs. E 7 3422
2½ Uhr:
Ganovenehre
5½ und 8¼ Uhr: Der Hauptmann von Köpenick

ATRIUM
KAISERALLEE ECKE BERLINERSTR
Tägl. 7, 9¹⁵ Sonntag auch 5 U.
Anny Ondra
Hermann Thimig

Kabarett der Komiker
Kurfürstendamm 156
H 1 Pfalzburg 1323
Das Oktober-Programm ist wieder

Theater, Theater . . . Ausschnitt aus der Bühnen-Anzeigenseite der „Vossischen Zeitung“ vom 2. Oktober 1932.

wagemutigen Aufführungen, eine Generation außerordentlicher Schauspieler, bedeutender Regisseure war am Werk, und über eine Flut von Schmockerei und Bluff triumphierten immer wieder das Talent und die Leistung«, sagt Carl Zuckmayer über die zwanziger Jahre des Berliner Theaters.

Rudolf Forster, der 1920 in Berlin seine glanzvolle Bühnen- und Filmkarriere begann, ist fasziniert von dem »Ensemble von einmaliger Dichte und Vollkommenheit«, das es hier an fast jeder Bühne gibt.

Fritz Kortner, einer der großen Mimen der damaligen Zeit, der auch nach dem Kriege das bundesdeutsche Publikum im Theater und im Fernsehen hinriß, versucht zu erklären, wieso gerade Berlin zur Welthauptstadt des Theaters avancierte:

»Einer der vielen Gründe, die Berlin zur Theatermetropole machten, ist das Berlinische des Berliners. Ich meine die durch nichts zu verwirrende Skepsis, die eingeborene Ironie dem Bombastischen gegenüber, die aus der gelassenen Betrachtung stammende, flinke Reaktion. Die ‚Nur-mit-der-Ruhe'-Vorsicht mit der ‚kalten la main' mußte mit immer sich verfeinernden Bühnenausdrucksmitteln angegangen werden. Die ‚Mir-machste-nichts-vor'-Haltung der Berliner zwang die Theaterleute, den Berlinern immer weniger vorzumachen. Das aus Wißbegierde stammende Berliner Mißtrauen gegen Flausenmacherei, Verschleierung, Vertuschung und gegen unkontrollierbare Sprachberieselung erzwang sich schließlich das entsprechende, nach dem wahren Ausdruck und dem echten Inhalt suchende Theater. Der Berliner war ein wißbegieriger Besserwisser. Der pathetischen Redseligkeit und dem hochdramatischen Getobe gebot er Halt mit dem Verdikt: ‚Nu mach'n Punkt, so genau wollen wir's nicht wissen!'«

Eine Aufführung charakterisiert besonders deutlich, welche Vielzahl bedeutender Schauspieler und Schauspielerinnen damals in Berlin auf den Brettern stand, die in jenen Jahren wirklich eine Welt bedeuteten. Am Donnerstag, dem 28. März 1929, gab es im Staatstheater am Gendarmenmarkt anläßlich einer Gedächtnisfeier für den wenige Tage zuvor verstorbenen Schauspieler Albert Steinrück eine Aufführung des Schauspiels von Frank Wedekind »Der Marquis von Keith«.

An diesem Abend, der als denkwürdiges Ereignis in die Theatergeschichte eingegangen ist, standen insgesamt 86 Schauspieler auf der Bühne, von denen jeder zur ersten Garnitur der Reichshauptstadt gehörte. Die meisten Namen sind auch heute noch unvergessen. In den Haupt- und Nebenrollen spielten mit: Werner Krauß, Carola Neher, Heinrich Müthel, Eleonore von Mendelssohn, Tilla Durieux, Jacob Tiedtke, Conrad Veidt, Max Pallenberg, Max Hansen, Hermann Vallentin, Otto Wallburg, Albert Florath, Gisela Werbezirk, Rosa Valetti, Mady Christians, Maria Bard, Elisabeth Bergner, Fritzi Massary, Käthe Dorsch, Alexander Granach, Fritz Kortner, Victor Schwannecke, Paul Wegener, Rudolf Forster, Kurt Gerron, Veit Harlan, Paul Bildt, Hans Brausewetter, Walter Janssen, Eduard von Winterstein, Trude Hesterberg, Tilly Wedekind, Hans Albers, Ernst Deutsch und Curt Goetz.

Sogar die reinen Statisten — auf der Bühne die Gäste des Marquis von Keith — wurden von bedeutenden Schauspielern gestellt, deren Namen weit über die Grenzen Deutschlands hinaus bekannt und durch ihre gleichzeitige Tätigkeit beim Film sogar weltberühmt waren.

Von diesen fünfzig »Statisten« mögen nur folgende, in alphabetischer Reihenfolge, genannt sein: Alfred Abel, Roma Bahn, Marlene Dietrich, Gertrud Eysoldt, Julius Falkenstein, Walter Franck, Paul Graetz, Max Gülstorff, Käthe Haack, Fritz Kampers, Leopoldine Konstantin, Maria Koppenhöfer, Hilde Körber, Hans Leibelt, Theodor Loos, Lucie Mannheim, Renate Müller, Asta Nielsen, Maria Paudler, Henny Porten, Johannes Riemann, Heinrich Schroth, Agnes Straub, Erika von Thellmann, Hermann Thimig, Elsa Wagner, Mathias Wieman und Ida Wüst.

Die 86 Berühmtheiten, die damals gleichzeitig auf der Bühne standen, bilden nur eine Auswahl aus der Menge der damaligen Bühnengrößen. Dazu gehören — um nur noch wenige Namen zu nennen — Albert und Else Bassermann, Curt und Ilse Bois, Felix Bressart, Maria Fein, Franziska Gaal, Therese Giehse, Ernst Ginsberg, Dolly Haas,

Lucie Höflich, Hermine Körner, Harry Liedtke, Peter Lorre, Alexander Moissi, Paul Morgan, Grete Mosheim, Lilli Palmer, Camilla Spira, Szöke Szakall und Adolf Wohlbrück — von den Sängerinnen Gitta Alpar und Erna Sack, von den Tenören Jan Kiepura, Joseph Schmidt, Richard Tauber und Marcel Wittrisch erst gar nicht zu reden.

Wenn bei uns heute schon ein Tagesschau-Sprecher oder eine Fernsehansagerin als »Star« gelten, dann gab es damals in Berlin auf den Bühnen und in den Filmateliers mindestens fünftausend, die diese (zu jener Zeit in Deutschland noch nicht gebräuchliche) Auszeichnung verdienten.

⋆

Schon vor dem Ersten Weltkrieg galt Berlin, das damals besonders das naturalistische Drama pflegte, als führende Theaterstadt der Welt. Bis zum Ende der Monarchie konnte sich das avantgardistische Theater fast ausschließlich nur an Privatbühnen entwickeln. Die Intendanten und Regisseure hatten dauernd Schwierigkeiten mit der verbotseifrigen Behörde. Jenes berühmtgewordene Wort, das Berlins Polizeipräsident Bernhard Freiherr von Richthofen beim Verbot der Aufführung von Hermann Sudermanns »Sodoms Ende« am 23. Oktober 1890 sprach — »Die janze Richtung paßt uns nich!« —, galt bis zum Ende der Monarchie, das zugleich das Ende der Zensur bedeutete.

Jetzt aber, seit dem 29. November 1918, ist der Weg frei für ein modernes Theater, das sich künstlerisch frei entfalten kann. Auch für die Preußischen Staatstheater beginnt nun eine neue Zeit. An die Stelle der »Hoftheater-Intendanten« — meist verdiente Adlige und Offiziere — treten echte Theater-Fachleute.

Der Ostpreuße Leopold Jeßner übernimmt das Staatstheater am Gendarmenmarkt und entwickelt einen völlig neuen Stil. Sein Regie-Prinzip lautet: »Nicht eine Fabel interessiert mich, sondern die Idee dieser Fabel.«

Seine erste große Inszenierung im Staatlichen Schauspielhaus Berlin

— Schillers »Wilhelm Tell« — wird zu einem Theater-Ereignis. Jeßner hat die Bühne völlig »entrümpelt«. Der dichterische Gehalt eines Stückes soll nicht mehr von schwülstigen Requisiten und Dekorationsplunder verdeckt werden. Wo Schiller vorschreibt »hohes Felsenufer des Vierwaldstätter Sees«, baut Jeßner eine riesige, grüngesprenkelte Treppe, die fast bis zum Schnürboden reicht, und Berge im Hintergrund werden nur stilisiert durch Vorhänge angedeutet. Der Phantasie sind keine Grenzen gesetzt.

Jeßners Treppe wird zum Grundmotiv aller seiner Inszenierungen. Sogar das Pult im »Faust« thront hoch auf einer Treppe. Sie symbolisiert das Auf und Ab des Lebens. Außerdem lenkt sie den Zuschauer auf das Wesentliche der Szene. Jeßner hat mit seiner Treppe Schule gemacht.

Seit den Freiheitskriegen galt »Wilhelm Tell« als ein »vaterländisches Schauspiel«. Der Freiheitsheld war ein einzelner, der den Tyrannen Geßler tötete und sich dabei auf dem Boden göttlichen Rechts wußte. Der Tyrannenmörder Tell kann natürlich kein Verbrecher sein, und seine Tat stellt sich als juristisch zu rechtfertigender und straffreier Mord dar. Für Jeßner ist nicht Tell der Freiheitsheld, sondern das ganze Volk. Die Rütli-Szene wird ein Bekenntnis zur deutschen Republik.

Jeßner inszeniert — nach seinen eigenen Worten — einen »Freiheitsschrei«, der freilich nicht von allen verstanden wird, vor allem nicht von dem konservativen Publikum des ehemaligen Königlichen Schauspielhauses.

Es kommt am 12. Dezember 1919, dem Tag der ersten Aufführung, zu einem handfesten Skandal. »Viele Stammgäste des alten Hauses, Kitsch gewohnt, wehren sich gegen das Gute. Monarchisten der Kunst«, schreibt Alfred Kerr, der berühmteste aller Kritiker jener Jahre, im »Berliner Tageblatt«.

Paul Fechter berichtet in der »Deutschen Allgemeinen Zeitung«: »Schon nach den ersten Bildern mischte sich in den Beifall deutlich wahrnehmbares Zischen aus den oberen Rängen des Hauses.«

Bei Tells Worten »Auf diese Bank aus Stein will ich mich setzen«

kommt aus dem Publikum der Zwischenruf: »Wo ist denn die Bank?« Bei der »hohlen Gasse« gibt es Hohngelächter von den Rängen, weil diese Gasse, durch die Geßler kommen muß, nur angedeutet ist durch einen etwa zwei Meter breiten Spalt zwischen zwei schwarzen Vorhängen. Schließlich kommt es so weit, daß Albert Bassermann, der Tell, mit lauter Stimme ruft: »Schmeißt doch die Lausejungens raus!«

Danach geht er ab, der Vorhang schließt sich, das Theater wird gleichsam im Zuschauerraum fortgesetzt. »Stürmisches Bravo, neues Schreien, Klatschen, wieder Dunkel, wieder Rufe nach Licht«, schreibt Paul Fechter. »Dann scheint's, als ob man die Rechten erwischt und an die Luft gesetzt hat. Es wird ruhiger, die Erregung ebbt ab ... Türen fallen fernab donnernd zu. Das Spiel geht weiter.«

Die Kritiker sind von Jeßners Inszenierung begeistert. Norbert Falk rundet sein Urteil in der »BZ am Mittag« mit der Feststellung ab: »Jeßner hatte den Mut, einer morschgewordenen Tradition ins Gesicht zu schlagen, und er hat dadurch mit einem einzigen Ruck das Schauspielhaus an die Stelle gestoßen, wo es hingehört.«

Besonders gefeiert wird der Geßler von Fritz Kortner. Siegfried Jacobssohn schreibt in der »Weltbühne« über den Kortner-Geßler: »Es ist keine Kleinigkeit, uns mit einem Bösewicht von Schiller Angst einzujagen. Kortner gelingt's, indem er Schiller in einen Shakespeare verwandelt. Unsere menschliche Angst wird zur künstlerischen Entzücktheit. Man möchte den Todespfeil abfangen, nur um den brennenden Dämon im grellroten Mantel immer weiter vor Augen zu haben.«

Für die Theatergeschichtler bedeutet Jeßners »Tell«-Inszenierung den Beginn der zwanziger Jahre der Berliner Bühnen. Der Stil seiner ersten Inszenierung wird beispielgebend für das gesamte Theater und wirkt bis heute noch fort.

☆

Auch Erwin Piscator, der zweite große Mann der Berliner Bühnen, bringt die Klassiker in neuem Gewand. Der »rote« Piscator, der schon 1920 in Berlin das Proletarische Theater — eine Laienbühne für Arbeiter — gegründet hat, inszeniert im September 1926 in Jeßners Staatlichem Schauspielhaus Schillers »Räuber«.

Piscators Ziel ist das aktuelle politische Drama. Er will in das Tages- und Zeitgeschehen eingreifen. Er möchte dem Theater eine völlig neue gesellschaftliche Funktion geben.

Er begründet seine Absicht so: »Wir müssen mitwirken, daß sich eine derartige Katastrophe (Ausbruch des Ersten Weltkrieges) nicht mehr wiederholen kann. Um das zu erreichen, durfte die Gesellschaft nicht so bleiben, wie sie war. Sie mußte verändert werden. Unser Theater, das zu einer solchen Veränderung beitragen sollte, mußte deshalb seinem Wesen nach revolutionär sein ...«

... Revolutionär wie Piscators »Räuber«. Er steckt den Franz Mohr in Pepitahosen, braune Reitstiefel und einen modernen Sakko. Die Räuber tragen zerschlissenes Feldgrau, und die »Böhmischen Wälder« sind mit Stacheldraht der Schützengräben des Ersten Weltkrieges durchzogen. Spiegelberg, im alten Cut, trägt die Maske Trotzkis und wird die zentrale Figur — als (so Piscator) »ein Vertreter unserer harten sozialen Lage, ein Verbindungsmann vom Heute zum Gestern«.

Piscator läßt auch viele einzelne Szenen nicht nacheinander, sondern gleichzeitig und nebeneinander spielen: auf zwei Ebenen.

Der Kritiker Herbert Ihering schwärmt im »Berliner Börsen-Courier«: »Piscator hat das Theater zum Zeiterlebnis gemacht!«

Zeiterlebnis — das ist das Stichwort. Das Theater nimmt mehr und mehr kämpferischen Charakter an. Es greift aktuelle Themen auf aus allen Bereichen des Lebens. Es kämpft gegen Mißstände in der Gesellschaft, gegen soziale Ungerechtigkeit, es behandelt die Geschlechtsnot der Jugend, es deckt Mißstände in der Fürsorgeerziehung auf, es rüttelt an die sexuellen Tabus. Es prangert die heimliche Aufrüstung der Reichswehr an. Es kämpft besonders gegen den Paragraphen 218, und sogar die Themen »Mitbestimmung« und »Gewinnbeteiligung« werden mit dramatischen Mitteln behandelt.

Mit »Gas« von Georg Kaiser fängt es an. Nach der Uraufführung im November 1918 in Frankfurt erlebt das Stück an der Volksbühne Berlin am 25. Februar 1919 seinen großen Erfolg, und von hier aus geht es an viele andere deutsche Bühnen. 1928 wird »Gas« im Berliner Staatstheater noch einmal ein großer Erfolg.

Der Sohn eines Milliardärs hat das Werk seines Vaters, in dem Gas für den Krieg produziert wird, in ein soziales Unternehmen umgewandelt, an dem alle Mitarbeiter beteiligt sind. Eines Tages explodieren die gesamten Anlagen. Alle Arbeiter sind brotlos.

Der Milliardärssohn möchte seine Arbeiter zu Bauern machen und von der Fron der Arbeit befreien. Er weist ihnen Land an. Die Regierung, die dringend das Gas für die Rüstung benötigt, sorgt für den Bau eines neuen Werkes. Die Arbeiter kehren an ihre Arbeitsplätze zurück und verzichten auf ein freies Leben als Bauern.

Arnolt Bronnen bringt in seinem Schauspiel »Rheinische Rebellen« unter Jeßners Regie am 16. Mai 1925 den rheinischen Separatismus auf die Bühne des Staatlichen Schauspielhauses — genau zu dem Zeitpunkt, da im ganzen Reich die tausendjährige Zugehörigkeit der Rheinlande zu Deutschland gefeiert wurde — als Demonstration gegen die französische Besetzung. Von Berlin aus geht das Stück über weitere 21 Bühnen. Nur am Rhein darf es nicht gespielt werden.

Peter Martin Lampel schreibt gleich drei erfolgreiche Zeitstücke. Seine »Revolte im Erziehungshaus« (im Dezember 1928 im Berliner Thalia-Theater uraufgeführt) prangert die Mißstände der Fürsorgeerziehung an, löst damit Debatten und Diskussionen in ganz Deutschland aus und erreicht es sogar, daß alle Vorwürfe, die das Stück erhebt und zunächst von den Behörden abgestritten, schließlich trotz allen Leugnens der Behörden als gerechtfertigt anerkannt werden.

Lampels »Giftgas über Berlin« wendet sich gegen die heimliche Wiederaufrüstung in Deutschland. Entgegen den Bestimmungen des Versailler Friedensvertrages hatte die Reichswehr Giftgas produziert; dabei wurden in Hamburg mehrere Zivilisten getötet. Lampel bringt sogar den Generalobersten Hans von Seeckt, als Chef der Heeresleitung Organisator der Reichswehr, auf die Bühne. Es gibt zwar keine Zensur mehr, aber dieses Stück — von der linken Presse gefeiert —

wird schon nach der zweiten Aufführung von Berlins Polizeipräsident verboten — aufgrund eines alten Paragraphen des Preußischen Landrechtes (übrigens einer der ganz wenigen Fälle eines Theaterverbots in der Weimarer Republik).

»Pennäler«, Lampels drittes Zeitstück, am 30. Oktober 1929 im Theater am Schiffbauerdamm uraufgeführt, behandelt die Probleme der mißverstandenen und rebellierenden Jugend.

⋆

Den größten Erfolg erleben drei Stücke, die sich gegen den Paragraphen 218 wenden. 1928 soll der Paragraph — genau wie heute — bei einer Bearbeitung des Strafgesetzbuches zu Fall gebracht werden. Unter dem Schlagwort »Dein Körper gehört dir« — dem auch in Deutschland erschienenen Roman »La Garçonne« des Franzosen Victor Margueritte entnommen — werden in Berlin und in anderen Städten des Reiches Kundgebungen gegen den Paragraphen 218 abgehalten, an denen bekannte Mediziner und Schriftsteller teilnehmen.

Auf dem großen Ärztekongreß 1928 in Berlin wird die Zahl der Abtreibungen in Deutschland auf jährlich achthunderttausend geschätzt. Auch Alfred Döblin, Arzt und Schriftsteller, spricht auf dieser Tagung der Mediziner.

In diese Diskussion greifen drei Theaterstücke ein. Am berühmtesten wird »Zyankali« des Arztes und Dramatikers Dr. Friedrich Wolf (Uraufführung am 6. September 1929 im Berliner Lessing-Theater). Allein in Berlin gibt es 120 Aufführungen, und das aufrüttelnde Stück Wolfs, der seit 1928 Mitglied der KPD ist und als Arzt vor allem die Nöte der Arbeiterfrauen bei ungewollter Schwangerschaft kennengelernt hat, geht von Berlin aus in viele andere deutsche Städte und wird schließlich fast in der ganzen Welt gespielt: in New York und Shanghai; in Paris und Tokio; in Moskau, Zürich und in anderen großen Städten.

Das zweite erfolgreiche Stück gegen den Paragraphen 218 schreibt Hans José Rehfisch: »Der Frauenarzt«. Es wird am 2. November

1928 mit Rudolf Forster in der Hauptrolle im Theater in der Königgrätzer Straße uraufgeführt. Mit dem dritten Schauspiel zu diesem Thema, »Paragraph 218« von Carl Credé, eröffnet Erwin Piscator am 3. April 1930 im Wallner-Theater seine neue Bühne.

Die beginnende Arbeitslosigkeit, die dazu führt, daß es Ende 1932 in Berlin fast 650 000 Menschen gibt, die »stempeln« gehen, wählt Richard Duschinsky zum Thema seines Dramas »Stempelbrüder«, das am 1. Oktober 1929 mit Heinrich George in der Hauptrolle im Renaissance-Theater uraufgeführt wird.

Wenige Tage später attackiert ein Zeitstück von Ödön von Horvath, »Sladek, der schwarze Reichswehrmann«, im Lessing-Theater noch einmal die Reichswehr. »Sladek« wird nicht verboten.

Im Dezember 1927 geht ein amerikanisches U-Boot unter, nachdem es mit einem amerikanischen Schiff zusammengestoßen ist, das Alkoholschmuggler bekämpft. Prompt greift Günther Weisenborn diesen Fall in seinem Stück »U-Boot S 4« auf. Über den aktuellen Stoff hinaus wettert er gegen die Aufrüstung und die Sensationspresse. Im Oktober 1928 wird sein Stück in der Volksbühne am Bülowplatz uraufgeführt — zu einer Zeit, da im Reichstag gegen den Bau eines Panzerkreuzers (»A«) gestimmt wird (der dann schließlich doch von der Mehrheit bewilligt und auch als Panzerkreuzer »Deutschland« gebaut wird).

In diesem Zeitstück spielt, neben Heinrich George und Agnes Straub, Victor de Kowa seine erste große Rolle.

Um noch ein letztes berühmtgewordenes Stück zu nennen, dessen Titel eine ganze Epoche charakterisiert: »Hoppla, wir leben!« von Ernst Toller. Zwei Tage nach der Uraufführung dieses Dramas in Hamburg bringt es Piscator auf seiner Bühne am Nollendorfplatz heraus (3. September 1927). Es beleuchtet in einer Revue von Bildern den Zustand Deutschlands in den ersten neun Jahren der Weimarer Republik. Piscators Inszenierung schreibt wieder Theatergeschichte: In die lichtdurchlässigen Wände seiner Etagenbühne fügt er dokumentarische Filmaufnahmen ein und läßt so den Zuschauer unmittelbar noch einmal miterleben, was er vielleicht selbst gesehen hat.

Experimentierfreudiges Theater: Hier das Spiel auf zwei Bühnen-Ebenen; der Zuschauer erlebt zwei Szenen gleichzeitig. 1928 im Theater am Schiffbauerdamm, „Dreigroschenoper". (14)

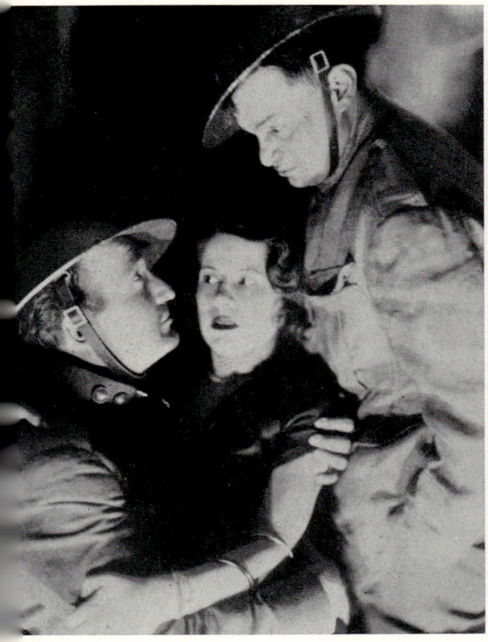

Hans Albers (links) und Fritz Kortner waren im März 1929 in „Rivalen" das Ereignis von Berlin. In der Mitte: Bard. (15)

Albert Bassermann (rechts) und Alexander Moissi waren zwei der „ganz Großen" und Unvergessenen der Bühnen Berlins. (16)

Gerhart Hauptmann, dessen Dramen meist in Berlin uraufgeführt wurden, mit Frau (halb verdeckt), Schauspielerin Helene Thimig, Regisseur Max Reinhardt und Reichswehr-Chef General von Seeckt während einer Aufführung im Großen Schauspielhaus. (17)

Auf 49 Bühnen Berlins: Schauspiel ohne Rast, Drama ohne Pause

Eine „Neue“ 1933 am Preußischen Staatstheater und ein großer Schauspieler und Regisseur: Emmy Sonnemann, die spätere Frau Hermann Görings, und Gustaf Gründgens in dem Lustspiel „Das Konzert“ von Hermann Bahr. (18)

Neben Leopold Jeßner und Erwin Piscator ist Max Reinhardt betont unpolitisch. Da er jeden Stil beherrscht, umfaßt sein Repertoire die ganze Skala der Bühnenmöglichkeiten: von der klassischen Tragödie über das Kammerspiel bis zur Operette.

Seine Klassiker-Inszenierungen sind noch heute unvergessen. Erwin Piscator bewundert seinen Kollegen Reinhardt, der heute längst zur Legende geworden ist: »Ein genialer Verschwender des Theaters. Ein Genießer seiner Wirkung. Ein Nachschmecker seiner Reize. Max Reinhardt, die farbigste Theater-Begabung aller Zeiten, intuitiv, zwanglos improvisierend, Anregungen aufnehmend, Anregungen ausstreuend... Der geniale Vollender des großbürgerlichen Theaters, vergleichslos in seinen Leistungen, unerschöpflich in seiner künstlerischen Wandelbarkeit.«

Reinhardt, Jeßner und Piscator — mit diesen Namen ist die Berliner Theatergeschichte der zwanziger Jahre nur umrissen. Auch viele andere Regisseure haben in der Reichshauptstadt erfolgreich gewirkt: Jürgen Fehling, Ludwig Berger, Viktor Barnowsky, Karl Heinz Martin, Heinz Hilpert, Erich Engel und Gustav Hartung — um nur wenige Namen zu nennen.

Die Regie ist wichtiger als das Werk. Es heißt nicht mehr Schillers »Tell«, sondern Jeßners »Tell«. Reinhardts, nicht Shakespeares »Othello« steht zur Debatte. Piscators, nicht Hašeks »Schwejk« wird diskutiert.

Stellvertretend für die vielen Bühnenbildner (ein Wort, das erst damals in Berlin geprägt wurde) seien genannt: Rochus Giese, Traugott Müller und Caspar Neher.

Alle sind schärfster Kritik ausgesetzt, und die Schauspieler und Regisseure wissen nie, wer gerade im Parkett sitzt. Fritz Kortner charakterisiert die Situation so:

»Wie mußten wir da oben auf der Hut sein vor diesem scharfsichtigen, hellhörigen Publikum-Forum! Und immer saß noch ein erlesener Einzelner inmitten der Publikumselite. Bald war es Heinrich oder Thomas Mann, Gerhart Hauptmann, Bert Brecht, Lion Feuchtwanger, Sinclair Lewis, Alfred Polgar, Egon Friedell, der bühnenfreudige Erfolgsautor Rehfisch, amerikanische Bühnenleute wie McClintic, Catherine Cornell, Jed Harris, Berliner Kollegen und solche aus der deutschen Provinz, Regisseure wie Jeßner, Engel, Fehling, Piscator, Filmmagnaten aus Hollywood, der junge, damals noch jedem alles versprechende Zuckmayer, Ringelnatz, Klemperer, immer einer von den damals schreibenden und auch gedruckten Lyrikern und eines Abends schließlich Karl Kraus aus Wien, der dem damaligen Berlin künstlerisch entferntesten Stadt.«

☆

Berlin lockt immer wieder große ausländische Theaterleute an. Luigi Pirandello, erfolgreicher italienischer Bühnenautor, weilt — um nur ein Beispiel zu nennen — oft in der Reichshauptstadt. Viele seiner Stücke werden hier aufgeführt. Für die »Komödie« inszeniert Max Reinhardt Ende 1924 eines der besten Stücke Pirandellos: »Sechs Personen suchen einen Autor«.

Der Italiener ist von der ersten Aufführung, am 30. Dezember 1924, so begeistert, daß er in der Zeitschrift »Literarische Welt« einen Brief veröffentlicht, der ein Kompliment an die Berliner ist:

»Deutschland kann und wird wieder allgemeingültige Werte geben. Berlin war schon damals das geistige Regulativ im Bereich der deutschen Kulturwelt und ist es heute noch. Was Berlin bejaht, das besteht. Meine Arbeit ist auch anderswo durch Applaus belohnt worden, doch hat der Berliner Beifall in mir eine besondere Resonanz gefunden: er beweist mir nämlich, daß Kunst als solche anerkannt wird und bestehen bleibt, auch wenn Grenzen, Sprach- und Rasseverschiedenheiten als trennende Elemente auftreten. Diese auf dem Hintergrund der Kunst sich abhebende Möglichkeit des Allmenschlichen interessiert, rührt, ja erschüttert mich, während der internationale Applaus mich ziemlich kalt läßt. Der Berliner Erfolg stempelt meine Werke zu einem gemeingültigen Dokument der Menschheit. Dafür bin ich dankbar.«

Paul Wiegler schreibt über die Aufführung des Pirandello-Stückes am Schluß seiner langen Besprechung in der »BZ am Mittag« vom 31. Dezember 1924:

»Aus Spuk, Humor und Gedanklichkeit wird in Reinhardts Regie ein Werk, so suggestiv wie irgendeines, um das er Theaterluft zauberte. Mit ihm verbündet ist die Kunst Max Pallenbergs und ihre äußerste geistige Schärfe. Auch sie umfangen vom Schauer der Irrealität, den sie mit leisen, pallenbergisch burlesken Zwischentönen abwehrt. Die ungeheure Eindringlichkeit Max Gülstorffs, der das Antlitz eines Phantoms hat. Die behende Kraft und sinnliche Gaukelei der blonden Franziska Kinz. Und die primitive Natur der Lucie Höflich, wenn sie im Schluchzen und Schreien der Schmerzenskrisen sich entlädt. Die Komödie wird eine lange Reihe von interessanten Abenden haben.«

Wieglers Prognose trifft ein: Monatelang wird täglich vor ausverkauftem Haus ein Autor gesucht.

*

»Die wahren Kinder des Jahrzehnts« der zwanziger Jahre sind die beiden Dramatiker, die selber noch in den Zwanzigern ihres Lebens stehen: Carl Zuckmayer und Bertolt Brecht. Ihre ersten Stücke (»Kreuzweg« und »Pankratz erwacht« von Zuckmayer, beide uraufgeführt in Berlin, und »Trommeln in der Nacht« und »Baal« von Brecht) lagen in ihrem Erfolg zwischen Applaus und Pfeifen.

Bald aber haben sie sich durchgesetzt. Zuckmayer mit »Der Fröhliche Weinberg« (uraufgeführt am 22. Dezember 1925 im Theater am Schiffbauerdamm), 1927 mit dem »Schinderhannes« (Lessing-Theater) und 1931 mit »Der Hauptmann von Köpenick« (Deutsches Theater).

»Der Fröhliche Weinberg« bringt etwas auf die Bühne, was es in dieser unbekümmerten Vollsaftigkeit noch nicht gegeben hat. Hier wird getrunken und gesungen, gerauft und geliebt, derb und deutlich gesprochen — ein Volksstück, das »vollen Mundes fröhlich die Welt anorgelt«, wie die »BZ am Mittag« schrieb.

Bert Brecht setzt sich in Berlin im Jahre 1924 im Deutschen Theater durch mit »Im Dickicht«, nachdem das Stück ein Jahr zuvor in München uraufgeführt worden war. Mit seiner »Dreigroschenoper« (Uraufführung im Theater am Schiffbauerdamm am 31. August 1928) erlebt er seinen größten Erfolg — bis auf den heutigen Tag.

Die Uraufführung der »Dreigroschenoper« zeigt eine bisher nicht mehr erreichte Besetzung: Erich Ponto, Harald Paulsen, Kurt Gerron, Rosa Valetti, Roma Bahn, Lotte Lenya und Kate Kühl.

Die »Dreigroschenoper« schockiert und begeistert. Über keine Uraufführung wird in Berlin und im Reich so viel geschrieben wie über diese Bürgerschreck-Oper. Mehr als zweihundertfünfzigmal wird die »Dreigroschenoper« vor ausverkauftem Haus gespielt. Die Songs mit der Musik von Kurt Weill erobern schnell die ganze Welt, und in vielen Theatern in allen Erdteilen gehört das Brecht-Weill-Opus noch heute zum ständigen Repertoire.

Monatelang hat das Theater am Schiffbauerdamm eine größere Anziehungskraft als das Metropol-Theater, in dem Richard Tauber seine schönsten Lieder singt. In zehn Jahren verdient er auf der Bühne und in den Filmateliers Berlins zehn Millionen Reichsmark.

Das Metropol-Theater gehört zu einem Theater-Ring der Brüder Alfred und Fritz Rotter. Den größten Erfolg haben sie freilich mit dem Metropol-Theater, und hier sind es vor allem die Operetten von Franz Lehár, in deren Mittelpunkt stets Richard Tauber steht.

Uraufgeführt werden sie zunächst meist im Deutschen Künstlertheater unter der Leitung von Heinz Saltenburg, aber die großzügigen Inszenierungen im Metropol geben ihnen später erst die künstlerische Vollkommenheit.

Eine Tauber-Premiere wird zu einem gesellschaftlichen Ereignis Berlins. Dr. Bernhard Weiß, der Vizepolizeipräsident der Reichshauptstadt, sitzt immer im Parkett und stellt für den Empfang der Autos des Premieren-Publikums seine besten Polizeioffiziere zur Verfügung. Alles, was Rang und Namen hat in Berlin, erscheint im Metropol-Theater. Die Damen der Gesellschaft führen ihre neuesten Garderoben und Parfüms vor.

Es beginnt 1925 mit »Paganini«. Wenn Tauber singt »Gern hab' ich die Frau'n geküßt«, schmilzt das Publikum dahin. Es folgen 1927 der »Zarewitsch« mit dem Wolga-Lied, 1928 »Friederike« mit »O Mädchen, mein Mädchen, wie lieb' ich dich«, 1929 »Das Land des Lächelns« mit »Dein ist mein ganzes Herz« und 1931 »Schön ist die Welt« mit »Ich bin verliebt«.

Für jede dieser Operetten schreibt Franz Lehár seinem Freund Richard Tauber bestimmte Lieder auf den Leib, und sie brechen stets alle Rekorde im Schallplattengeschäft der damaligen Zeit. Die Vorstellungen sind stets ausverkauft, und auch der »kleine Mann« besucht das Metropol-Theater, um sich von Richard Taubers Stimme und der Musik von Lehár aus den Realitäten des Alltags in Luftschlösser entführen zu lassen.

Auch die beiden Operetten von Paul Abraham »Viktoria und ihr Husar« und »Die Blume von Hawaii« gehören — nachdem sie im Großen Schauspielhaus ihre Premieren erlebten — in die Erfolgsserie der Metropol-Aufführungen. Noch in einigen anderen Theatern Berlins wird die Operette gepflegt, aber nirgendwo gibt sie sich so glanzvoll wie im »Metropol«.

☆

Die Brüder Rotter beschäftigen in den ersten der zwanziger Jahre als Dramaturgen Dr. Otto Kanehl, einen Linksintellektuellen. Bevor er sich 1925 aus nicht geklärten Gründen erschießt, hat er in einem Brief an die Brüder Rotter einen früheren Studienkollegen als seinen Nachfolger empfohlen. Dieser junge Mann kommt auch nach Berlin. Als er vor der Grunewald-Villa der jüdischen Theatermagnaten klingelt, erfährt er von der Haushälterin, daß die Herren sich gerade in Cannes aufhalten.

Der junge Mann fährt entmutigt in seine rheinische Heimat zurück. Es ist Dr. Joseph Goebbels, der zwei Jahre später aufbrechen wird, um Berlin für Hitler zu erobern.

Ein Jahr zuvor, im Januar 1924, hat sich Goebbels als Redakteur beim »Berliner Tageblatt« beworben. Er erhält eine ablehnende Antwort.

Der spätere Reichspropagandaminister des Dritten Reiches wäre zweifellos ein ausgezeichneter Journalist und Linksintellektueller geworden und hätte mit seinem messerscharfen Verstand das bekämpft, was er später propagierte: den Nationalsozialismus und den Antisemitismus. Und als Dramaturg wäre er mit einer an Sicherheit grenzenden Wahrscheinlichkeit bei Jeßner oder Piscator gelandet — und die Weltgeschichte wäre möglicherweise etwas anders verlaufen ...

1933 wird Goebbels nicht nur Herr des gesamten Films, sondern auch der Bühnen — mit Ausnahme der Preußischen Staatstheater (in Berlin: Staatsoper Unter den Linden und Schauspielhaus am Gendarmenmarkt), die Hermann Göring als preußischem Ministerpräsidenten unterstehen. Heinz Tietjen bleibt Generalintendant, und Gustaf Gründgens wird Intendant des Schauspielhauses. Göring hält schützend seine Hand über »seine« Intendanten und »seine« hervorragenden Schauspieler.

Aber auch Goebbels verfügt über sehr gute Kräfte — vor allem im Deutschen Theater. Der große Bühnen-Zauberer Max Reinhardt hat dieses Theater, das ihm gehört, zusammen mit den »Kammerspielen« in einem Brief am 16. Juni 1933 an die neue Regierung feierlich dem deutschen Volk als Nationaleigentum übertragen. Es wird von Heinz Hilpert geleitet, und Jürgen Fehling ist der große Regisseur bei Gründgens.

Viele jüdische Schauspieler haben Deutschland verlassen müssen, aber immer noch bleiben hervorragende Mimen und ganze Ensembles zurück, deren Leistungen noch heute in der Erinnerung fortleben. Die Leistung wird auch dadurch erhöht, daß es zu einer künstlerischen Konkurrenz zwischen den Goebbels- und Göring-Bühnen kommt.

»Ich habe nicht die Absicht, etwa das künstlerische Schaffen einzuengen«, erklärt Goebbels am 8. Mai 1933 vor den Theaterleitern im Hotel »Kaiserhof«. »Wenn irgendwo das Gesetz der Persönlichkeit sich auswirken muß, dann in der Kunst!«

Von den 49 Theatern des Jahres 1927 haben schon während der

großen Wirtschaftskrise zwischen 1928 und 1932 viele schließen müssen. Einige »nichtarische« Privatbühnen verschwanden nach Beginn der nationalsozialistischen Herrschaft. Es blieben — einschließlich der Staatsoper Unter den Linden und der Deutschen Oper in der Bismarckstraße — knapp 30 Theater übrig: immer noch eine imponierende Zahl, die von keiner Stadt der Welt erreicht wurde.

Die Berliner Theater ab 1933 sind, genau wie in ihrer Glanzzeit der zwanziger Jahre, fast immer ausverkauft — zumal die Organisation »Kraft durch Freude« dafür sorgt, daß jetzt auch die »Arbeiter der Faust« in Massen die Bühnenkunst erleben können.

Viele Autoren dürfen nicht mehr aufgeführt werden, viele Komponisten werden verboten, weil sie nicht in die Rassenvorstellungen der Nationalsozialisten passen. Aber es gibt immer noch eine Menge »tragbarer« Dichter, und da sind vor allem die Klassiker, die in immer neuen Inszenierungen herausgebracht werden.

Und natürlich haben »nationale« Schauspiele den Vorrang. In »Schlageter« von Hanns Johst, an Hitlers Geburtstag (20. April) 1933 im Staatlichen Schauspielhaus uraufgeführt, stellt sich jene Schauspielerin zum ersten Male den Berlinern vor, die später die zweite Frau Görings sein wird: Emmy Sonnemann.

Die Schauspieler erfreuen sich der besonderen Gunst des Regimes. Hitler zieht die Gesellschaft von Schauspielern jeder anderen vor. Er und Goebbels sorgen dafür, daß Bühnen- und Filmkünstler im Dritten Reich eine gesellschaftlich überragende Stellung genießen. 1936 gründet Goebbels als Altersversorgung der Schauspieler den »Künstlerdank«, und 1937 zieht Göring für »seine« Schauspieler mit der »Emmy-Sonnemann-Stiftung« nach.

Schon sehr bald nach der Machtübernahme hat Goebbels in der Berliner Viktoriastraße das »Kameradschaftshaus der deutschen Künstler« eröffnet: einen modernen Klub, in dem es von den Tanzflächen bis zur Kellerbar alles gibt, was der Geselligkeit dient. Goebbels ist sehr häufiger Gast, und sogar Hitler erscheint gelegentlich hier. Fotos beweisen dem deutschen Volk immer wieder, wie Hitler und seinem Propagandaminister das Wohl der Künstler am Herzen liegt.

Die Künstler haben sogar das Privileg, daß sie sich um Politik nicht zu kümmern brauchen und »auf einer Insel leben dürfen«. Die Operette »Der Goldene Käfig« von Theo Mackeben, im September 1943 im Admiralspalast uraufgeführt, trifft genau die Situation der Schauspieler im Dritten Reich.

Im Admiralspalast überrascht das Berliner Publikum in den dreißiger Jahren ein Mann mit glanzvollen Inszenierungen (»Fledermaus«, »Frau Luna«, »Die Dubarry«), der heute in Ost-Berlin als Chef der Komischen Oper beste deutsche Theater-Tradition pflegt: Walther Felsenstein.

☆

Auf einer Insel besonderer Art lebt jener Mann, der im Sommer 1934 das Metropol pachtet und bald als neuer Berliner »König der Operette« gilt: Heinz Hentschke. Nach 1933 bis zu Hentschkes Übernahme hatte sich das Ensemble des Metropol-Theaters zu einer Not-Gemeinschaft zusammengeschlossen und spielte Lehárs »Friederike« — mit Grete Weiser als Soubrette —, und im Februar 1934 wird Walter Kollos Operette »Derflinger« uraufgeführt.

Danach geht es »richtig los« — mit den Hentschke-Operetten. Nach Hindenburgs Tod (2. 8. 1934) übernimmt Hitler auch dessen Amt und vereinigt die Ämter des Partei-, Regierungs- und Staatschefs als »Führer und Reichskanzler« — drei Wochen später feiert Hentschke Premiere mit der Operette »Lauf ins Glück« (Musik von Fred Raymond).

Als 1935 die allgemeine Wehrpflicht verkündet wird, die Aufrüstung und mit ihr die Zeit der Kriegsvorbereitung beginnt, bringt Hentschke den »Ball der Nationen« heraus. Während bald nach Beginn des Spanischen Bürgerkrieges 1936 die »Legion Condor« nach Spanien fliegt, präsentiert Hentschke im Metropol die Operette »Auf großer Fahrt«. Zufall oder Absicht?

Hentschke bleibt jedenfalls »in Fahrt«. Als im September 1937 Hitler seinen Freund Mussolini in Berlin begrüßt und an diesem Tage

Berliner Widerstandskämpfer Flugzettel mit der Schlagzeile »Zwei Henker treffen sich« verteilen, bittet das Metropol-Theater zur Premiere von »Maske in Blau«. Im Jahr des Einmarsches deutscher Truppen in Österreich (13. März 1938) begeistert Hentschke sein Publikum mit »Melodie der Nacht«.

Bald nach Kriegsbeginn erlebt »Die oder keine« eine glanzvolle Uraufführung. Nach dem Norwegen- und Frankreich-Feldzug erfreut Hentschke sein Publikum mit einer seiner großzügigsten Inszenierungen: »Frauen im Metropol«. Als nach Beginn des Rußland-Feldzugs die Ferntrauung zwischen Soldaten an der Front und den Bräuten in der Heimat eingeführt wird, feiert Hentschkes Haus »Hochzeitsnacht im Paradies«.

Muß noch festgestellt werden, daß sämtliche Vorführungen stets ausverkauft sind? Jeder läßt sich gerne einige Stunden von den Kriegssorgen ablenken. Nach Stalingrad und der Goebbels-Rede vom »totalen Krieg« überrascht Hentschke mit seiner »Königin einer Nacht«.

Und als schließlich die Front im Westen wankt, als sich die deutschen Truppen zurückziehen müssen, lautet der Titel der letzten Uraufführung im Metropol-Theater: »Wiedersehen macht Freude«.

Unvergessen ist neben Richard Tauber aus den Jahren vor 1933 Fritzi Massary, der Berlin 30 Jahre lang zujubelte und die 1932 in »Eine Frau, die weiß, was sie will« von Oscar Straus ihre letzte Rolle in Deutschland spielte. Aus den späteren Jahren sind in Erinnerung geblieben — um nur einige zu nennen: Erich Arnold, Rudi Godden, Dorit Kreysler, Ingeborg von Kusserow, Elfie Maierhofer, Walter Müller, Friedl Schuster, Kurt Seiffert, Clara Tabody, Paul Westermeier und Johannes Heesters, der im Metropol seine Glanzzeit erlebte.

☆

Am 10. Oktober 1944 werden alle Theater geschlossen, die Schauspieler in Munitionsfabriken oder an die Front geschickt — sofern sie nicht auf der Liste A (»Liste der Unsterblichen«) oder auf Liste B (»Liste der Gottbegnadeten«) des Propagandaministeriums stehen. Schon wenige Wochen später gelten diese Listen nur noch bedingt.

Ausgerechnet während des Krieges, im Jahre 1942, wird in Berlin — in der Komischen Oper — das einzige Stück gegen den Nationalsozialismus aufgeführt: die Komödie »Die sechste Frau« von Max Christian Feiler. Sie schildert amüsant die Geschichte Heinrichs VIII. und seiner sechsten Frau Katharina Parr. Erst nach der 52. Vorstellung merken die Herren der Abteilung VI/T (Theater) des Propagandaministeriums, daß hier das Dritte Reich persifliert wird.

In den Parlaments-Szenen wird zwar Heinrich VIII. lächerlich gemacht — gemeint ist aber offenbar Hitler vor dem Reichstag. Erst nach weiteren zwanzig Vorstellungen läßt Goebbels das Stück verbieten, und Hausherr Hanns Horack darf sein Theater nicht mehr betreten. Die Komische Oper, bisher Privattheater, kommt jetzt in die Obhut des Staates. Die Hauptrollen in dieser Komödie spielten übrigens O. E. Hasse, Olga Tschechowa und Will Dohm.

Im totalen Krieg müssen die Musen schweigen . . .

Das Staatstheater am Gendarmenmarkt verabschiedet sich von seinem Publikum mit einer glanzvollen Inszenierung des Romantischen Singspiels von Pius Alexander Wolff, »Preciosa«, zu dem Carl Maria von Weber die Musik geschrieben hat. Jürgen Fehling schöpft aus dem Vollen und bietet den ganzen verschwenderischen Zauber auf, den eine Bühne nur entfalten kann. Die Kapelle der Staatsoper spielt, das Ballett tanzt, und diese Inszenierung, die überschäumt von Einfällen und Ausstattung, wird ein Abschied für immer von der Bühne am Gendarmenmarkt, in der seit 1821 deutsche Theatergeschichte geschrieben wurde.

Einen solchen Applaus, in den sich Wehmut mischt, hat das Haus noch nie erlebt, und die Hauptdarsteller Käthe Gold, Albert Florath, Maria Koppenhöfer und Gustav Knuth müssen sich immer wieder verbeugen.

Das Schauspielhaus versank in den Bombennächten Berlins in Trümmer — wie so viele andere Bühnen der Reichshauptstadt.

Von Robert Koch bis Ferdinand Sauerbruch

IV

Hochburg der Medizin: die Charité

Im berühmtesten Krankenhaus der Welt
wird geheilt, geforscht und gelehrt

Zu Beginn des Wintersemesters meldet sich bei Professor Ernst Viktor von Leyden ein Medizinstudent zum Examen. Leyden, der große Internist und begnadete Therapeut, der sich besonders dem Rückenmark, dem Herzen und der Niere »verschrieben« und schon 1903 ein Krebsforschungsinstitut in der Berliner Charité gegründet hat, ist Chef der »I. Medizinischen Klinik« der weltberühmten Krankenanstalten.

»Wo befinden Sie sich im Augenblick, Kandidat Sievers?«

Der Examenskandidat antwortet spontan: »In der Ersten Medizinischen Klinik der Charité!«

»Das ist fast richtig«, erwidert Professor von Leyden. »Etwas haben Sie bei Ihrer Antwort vergessen. Sagen Sie es ganz präzise!«

Sievers, etwas verblüfft, überlegt, sieht den Internisten fragend an, findet aber keine Antwort.

Der Klinikchef zwirbelt seinen Bart, wirft sich in Positur und erklärt: »Sie befinden sich hier, mein lieber Herr Sievers, an der ersten Medizinischen Klinik der Welt!«

»Selbstverständlich, Herr Professor!« antwortet Friedrich Sievers stolz. Drei Jahre später ist er Arzt am Königsberger Städtischen Krankenhaus.

Überheblichkeit? Selbstbeweihräucherung eines Halbgottes? Keineswegs. Was von Leyden 1905 vielleicht als Scherz meinte, entspricht in der damaligen Zeit und noch Jahrzehnte später der Wirklichkeit.

Die Charité genießt Anfang des vorigen Jahrhunderts bis zum Kriegsende 1945 einen Ruf, den man sich heute kaum noch vorstellen kann. Sie ist, vor allem bis 1933, ein Welt-Zentrum der Medizin und eine Gralsburg der medizinischen Wissenschaft. Ein weiteres ehrendes Attribut nennt die Charité einen »Olymp der Wissenschaft«.

Zugleich ist sie das Ziel Schwerkranker aus der ganzen Welt. Studenten aus allen Erdteilen sitzen in ihren Hörsälen. Ärzte aller Sprachen und Hautfarben reisen in die deutsche Reichshauptstadt, um sich hier mit den neuesten Errungenschaften, Erkenntnissen und Erfahrungen der Medizin vertraut zu machen.

Kaiser, Könige, Staatsmänner und Industriemagnaten rufen Professoren der Charité an ihr Krankenbett, und die Universitäten in aller Welt bitten um Gastvorlesungen von Charité-Koryphäen.

Wenn die Herren Professoren der Charité eine Reise antreten — während des Kaiserreiches, der Weimarer Republik und noch im Dritten Reich —, erhalten sie oft vom Auswärtigen Amt Diplomatenpässe, damit sie völlig unbehelligt reisen können und ihr Gepäck mit dem meist wertvollen Instrumentarium keinem Zöllner zu öffnen brauchen.

Wer an der Charité studiert oder dort gar als Assistent gearbeitet hat, der fühlt sich gleichsam einem elitären Orden zugehörig. Ausbildung an der Charité — das ist praktisch ein Gütezeichen. Viele später berühmte Professoren in Ostasien, in Südost-Europa und in Lateinamerika zieren ihre Visitenkarte mit dem Vermerk »An der Charité studiert« oder »Ehemals Assistent an der ...-Klinik der Berliner Charité«.

Als die Rote Armee am 1. Mai 1945 die Charité besetzt — in der Professor Ferdinand Sauerbruch im Operationsbunker, umgeben von Schwerkranken und Sterbenden, im unerträglichen Geruch von Schweiß und Blut und Eiter unentwegt mit seinen Mitarbeitern operiert —, da melden sich bald die ersten sowjetischen Sanitätsoffiziere bei ihm, die sich stolz als ehemalige Schüler der Charité bekennen.

Einer von ihnen, Professor A. A. Visnevskij, Direktor des Moskauer Instituts für Experimentelle Chirurgie und dreizehn Jahre später Mitglied der Akademie der Medizinischen Wissenschaften, drückt seinem alten Lehrmeister Sauerbruch stolz die Hand.

Der sowjetische Professor sorgt dafür, daß seinem deutschen Kollegen Sauerbruch sofort das Notwendigste von dem zur Verfügung steht, was in der damals zu einem Drittel zerstörten Charité benötigt wird.

Soweit die Professoren der Charité in diesen Wirren des Zusammenbruchs noch arbeiten, werden sie von vielen Ärzten der Roten Armee und später von Amerikanern, Engländern und Franzosen zu Rate gezogen. Daß sogar Lord Dawson of Penn, der Leibarzt des britischen Königshauses, in der Mitte der dreißiger Jahre seinen Neffen Laurence O'Shaughnessy als Assistent zu Professor Sauerbruch an die Chirurgische Abteilung der Charité geschickt hat, flößt den britischen Ärzten, die mit der Armee nach Berlin gekommen sind, besonderen Respekt ein.

☆

Blenden wir für einen Augenblick in die Geschichte der Charité zurück . . .

1710 ordnete König Friedrich I. den Bau eines Hauses für Pestkranke an — vor den Toren seiner Residenz Berlin. Sein Nachfolger Friedrich Wilhelm I. wandelte das »Quarantaine-Lazareth« in ein Krankenhaus und eine Ausbildungsstätte für Wundärzte um und gab ihm den Namen »Charité« (Barmherzigkeit).

1810 übernimmt, sofort nach ihrer Gründung, die Friedrich-Wilhelms-Universität die Charité, die jetzt zugleich als Lehr- und Forschungsstätte dient. Immer wieder wird der Komplex erweitert, aber schon bald reichen auch die alten und neuen Klinikbauten nicht mehr. Seit 1896 wird ein Gebäude der Frühzeit nach dem anderen niedergerissen.

Es wachsen neue Bauten, neue Kliniken, neue Institute, neue Hörsäle, Laboratorien und Operationsräume. Allein das Pathologische Institut ist vor der Jahrhundertwende doppelt so groß wie die ursprüngliche Charité. Die große Kranken- und Lehrstadt östlich vom Lehrter Bahnhof, zwischen Invaliden-, Luisen- und Schumannstraße umfaßt schließlich ein Areal von 420 mal 600 Meter Größe.

Schon um die Jahrhundertwende gehören zur Charité zwölf Universitätskliniken für alle möglichen Bereiche medizinischer Wissenschaft, und fast jedes Jahr kommt eine weitere Kranken- und Lehranstalt hinzu. Auch die Universitätskliniken in der Ziegelstraße, nördlich der Friedrich-Wilhelms-Universität, arbeiten eng mit der Charité zusammen, obwohl hier andere »Päpste« der Medizin regieren.

Als Professor Sauerbruch 1927 nach Berlin kommt, wird er für beide Lehrstühle berufen: an die Charité und an die Klinik in der Ziegelstraße (wo bis 1931 der berühmte Chirurg Otto Bier wirkt).

Viele spezielle Abteilungen gibt es in der Charité zum ersten Male auf der Welt — etwa die Psychiatrisch-Neurologische Klinik, die Professor Wilhelm Griesinger 1864 gründet. Zu Griesingers berühmten Nachfolgern gehören Carl Westphal und Karl Bonhoeffer (der vier Familienmitglieder, zwei Söhne und zwei Schwiegersöhne, wegen ihrer Beteiligung am Widerstand gegen Hitler verloren hat).

Der letzte (7.) Nachfolger Griesingers, Professor Max De Crinis, ist einer der ganz wenigen in der Geschichte der Charité, die dem Namen »Barmherzigkeit« keine Ehre gemacht haben: De Crinis, ein Freund des Reichsführers SS Heinrich Himmler, war verantwortlich für das Euthanasie-Programm: für den Mord an über hunderttausend geistig kranken Menschen. Als die Rote Armee Berlin besetzte, mißlang ihm die Flucht. Er nahm mit seiner Frau die Giftkapsel.

De Crinis — ein Schandfleck auf der stolzen Liste der Namen, die mit der Geschichte der Charité und ihren ungewöhnlichen Leistungen für die medizinische Wissenschaft verbunden sind.

Sie beginnt mit Christoph Wilhelm Hufeland († 1836), der Wieland, Herder, Goethe, Schiller und das preußische Königspaar behandelte, und dessen Name fortlebt in der Hufeland-Medaille für hervorragende Leistungen in der biologischen Medizin und im Hufeland-Preis, mit dem jährlich die beste Arbeit über vorbeugende Gesundheitspflege ausgezeichnet wird.

Es folgt der Name des Physiologen, Anatomen und universellen Forschers Johannes Peter Müller († 1858), aus dessen Schule viele be-

Berlin lag ihr zu Füßen:
„Metropol"-Star Fritzi Massary (19)

Die Tänzerin und der Sänger: La Jana
und Michael Bohnen 1929 in „Casanova" (20)

Die Berliner waren niemals prüde: In den zwanziger Jahren gehörten nackte Frauen zum Revue-Repertoire. Auch im Metropol-Theater zeigten sich schöne Mädchen bei Ballett-Einlagen „oben ohne", sogar noch in der Hitler-Ära — wie hier 1939 in „Die oder keine". (21)

Die Charité gilt jahrzehntelang als ein Weltzentrum der Heilkunst und Gralsburg medizinischer Wissenschaft. Das Foto zeigt einen Teil des riesigen Krankenhaus-Komplexes. (22)

Diesem Bakteriologen verdankt die Menschheit die Heilmittel gegen viele heimtückische Krankheiten: Robert Koch. (23)

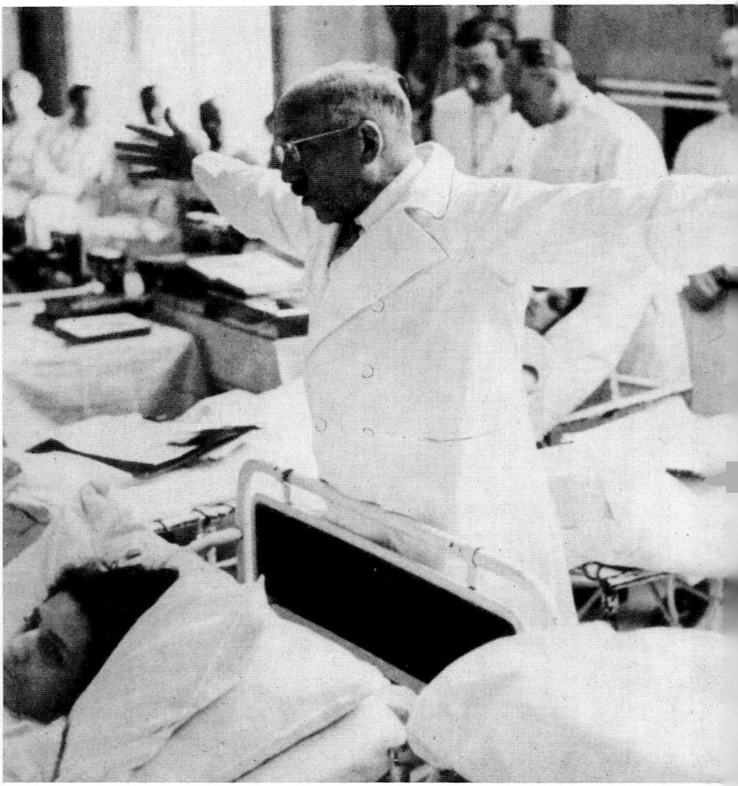

18 Jahre lang der große Charité-Chirurg: Professor Sauerbruch mit einer für ihn typisc Geste am Krankenbett. (24)

rühmte Mediziner hervorgegangen sind. Am bekanntesten wurde Rudolf Virchow († 1902), der bedeutendste Mediziner und Anthropologe seiner Zeit. Er begründete die Pathologische Anatomie und Zellular-Pathologie. In seinem sozialpolitischen Wirken für öffentliche Gesundheitspflege, Hygiene, besseren Wohnungsbau und Seuchenbekämpfung verband er die Aufgaben des Arztes mit den Pflichten des Politikers: als führender Mann der Fortschrittspartei im Reichstag.

Der Chirurg Albrecht von Graefe († 1870) galt als der größte Augenarzt der Neuzeit. Bernhard von Langenbeck († 1887) brachten seine plastischen Operationen Weltruhm ein. Ernst von Bergmann († 1907) ist in die Geschichte der Medizin eingegangen als Hirn-Chirurg. Er erwarb sich außerdem große Verdienste um die Ausbildung der Antisepsis; er führte die Asepsis ein und wurde Meister der kriegschirurgischen Technik.

Der Internist Gustav von Bergmann († 1955), ein Sohn des berühmten Chirurgen, erwarb sich besondere Verdienste um die Bekämpfung des Magengeschwürs und schrieb das klassische Lehrbuch »Funktionelle Pathologie«.

Die Liste der Wissenschaftler an der Charité umfaßt noch viele andere Namen, die untrennbar mit der Geschichte der Medizin und der Charité verbunden sind. Johann Christian Jüngken († 1875) war einer der Gründer der wissenschaftlichen Augenheilkunde. Der Chirurg Heinrich Adolf Bardeleben († 1914) ist der Erfinder der »Bardelebenschen Brandbinde«. Der Chirurg Franz König († 1910) betrieb als erster Arzt Herzmassage bei Herzstillstand, zum Beispiel bei Narkose-Zwischenfällen. Sein Schüler Otto Hildebrand († 1926) galt als genialer Universal-Operateur. Hildebrands Nachfolger als Chef der Chirurgischen Klinik der Charité wurde Ferdinand Sauerbruch.

Auch die Liste der Männer, die große Entdeckungen gemacht haben, ist untrennbar mit der Charité verbunden. Da ist zunächst der Bakteriologe Robert Koch († 1910). Der Direktor des Hygienischen Instituts der Charité und des Instituts für Infektionskrankheiten entdeckte unter anderem den Erreger des Milzbrandes (1876), fand den

Tuberkel-Bazillus (1882) und jenes Mittel, das ihn bekämpft (Tuberkulin), und den Cholera-Erreger (1883). Koch erforschte auf zahlreichen Reisen Pest, Malaria und Schlafkrankheit und sorgte dafür, daß Seuchen ihre Schrecken verloren. Mit seinem berühmten »Germanin« bezwang er die tückische Schlafkrankheit. 1905 erhielt er den Nobelpreis für Medizin.

Robert Kochs früherer Assistent Emil von Behring († 1917) stellte als erster Seren gegen Diphterie und Tetanus her und »gab damit den Ärzten eine segensreiche Waffe im Kampf gegen Krankheit und Tod«. 1901, bei der ersten Verleihung überhaupt, erhielt er den Nobelpreis für Medizin.

Der Dermatologe Erich Hoffmann († 1959) von der Charité-Hautklinik und der Zoologe Fritz Richard Schaudinn († 1906) entdeckten 1905 den Erreger der Syphilis und der Amöbenruhr.

Der Bakteriologe August von Wassermann († 1925), Mitarbeiter von Robert Koch, entdeckte 1906 eine sichere Methode, die Syphilis zu erkennen: die Wassermannsche Reaktion (WaR).

Der Serologe Paul Ehrlich († 1915), Schöpfer der modernen Chemotherapie, ebenfalls ein Schüler von Robert Koch, erhielt 1908 den Nobelpreis für seine Serum-Therapie (die den Körper gegen bestimmte Bakterien immun macht) und entdeckte 1910, zusammen mit seinem japanischen Assistenten Sahatschiro Hata (der an der Charité studiert hat), das erste wirksame Mittel gegen Syphilis: Salvarsan.

Damit ist die Liste der wissenschaftlichen Koryphäen, die an der Charité wirkten oder aus ihrer Schule hervorgingen (und deren Namen noch heute jedem Laien geläufig sind), längst nicht erschöpft.

Da ist der Pathologe und Internist Friedrich Theodor von Frerichs († 1885), Direktor der I. Medizinischen Klinik der Charité, der zu seiner Zeit einen weltweiten Ruf als Diagnostiker genoß. Patienten aus der ganzen Welt mit unklaren Krankheiten wurden nach Berlin zu Frerichs geschickt.

Es folgt Karl Gerhardt († 1902), Chef der Hals-, Nasen- und Ohrenklinik, der 1888 den Kehlkopfkrebs beim Kronprinzen Friedrich diagnostizierte und schon damals die Anregung gab zu einer Klinik, die erst später verwirklicht wurde: das Phonetische Institut der Charité, in dem sogar Patienten, deren ganzer Kehlkopf entfernt wurde, wieder das Sprechen lernten.

Um noch einen letzten Namen der »alten« Charité-Zeit zu nennen: Der Internist Wilhelm His († 1934) entdeckte das His'sche Bündel im Reizleitungssystem des Herzens.

Die Berliner wußten stets, was sie an »ihren« Charité-Professoren hatten. Als Rudolf Virchow starb (1902), als ihm fünf Jahre später Ernst von Bergmann folgte und als nach weiteren drei Jahren Ernst von Leyden verschied — da wurde jedesmal aus der Beerdigung ein Demonstrationszug des Dankes, und in der ganzen Stadt herrschte spontan Volkstrauer. Sogar Kaiser Wilhelm II., der seine Charité-Geheimräte gern als das »wissenschaftliche Leibregiment der Hohenzollern« betrachtete, folgte in einer schwarzdrapierten Hofkutsche den Särgen.

Die Dynastie der drei großen Ärzte Virchow, von Bergmann und von Leyden ist 1910 erloschen, aber ihre Erben setzen ihr Werk fort. Studenten und Patienten aus aller Welt strömen weiter nach Berlin. Der Strom wird nur durch den Ersten Weltkrieg unterbrochen. Die Grenzen sind kaum wieder geöffnet, da wird die Charité erneut zum Ziel von Studenten und Patienten, um sich von den »Erben der Charité-Throne« unterrichten und behandeln zu lassen.

1937 gibt es noch einmal eine große Beerdigung. Werner Körte, der Chef der Chirurgischen Abteilung des Städtischen Krankenhauses am Urban (nördlich der Hasenheide), ist Mitbegründer der modernen Bauchchirurgie und des Eingriffs in die Gallenwege und der Leber. Er starb im Alter von 84 Jahren. Mit seinen Kollegen von der Charité auf das engste verbunden, galt er lange Zeit als der populärste Arzt von Berlin: in der Bevölkerung und — als Sekretär der Deutschen Gesellschaft für Chirurgie — auch unter seinen Kollegen. Körte ist den Berlinern ebenso unvergessen wie der große Chirurg August Bier, der bis 1931 Chef der Universitätskliniken in der Ziegelstraße war.

☆

Während Sauerbruch und Vorgänger Hildebrand mit ihren prominenten Patienten stets Erfolg haben, erlebt Bier zwei Fälle, die an seinem legendären Ruf rütteln.

Am 13. März 1924 verbreitet die englische Nachrichtenagentur Reuter die Meldung, daß Hugo Stinnes, damals einer der reichsten Männer der Welt, mit seinen Freunden eine Vergnügungsreise nach Madeira angetreten habe. Diese Meldung ist ein reines Ablenkungsmanöver.

In Wirklichkeit ist der Großindustrielle und Herr eines riesigen Industrie-Imperiums (Seeschiffahrt, Überseehandel, Kohle, Papier, Erdöl) in aller Heimlichkeit nach Berlin gereist und hat sich dort in das West-Sanatorium in der Joachimsthaler Straße begeben. Er wird hier von Professor Bier operiert. Das geschieht in aller Heimlichkeit, weil sonst die Börse empfindlich reagieren würde.

Bier öffnet die Gallenblase seines prominenten Patienten und entnimmt ihr einen großen Gallenstein, schneidet aber nicht — entgegen dem ausdrücklichen Wunsch des Kranken — die ganze Gallenblase heraus.

Schon am zweiten Tag nach der Operation fühlt sich Stinnes sehr wohl. Aber dann gibt es einen Rückschlag. Am 5. April 1924 entschließt sich Bier, noch einmal zu operieren. Stinnes' Gallenblase ist jetzt ganz mit Eiter gefüllt. Bier muß sie herausschneiden. Während der Operation ergießt sich ein Eiterstrom in die Bauchhöhle. Dennoch kann der große Chirurg die Situation meistern.

Doch der Zustand des Patienten bleibt nach dem Eingriff bedenklich. Eine doppelseitige Lungenentzündung kommt hinzu, und der ganze Organismus erlebt eine gefährliche Bakterien-Invasion. Am 10. April stirbt Stinnes.

Die Nachricht von seinem Tod fliegt um die Welt. Niemand begreift, daß dieser robuste Mann zwei Operationen nicht überlebt hat. Schon bald geistert ein Gerücht durch Berlin: Ist dem berühmten Professor ein Kunstfehler unterlaufen? Bier geht mit sich selbst zu Gericht. Sein Urteil: »Ich habe alles nur menschenmögliche getan!«

Als Gras über diesen Fall gewachsen ist, folgt ein Nachspiel, über das noch lange gesprochen wird. Der Chirurg berechnet als Honorar insgesamt 180 000 Reichsmark: 150 000 für sich, 30 000 für seinen Assistenten Dr. Krüger. Der Fall kommt in die Zeitung. Die Söhne des Verstorbenen sind empört und wollen vor Gericht gehen. Damit wäre der Skandal komplett. Doch die Witwe des Toten bezahlt stillschweigend.

Auch Biers Kollegen sind entsetzt. Der Professor ist bekannt für seine hohen Liquidationen bei prominenten Patienten — aber hier hat er doch weit über das übliche Maß hinausgegriffen: Es ist die höchste Rechnung, die bisher ein Arzt geschrieben hat.

Im Jahre darauf vertraut sich Friedrich Ebert, der erste Präsident der Weimarer Republik, dem Chirurgen Bier an. Schon seit Jahren kränkelt Ebert. Aber er gönnt sich keine Ruhe. Er verzehrt sich für die Republik und trägt schwer an den persönlichen Anfeindungen, denen der untadelige Mann ausgesetzt ist. Ebert muß sich allein 130 Verleumdungskampagnen von Rechtsradikalen erwehren. Das zehrt an seinen Kräften.

Seine Leibschmerzen nehmen zu. Oft kann er im Reichstag nur sprechen, wenn er vorher eine Morphiumspritze bekommen hat. Schon bei der Gedenkrede für den ermordeten Reichsaußenminister Walther Rathenau (im Juni 1922) im Reichstag hat er sich kaum aufrechthalten können.

In der Nacht zum 24. Februar 1925 wird er von Bier im West-Sanatorium am Blinddarm operiert und liegt nach dem Eingriff in dem Bett, in dem Stinnes gestorben ist.

Ebert hat die Operation zwar überstanden, aber sein Zustand ist bedenklich. Ärztliche Kunst kann ihn nicht mehr retten. Er stirbt am 28. Februar — wenige Tage nach seinem 55. Geburtstag.

Theodor Heuss, der Friedrich Ebert in einem Nachruf den »Abraham Lincoln der deutschen Geschichte« nannte, schrieb: »Lincoln wurde von Kugeln ermordet, Ebert mit Worten gemartert. Ich weiß nicht, was das schlimmere Schicksal war.«

Wieder gibt es Gerüchte in Berlin ... Der zweite prominente Bier-Patient ist nach der Operation gestorben! Die Obduktion, die Otto

Lubarsch, der Direktor des Pathologischen Instituts der Charité — einer der Nachfolger Virchows — vornimmt, ergibt eindeutig: Der Reichspräsident ist ein sterbenskranker Mann gewesen; er hat an chronischer Gallenblasenentzündung, an Magengeschwüren und Blinddarmentzündung gelitten; der Blinddarm war durchgebrochen; Ebert wurde viel zu spät bei Bier eingeliefert.

Der in der ganzen Welt geschätzte Chirurg verkriecht sich für einige Wochen auf sein großes Waldgut südlich von Berlin. Bald sind die beiden tragischen Fälle vergessen, und Bier wird wieder als der Arzt gefeiert, dem man sich bedenkenlos anvertrauen kann und der jede chirurgische Notsituation meistert.

Tausende deutscher Soldaten des Ersten Weltkrieges verdanken Bier ihr Leben. Als Armeearzt hatte er festgestellt, daß unzählige Soldaten ihr Leben verloren durch kleine und kleinste Granatsplitter, die in den Kopf drangen, die Augen durchbohrten oder in den Nacken schlugen. Die Franzosen hatten einen ziemlich plattgehaltenen Helm eingeführt, aber der deckte die gefährlichsten Einschußstellen kaum. Zusammen mit dem Artilleriehauptmann Friedrich Magnus Schwerdt, als Zivilist Professor an der Technischen Hochschule Hannover, entwarf Bier jenen Stahlhelm, der bis 1945 »Symbol deutschen Soldatentums« war.

Zu seiner Freude stellte Bier fest, daß überall dort — zuerst vor Verdun — die Verwundungen zurückgingen, wo der Stahlhelm getragen wurde.

☆

Ende November 1927 hält Professor Ferdinand Sauerbruch seine Antrittsvorlesung in Berlin und stellt sich gleichzeitig als neuer Chef der Chirurgischen Kliniken der Charité und der Ziegelstraße vor. Er und seine Mitarbeiter, die er aus München mitgebracht hat — darunter sein Erster Oberarzt Professor Rudolf Nissen — gewinnen sofort das Herz und das Vertrauen der Ärzte, der Studenten, des Pflegepersonals und der Patienten.

»Es war eine besondere Gunst des Schicksals, daß der Mann, der sich fünfzig Jahre hindurch in seiner chirurgischen Arbeit nur große und schwere Aufgaben stellte, einen Ausgleich fand in der Freude und Neigung, mit Menschen zusammen zu sein, in der Empfänglichkeit für den Reiz der Anerkennung«, sagt später der selber berühmtgewordene Professor Nissen über seinen damaligen Chef Sauerbruch. »Seine Weltoffenheit, sein kindlicher Frohsinn erhöhten den Zauber seiner Persönlichkeit, und alle, die in ihm einen Freund besaßen, wissen, daß durch sein Fehlen die Welt für sie ärmer und kälter geworden ist.«

Zu den bedeutendsten Schülern Sauerbruchs gehört Emil Karl Frey, der viele Jahre als Professor in Düsseldorf und später in München wirkte und insbesondere die Chirurgie der Lunge und des Herzens förderte.

Aber selbst ein so großer Mann wie Sauerbruch, stets aufgeschlossen allem Neuen gegenüber, kann sich einmal irren.

Ende des Sommersemesters 1932 meldet sich bei ihm ein junger Arzt, der schon einmal als Praktikant bei ihm gearbeitet hat: Dr. Werner Forssmann. Er möchte sich als Privatdozent an der Berliner Universität niederlassen und führt Sauerbruch eine neue Methode vor, die er im Jahre zuvor, 1931, an der Chirurgischen Klinik in Eberswalde erprobt hat: Er hat sich einen zweidrittel Meter langen, engen Katheter von der Unterarm-Vene bis in einen Vorhof seines Herzens geschoben.

Sauerbruch gibt dem mutigen Arzt Gelegenheit, seine Entdeckung vorzuführen. Danach brüllt Sauerbruch los: »Mit so etwas habilitiert man sich im Zirkus, aber nicht an einer anständigen Klinik!«

Forssmann, enttäuscht, wird Facharzt für Urologie und zieht sich in eine Privatpraxis zurück. Es dauert sehr lange, bis er als Erfinder der »Herzkatheterisierung« gefeiert wird und 1956 den Nobelpreis für seine »Zirkusnummer« erhält.

Seit Sauerbruch in Berlin wirkt, gilt er nicht nur als bester Chirurg in Deutschland. Er genießt auch einen weltweiten Ruf. Bedeutende Persönlichkeiten der Reichshauptstadt gewinnen seine Freundschaft

— von dem großen Maler Max Liebermann bis zum Reichspräsidenten Paul von Hindenburg, der ihn respektvoll mit »Chef« anredet und in seinen letzten Lebensjahren von Sauerbruch betreut wird.

Die Liste der Prominenten, die Sauerbruch operiert, ist sehr lang, und nur wenige Namen mögen für viele sprechen: Friedrich Carl Duisberg, Generaldirektor der I. G. Farbenindustrie AG; Siegfried von Kardorff, Abgeordneter der Deutschnationalen und Vizepräsident des Reichstages; Giovanna, italienische Königstochter und Frau des bulgarischen Königs Boris III.; Tadj Moulouk, die Mutter des jetzigen Kaisers vom Iran und Gemahlin des damaligen persischen Herrschers Mohammed Reza Khan.

Nebenbei erfüllt die hohe Dame aus Teheran noch eine diplomatische Mission. Als sie Ende 1937 Berlin verläßt, ist es ihr gelungen, den Fürsten Esfandiari, der seine Heimat verlassen und in der Reichshauptstadt die Berlinerin Eva Carl geheiratet hat, mit dem Pfauenthron zu versöhnen. Samt Frau und Töchterchen Soraya kehrt er in seine persische Heimat zurück.

Unter den Größen von Film und Bühne ist ihm Adele Sandrock die liebste Patientin. Er kuriert einen Oberschenkelbruch bei dem »lieben alten Mädchen« aus.

Auch die Prominenten des Nationalsozialismus sind Sauerbruchs Patienten. Dr. Goebbels liegt zehn Tage lang mit einer Blinddarmreizung in der Charité. Sauerbruch will ihn operieren, aber Goebbels hat Angst, und es gelingt dem Klinikchef, die Entzündung abklingen zu lassen. Während der Reichspropagandaminister in der Charité liegt, erhält Sauerbruch zwei anonyme Telegramme, die ihn durch die Blume an seine »Pflicht« erinnern: Goebbels nicht zu helfen.

Großen Radau macht Dr. Robert Ley, Führer der Deutschen Arbeitsfront und der Organisation »Kraft durch Freude«, als er für eine Hämorrhoiden-Operation vorbereitet wird. Er schreit entsetzlich, als er die erste Spritze bekommt, schimpft und tobt. Der Präsident des preußischen Staatsrates Ley verlangt, daß Sauerbruch persönlich ihm die Spritzen setzt. Als der Geheimrat erscheint, brüllt er den mächtigen Ley an:

»Sie sind hier nicht auf einem Ihrer KdF-Dampfer!«

Ley verzichtet nach der Operation auf eine Morphium-Spritze und verlangt dafür zwei Flaschen Cognac, die er schnell leert.

Dr. Bernhard Rust, Reichsminister für Wissenschaft, Erziehung und Volksbildung, setzt es durch, daß der Professor zur Operation zu ihm in die Wohnung kommt, die dafür eigens hergerichtet wird. Die Arroganz des Ministers dämpft Sauerbruch schnell durch seine Schlagfertigkeit. Er darf sich Grobheiten erlauben — auch den Größen der Nationalsozialisten gegenüber.

Der mit Abstand prominenteste Patient der Charité ist Adolf Hitler. Aber für des Führers Leiden ist nicht Sauerbruch zuständig, sondern Professor Carl von Eicken, Chef der Hals-, Nasen- und Ohrenklinik der Charité.

Am 15. Mai 1935 wird Eicken in die Reichskanzlei gebeten und dort in die Privatzimmer des Hitler-Adjutanten Brückner geleitet — aus Tarnungsgründen; denn niemand soll erfahren, daß Eicken zum Führer kommt.

Der Charité-Professor wird von Hitler sehr freundlich begrüßt, und der Führer erweist sich als einsichtsvoller Patient. Eicken diagnostiziert, was er schon aufgrund seines akustischen Eindruckes bei den letzten Hitler-Reden vermutet hat: Beide Stimmbänder sind blutunterlaufen, und am linken sitzt ein erbsengroßer Polyp.

Eicken bleibt in dem Gespräch, das nun folgt, Hitlers panische Angst vor Kehlkopfkrebs — an dem Kaiser Friedrich III. 1888 gestorben ist — nicht verborgen.

Der Führer kann sich der Notwendigkeit einer Operation nicht verschließen, die Eicken schon wenige Tage später, am 22. Mai 1935, in der Reichskanzlei vornimmt. Als »Tarn-Patient« fungiert wieder Brückner. Nachdem alles für den Eingriff vorbereitet ist, erscheint Hitler in Begleitung seiner Grauen Eminenz Martin Bormann.

Während Eicken den Polypen entfernt, hält Dr. Brandt, als Leibarzt des Führers, dessen Kopf, und Eicken erzählt während der Operation Anekdoten, um seinen Patienten abzulenken.

Hitlers erste Frage gilt dem histologischen Untersuchungsergebnis des Polypen. Da ist sie wieder — die Angst vor dem Krebs. Professor Rössle, der Chef des Pathologischen Instituts, arbeitet so schnell, daß Eicken schon wenige Stunden nach dem Eingriff das Gutachten des Pathologen dem Führer vorlegen kann. Es enthält keinerlei Hinweis auf Krebs. Der Reichskanzler bleibt dennoch zunächst skeptisch. Erst als Eicken sich auf seinen ärztlichen Eid beruft und ihm die Harmlosigkeit des Polypen auch persönlich versichert, gibt sich der skeptische Hitler zufrieden.

Der »Führer-Polyp«, der aus Tarnungsgründen als Polyp eines »Adolf Müller« gilt, ist die heimliche Sensation des Pathologischen Instituts; denn die Wahrheit ist bald durchgesickert, und kein Oberarzt, Arzt und Assistent läßt es sich entgehen, durch das Mikroskop einen geziemend ehrfürchtigen Blick auf die aus der Hitler-Reliquie gewonnenen »staatspolitisch wertvollen« Präparate zu werfen.

Professor von Eicken, der in den späteren Jahren noch einige Male zu Hitler gerufen wird — zuletzt nach dem Attentat vom 20. Juli —, wird nach dem Zusammenbruch von Ärzten der Roten Armee tagelang über Hitlers Krankheitsbild befragt. Als einer von ihnen wissen will, warum er denn Hitler nicht umgebracht habe, antwortet der Professor:

»Er war nur mein Patient — und ich sein Arzt!«

Noch viele andere Charité-Professoren wären zu nennen — etwa Adalbert Czerny († 1941), der Begründer der modernen Kinderheilkunde, oder der Internist und Verfasser des Standardwerkes »Lehrbuch der Inneren Medizin«, Theodor Brugsch († 1963), der nach 1945 half, aus der Charité mit ihren (1970) insgesamt dreißig Universitätskliniken und 2600 Betten in Ost-Berlin eines der modernsten und vielseitigsten Krankenhäuser der Welt zu machen.

1960, beim 250. Jahrestag der Gründung der Charité, wurde deutlich, daß die DDR, jenseits von Politik und Ideologie, die Tradition einer der berühmtesten Krankenanstalten der Erde im Geiste der großen Ärzte von damals fortsetzt.

Wo große Karrieren begannen:
Scala und Wintergarten

V

Sternstunden des Varietés

Abend für Abend: Freude, Staunen, Sensationen

Glitzernde Welt, gefährliche Welt. Farbenspiel des Lichts vor den Visionen exotischer oder skurriler Kulissen. Masken und Trikots, Seile und blitzende Geräte, Spannung und Erlösung, Beifall und Vorhang. Faszinierende Artistik, beängstigendes Wagnis. Lachen und Staunen; das Herz kann jubeln, der Atem stocken.

Die große Stille während der todesmutigen Salti in schwindelnder Höhe. Das befreiende Lachen über einen großen Clown. Gedämpfter, dann anschwellender Trommelwirbel vor dem gefährlichsten Augenblick einer artistischen Glanzleistung läßt die Zuschauer in atemloser Gespanntheit verstummen.

Aufjubelndes musikalisches Finale nach einer Parade bestgedrillter und hübscher Revue-Girls ... Großes Varieté-Programm unter den sechstausend Lichtern des Sternenhimmels vom Wintergarten und den Lichtkaskaden der Scala.

Beide Großvarietés in der Reichshauptstadt gehörten zu den berühmtesten der Welt und galten unter den Artisten, die aus allen Erdteilen kamen, als die beliebtesten.

Als der Wintergarten im Herbst 1938 sein fünfzigjähriges Jubiläum feierte, erreichten seinen Direktor Ludwig Schuch fast achthundert Telegramme von Artisten aus der ganzen Welt. Sie wünschten nicht nur Glück: Sie bekundeten auch ihre Verbundenheit mit jenem Varieté, in dem sie gerne auftraten und auf dessen riesiger Bühne viele spätere Spitzenartisten ihre Laufbahn begonnen haben.

Zu jenem Jubiläum gratulierte auch die Prominenz des Dritten Reiches, weil sie wußte, welche Anziehungskraft und welche Weltgeltung der Wintergarten besaß. Dr. Lippert, damals Oberbürgermeister und Stadtpräsident der Reichshauptstadt Berlin, charakterisierte seinen Glückwunsch an den Wintergarten sehr treffend, wenn er feststellte:

»Freudig nimmt die Reichshauptstadt Anteil an dem Jubiläum des Wintergarten, der nicht nur für die Berliner, sondern auch für die in- und ausländischen Besucher eine Stätte der Freude und der Entspannung ist.«

Willi Schaeffers, Direktor des »Kabarett der Komiker«, machte sich 1938 zum Sprecher seiner Kollegen, wenn er dem Wintergarten schrieb:

»Alle Artisten der Welt werden heute mit ihren Gedanken im Wintergarten weilen — gleichviel, ob sie hier schon einmal aufgetreten sind oder nicht; denn jeder Artist weiß, daß der Wintergarten nunmehr seit fünfzig Jahren die Hochburg der Varieté-Kunst ist.«

Die Scala in der Lutherstraße warb mit dem berühmt gewordenen Spruch »... und abends in die Scala«. Bei der »Konkurrenz« am Bahnhof Friedrichstraße hieß es: »Vor allen Dingen Wintergarten.«

Im Januar-Programm 1919, das der Wintergarten seinem Publikum bot, sagte ein Conférencier: »Alle sind begeistert von dem Acht-Stunden-Tag. Jetzt brauchen Sie am Tage zwei Stunden weniger zu arbeiten und bekommen genausoviel Geld wie früher. Aber die Leute werden sich wundern und schon bald merken, daß die Nacht jetzt zwei Stunden mehr hat, um das Geld auszugeben.«

Der Acht-Stunden-Tag, am 23. November 1918 eingeführt, bescherte tatsächlich allen Vergnügungsstätten einen Auftrieb, und auch die Varietés profitierten davon. Die Schilder »Ausverkauft« waren bei Scala und Wintergarten meist die Regel — bis auf die Jahre der Wirtschaftskrise.

Als der Wintergarten im November und Dezember 1938 mit zwei großen Festprogrammen sein Jubiläum feierte, bestand die Scala erst achtzehn Jahre. Aber auch sie gehörte schon bald nach ihrer Gründung durch Jules Marx zu den Spitzenvarietés der Welt. Für sie gilt auch, was beim Wintergarten zutrifft: Jeder große Artist ist erst dann auf dem internationalen Markt eine Glanznummer, wenn er in Berlin vier

Wochen lang unter dem Beifall des kritischen und verwöhnten Publikums seine Feuerprobe bestanden hat.

Viele der großen Varieté-Künstler wechselten und traten bei einem ihrer Berliner Gastspiele im Wintergarten, beim anderen in der Scala auf. Manche blieben auch »ihrem« Haus treu.

Am 1. November 1895, genau sieben Jahre nach seiner Eröffnung, wartete der Wintergarten, der zu dieser Zeit alle damals bekannten Artisten der Welt vorgestellt und längst schon eine eigene Girl-Truppe gegründet hatte, mit einer technischen Sensation auf.

Die Brüder Max und Emil Skladanowsky führten ihr Bioscop vor, »die interessanteste Erfindung der Neuzeit«, wie es in den Plakaten und Zeitungsanzeigen hieß: die ersten lebenden Fotografien. Die beiden Berliner gaben damit die erste Film-Vorstellung der Geschichte und kamen den französischen Brüdern Lumière um einige Monate zuvor.

Und das war der erste »Film«, der die Berliner entzückte: Ein Mann läuft aus dem Haus auf die Straße und rennt weg, ein zweiter läuft ihm nach; der erste fällt in die Kanalisation, der zweite ebenfalls; der erste kriecht lachend wieder heraus, der zweite, völlig verschmutzt und traurig, ebenfalls. Aus.

Diesem Anfang folgte schon wenige Jahre später der Berliner Oskar Meßter mit einer neuen Sensation. Er zeigte die erste aktuelle Film-Wochenschau: der Kaiser grüßt seine Truppen Unter den Linden; Bismarck empfängt Gäste in Friedrichsruh; das erste Automobil knattert durch die Straßen Berlins. Das Publikum ist so sehr beeindruckt, daß Meßter künftig am Schluß jeden neuen Wintergarten-Programms, alle zwei Wochen, eine neue »Aktualitätenschau« vorführen muß.

Die großen Stars unter den Tänzerinnen der Zeit vor dem Ersten Weltkrieg, die stets zwischen artistischen Darbietungen im Wintergarten auftraten, waren die Geliebten von Kaisern, Königen und reichen Bankiers: Cleo de Merode, die Schöne Otero und Rosario Guerrero — um nur einige zu nennen. Sie entzückten das Publikum und sorgten gleichzeitig für den Gesellschaftsklatsch in ganz Europa.

☆

In den letzten Jahren vor dem Ersten Weltkrieg machte sich im »Linden-Cabaret« und im »Roland von Berlin« jenes Mädchen als Berliner »Göre« einen Namen, das aus Gelsenkirchen stammte, gern sein Abitur gemacht, Medizin studiert hätte, aber als Tochter einer kinderreichen Bergmannsfamilie darauf verzichten mußte, statt dessen — zu ihrem Glück — schon bald als »Stern von Berlin« gefeiert wurde: Claire Waldoff.

Aber ihre große Zeit begann nach dem Kriege, als sie Erik Charell für eine seiner großzügigen Revue-Inszenierungen ins Große Schauspielhaus holte. Anschließend trat sie immer wieder im Wintergarten und in der Scala auf — als kleine »Tippmamsell«, als Backfisch, als Köchin oder als »Portjehsche« (Frau des Portiers in großen Berliner Häusern) oder sonst als eine jener Typen, wie sie Heinrich Zille gezeichnet haben könnte.

»Pinselheinrich«, wie die Berliner der Hinterhöfe ihren berühmten Künstler nannten, und Claire verband übrigens eine enge Freundschaft.

Schon im kaiserlichen Berlin hatte die kleine rothaarige Claire gelegentlich Ärger. Im »Linden-Cabaret« sang sie ein Lied, das bald zum klassischen Gassenhauer avancierte: »Willem, red doch nich so viel. Ich hab's endlich satt!«

Jeder wußte, wer mit dem redseligen Willem gemeint war: Kaiser Wilhelm II. Prompt schritt der kaiserliche Zensor ein: Oberregierungsrat von Glasenapp. Er nahm Claire ins Verhör und wollte wissen, wen sie in ihrem Lied meine. Sie blieb dabei:

»Na, ick meene irjendeen Willem, Herr Rat!«

Der Herr Zensor konnte nicht das Gegenteil beweisen, und die Waldoff sang das Lied jetzt noch kesser. Und sogar S. M. (Seine Majestät) ließen das »kleine, freche Biest« in Ruhe.

Während der Weimarer Republik sang die »Omnibus-Laterne«, wie ihre Freunde Claire wegen ihres roten Haares nannten, viele freche Lieder: im Wintergarten, in der Scala oder in einem der vielen Berliner Kabaretts. Der Refrain eines dieser Lieder lautete:

„Ausverkauft" ist ein gewohntes Schild an den Kassen des Varietés Scala. Auch zu den Nachmittagsvorstellungen drängen sich die Berliner; jung und alt möchten die neuesten Attraktionen erleben. (25)

Unter dem Sternenhimmel des Wintergartens mit seiner einzigartigen Atmosphäre bestaunen 3500 Menschen die artistischen Varieté-Sensationen auf der riesigen Bühne oder (bei Hochseil-Artistik) auf stählernen Drähten, die unter dem Baldachin des großen Raumes gespannt werden. (26)

Hier hielten die Berliner den Atem an . . .

▲ *Bild oben: Weltattraktion ohne Beispiel: die Drei Codonas. Der Chef der Truppe, Alfredo, beherrscht den dreifachen Salto. Das Foto zeigt den Augenblick, da sich Alfredo von seinem Bruder Lalo (der ihn nach dem dreifachen Salto „gefangen" hat) löst und an das Trapez zurückkehrt, während Partnerin Vera im Bruchteil einer Sekunde danach in die Hände Lalos fliegt. (27)*

Wenn die Vier Wallendas im Wintergarten ihren Hochseilakt zeigen, stockt den Zuschauern der Atem. (28) ▶

◀ *„Fräulein Nummer" tänzelt lieblich und graziös über die Scala-Rampe und zeigt die jeweils nächste Programm-Nummer an. (29)*

Hermann heeßt er,
mit de Kniee stößt er,
Hermann heeßt er.

Dieser Vers wurde bald nach der »Machtergreifung« durch die Nationalsozialisten vom Volksmund mit unüberhörbarem Bezug auf den damaligen preußischen Ministerpräsidenten Hermann Göring umgedichtet:

Rechts Lametta, links Lametta,
un der Bauch wird imma fetta,
und in Preußen ist er Meester.
Hermann heeßt er.

Göring, von dem bekannt ist, daß er alle Witze über sich sammeln ließ, verstand Spaß und klatschte im November 1933 in seiner Wintergarten-Loge Beifall, als Claire Waldoff unter dem Jubel des Publikums die Original-Version sang.

Ein Jahr später tritt Claire in der Scala auf. Sie weiß, was das Publikum von ihr erwartet . . . Als sie anfängt, das alte Lied vom Hermann zu singen, fragen Angehörige der HJ (Hitler-Jugend) im Sprechchor:

»Deutsche Männer und Frauen — wollt ihr das hören?«

Die schlagfertige Waldoff tritt näher an die Rampe heran, bittet die Leute um Ruhe und antwortet:

»Natürlich woll'n die det hören! Deswejen sind se ja herjekommen!«

Das Publikum klatscht begeistert Beifall. Es feiert damit nicht nur »seine« Claire und ihre Schlagfertigkeit, sondern vor allem ihre Zivilcourage.

Als Claire ihre »Scala«-Garderobe betritt, erwarten sie dort zwei SA-Männer und wollen von ihr wissen, wer eigentlich mit dem Hermann dieses Liedes gemeint sei. Und sie antwortet das, was sie fünfundzwanzig Jahre zuvor dem kaiserlichen Zensor in ähnlicher Form gesagt hatte: »Irjendeen Hermann!«

Göring hatte seinen Spaß, Goebbels hütete sich, das Lied zu verbieten, Claire sang den Song weiter, und im Geiste hörten alle dabei den umgedichteten »Lametta«-Text.

Niemand hat diese urwüchsige Frau so treffend charakterisiert wie der Schriftsteller Joseph Roth (»Radetzkymarsch«):

»Eine Frau, deren erotischer und künstlerischer Reiz aus der übersteigerten Nüchternheit fließt; aus der ‚Prosa' des Großstadtlebens; aus der brutalisierten Sphäre der Gefühle; aus der Unerbittlichkeit der Gesetze, welche die Straße beherrschen. Eine Frau mit rauher Kehle und aggressivem Gemüt: unter ‚Großstadt-Pflanzen' ein Prachtexemplar der Asphalt-Botanik.«

Nach dem Kriege lebte sie von einem »Ehrensold«, den ihr der Berliner Senat zahlte: 153 Mark. 1957 ist die Urberlinerin aus dem Ruhrgebiet von ihrer schillernden Lebensbühne abgetreten, fern von ihrem geliebten Berlin in Oberbayern.

☆

Claire Waldoff war nicht die einzige Kabarettistin, die in den beiden Berliner Großvarietés aufgetreten ist. Zu den vielen, deren Namen noch nicht vergessen sind, gehören Lotte Werkmeister, Claire Schlichting, Trude Hesterberg, Edith Schollwer, Maria Ney, Marita Gründgens (die Schwester von Gustaf Gründgens) und Loni Heuser. Und wen wird es wundern, daß Grete Weiser ihre eigentliche Laufbahn über die Soubrette zur Volksschauspielerin im Wintergarten begonnen hat?

Auch die großen Humoristen, die immer wieder das verwegene artistische Programm unterbrachen, gehörten zu den Stars von Scala und Wintergarten. Da ist an erster Stelle Otto Reutter zu nennen (»In fünfzig Jahren ist alles vorbei«). Es folgen Willi Schaeffers, Adolf Gondrell, Peter Sachse, Paul Westermeier, Heinrich Kohlbrandt, Wilhelm Bendow, Kurt Seiffert, Karl Napp und vor allem der Schwabe Willi Reichert und der Schlesier Ludwig Manfred Lommel mit seinem Sender »Runxendorf«. Sie alle begeisterten das verwöhnt-anspruchsvolle Berliner Publikum.

Von den vielen berühmten Clowns, die im Wintergarten und in der Scala aufgetreten sind (Joe Jackson, das Clown-Trio Cairoli, die Drei Barracetas, die Drei Fratellini, die Cairolis, Antonet und Bébé, Pipifax, Louis und Emmy), sind besonders zwei im Gedächtnis geblieben: Charly Rivel und Grock (der mit bürgerlichem Namen Dr. Adrian Wettach hieß).

Grock ist 1959 im Alter von 79 Jahren gestorben. Charly Rivel hat 1971 als Fünfundsiebzigjähriger zum letzten Male geschworen, nicht mehr aufzutreten — weil inzwischen längst seine Enkel als seine Nachfolger durch die Welt ziehen.

Für Charly Rivel gilt heute noch die Scala als jenes Varieté, »in dem jeder Weltruhm begann«. Er hat es selber erlebt bei seinem Debüt 1925. Der damalige Scala-Direktor Jules Marx war sehr beeindruckt von den Leistungen des jungen Mannes, der unbedingt ein Engagement haben wollte. Marx wünschte mehr seriöse Akrobatik und stellte etwas naserümpfend fest:

»Ihrer Clownerie haftet zuviel Stallgeruch des Zirkus an!«

Aber Charly ließ nicht locker. Er wußte, was Berlin und die Scala für seine künftige Laufbahn bedeuteten. Direktor und Clown radebrechten in mehreren Sprachen. Schließlich war Marx von der Richtigkeit der Rivel-»Masche« überzeugt und gab das zu verstehen mit der Bemerkung: »Schön, schön!«

Rivel, der deutschen Sprache nicht mächtig, glaubte, »schön« bedeute Akrobat. Das Wort begeisterte ihn. Er dehnte es — und so kam jenes berühmte Wortspiel zusammen, mit dem er sich auf der Bühne vorstellte: »Akrobat — schöööön!«

Schon die Art, wie er das sagte, begeisterte die Berliner. Von der Scala aus begann Rivels Siegeszug durch die ganze Welt. Überall wurde er gefeiert. Aber — so Rivel:

»In Berlin fand ich immer wieder die größte Liebe und das gierigste Lachen. Die Stadt ist mir in den Fingerspitzen steckengeblieben. Das geht fast allen Künstlern so, die einmal in der alten deutschen Hauptstadt aufgetreten sind.«

Als Grock 1955 vor den Trümmern der im Bombensturm vom

23. November 1943 vernichteten Scala steht und an einer Trümmerwand noch ein altes Plakat von sich entdeckt, weint er wie ein Kind und gesteht:

»Solche Varietés wie in Berlin habe ich nirgendwo sonst auf der Welt erlebt. Könnte ich hier nur noch ein einziges Mal auftreten!«

Ähnlich hat sich Maria Valente, die Mutter von Caterina, geäußert, über die der Autor 1938 in seiner Besprechung für die »BZ am Mittag« eines neuen Scala-Programms sagte:

»Eine italienische Instrumental-Parodistin. Schnippisches Ding und Mänade zugleich, alles zu seiner Zeit. Urkomisch, keß und frech, eine Könnerin. Ob Fox, ob Csárdás, ob Russentanz: ganze Arbeit einer Parodistin.«

»Für mich war Berlin die Startrampe in die Karriere«, bekennt Maria Valente. »Das Publikum der deutschen Reichshauptstadt hatte mich akzeptiert. Damit öffneten sich mir alle Türen.«

Und wer denkt noch daran, daß sogar Marika Rökk, sechzehnjährig, 1929 als Tänzerin im Wintergarten ihre große Karriere begann? Damals wurde sie als »Spitzen-Pirouetten-Königin« gefeiert; sie drehte, wie die Berliner Zeitungen vermerkten, nicht weniger als fünfzig Pirouetten auf der Spitze — ohne Pause.

☆

Namen, Nummern, Leistungen ...

Furore machten in Berlin auch andere Tänzerinnen oder Tanzgruppen: die Schwestern Hengler und die Schwestern Karolewnas, die Irving-Sisters, die Dodge-Sisters, die Geschwister Höpfner, die Tiffany Twins und Liselotte Köster. Sie alle und noch viele andere sind eng mit Berlin und der Geschichte des Varietés verbunden.

Und da wir gerade bei den Tänzerinnen sind: Es muß auch der vielen reizenden »Fräulein Nummer« gedacht werden, die meist als ungenannte Lichtblicke lieblich über die Scala-Rampe tänzelten und graziös die jeweilige Programm-Nummer anzeigten. Das »Fräulein Nummer« war stets das Sorgenkind von Jules Marx und später von

Scala-Direktor Eduard Duisberg, da diese ausgesucht hübschen jungen Damen schnell von der Bühne weg geheiratet wurden.

Das Berliner Publikum von Scala (2500 Plätze) und Wintergarten (3500 Plätze) erlebte jeden Monat neue Überraschungen: atemberaubende Attraktionen und mitreißende Sensationen, aber auch Darbietungen, die Herz und Gemüt bewegten, und Programm-Nummern, die durch Grazie und Anmut verzauberten.

Gerade diese Mischung aus harter Sensation, befreiendem Humor und dem periodischen Auftreten großer Künstler von Bühne und Film gab der Scala und dem Wintergarten jenes besondere Flair, das sie an die Spitze aller internationalen Varietés emporhob.

Das Publikum bewunderte berühmte Schulreiterinnen (Therese Renz, Cilly Feindt, Baronin von Rhaden); es staunte über großartige Dressurnummern (Kapitän Winstons Seelöwen, Alfred Courts sensationelle Raubtierschau »Friede im Tierreich«); es jubelte den berühmten Jongleuren von damals zu (Rastelli, Piletto, Paolo und Salerno); es klatschte Beifall für die großen Illusionisten und Gedächtniskünstler; es ließ sich hinreißen von immer neuen Revue-Einlagen; starrte fasziniert auf Akrobaten; erfreute sich an Artisten aller Länder und Rassen.

☆

Am meisten Bewunderung errangen immer wieder die großen Luft-Nummern. Das Publikum bangte mit den Artisten am Trapez, es zitterte um die tollkühnen Männer auf dem Hochseil. Einer der Artisten, der damals weltberühmte Akrobat Ben Dova, der »Mann auf der Laterne«, kannte die Reaktion des Publikums und sagte jedesmal zu den Zuschauern, ehe er seine tollkühnen Tricks zeigte — von denen jeder glaubte, daß er sich dabei das Genick brechen werde:

»Ich werde jetzt das Unmögliche möglich machen. Aber ich werde mir nicht, wie Sie alle erwarten, das Genick brechen, meine Damen und Herren. Das wird Sie vielleicht erbittern. Um Ihnen ein Vergnügen zu machen, werde ich mich deshalb nach meiner Vorführung auf eine hohe Leiter begeben und mich von da aus so unglücklich auf eine Eisenplatte fallen lassen, daß ich mir den Schädel zerschlage.«

Das Publikum wurde dadurch jedesmal von einer geradezu grauenhaften Spannung erfaßt — und war dann um so glücklicher, wenn Ben Dova nichts passierte und er seine »Zugabe« nicht bot.

Einmal erlebten die Besucher der Scala einen tragischen Zwischenfall. Im Oktober 1934 trat »King Louis« mit seinem Sohn wieder einmal in der Scala auf. Sie zeigten auf dem Seil einen gefährlichen Balance-Akt, der so schwierig war, daß Vater und Sohn täglich sechs Stunden trainieren mußten. Louis hing mit abgöttischer Liebe an seinem zwölfjährigen Partner, und beide waren Lieblinge der Berliner.

Mitten während des gefährlichen Spiels übertönt der Entsetzensschrei von zweieinhalbtausend Menschen den dumpfen Fall, mit dem der junge Louis auf den harten Boden der Bühne geschmettert wird. Schreckensstarr betrachtet der Vater seine leeren Hände, mit denen er seinen Jungen nach kühnem Sprung ergreifen wollte.

»Mein Gott, das ist doch nicht möglich!« schluchzt Louis. »Mein Gott, das darf doch nicht sein!«

Im Zuschauerraum ist es totenstill. Auf der Bühne liegt ein Junge, der zerschmettert ist, und ein zitternder Vater, der das alles nicht begreifen kann, kniet daneben.

Viele Sekunden lang erleben die Besucher auf der lichtüberfluteten Bühne diese Schreckensszene. Dann erst schließt sich der Vorhang, und das Scala-Orchester, von Otto Stenzel dirigiert, reißt das Publikum mit flotten Rhythmen aus seiner Starre.

Der sofort herbeigerufene Hausarzt kann dem völlig gebrochenen Vater nur sagen: »Da kann niemand mehr helfen. Genickbruch. Ihr Sohn ist tot.«

Artistenlos, Berufsrisiko: Der Tod ist immer dabei. Zehn Minuten nach dem Unfall öffnet sich der Vorhang für die nächste Nummer. Das Programm geht weiter, das Entsetzen ist verdrängt.

Noch in der Nacht meldet Louis dem Scala-Direktor Eduard Duisberg, daß er nie wieder auftreten wird. Keiner weiß, wo der Artist geblieben ist. Eine Weltsensation ist abrupt erloschen.

Das Publikum von Scala und Wintergarten war an Sensationen gewöhnt — aber was die Drei Codonas vollbrachten, das schlug alles, was es bisher an Artistik gegeben hatte.

Alfredo Codona hatte als einziger den dreifachen Salto in der Luft geschafft. Keinem vor ihm ist das bisher geglückt, und alle, die es später versuchten, haben es mit dem Tod oder zerbrochenen Knochen bezahlen müssen. Alfredos Bruder Lalo war der »Fänger« bei diesem todesmutigen Spiel, und Vera Brux flog dem Trapez entgegen, während Alfredo den dreifachen Salto vollführte.

Wo immer sie in den großen Weltstädten auftraten: Die Drei Codonas waren das Tagesgespräch — ganz besonders in Berlin, wo ihnen der Wintergarten, nach Alfredos Worten, das »liebste Varieté mit dem besten Publikum« war.

Alfredo Codona war verheiratet mit Lilian Leitzel, die als »Königin am Vertikal-Seil« gefeiert wurde. Sie bezog die höchste Gage, die einer Frau damals bezahlt wurde.

Lilian und Alfredo sahen sich nur selten. Wenn sie sich einmal begegneten, dann war es meist in Berlin, das von allen europäischen Hauptstädten schnell zu erreichen war.

Während die Drei Codonas im Februar 1931 die Berliner wieder einmal in Atem halten, zeigt Lilian im »Valencia« von Kopenhagen ihre Sensationsnummer.

Am späten Abend des 13. Februar 1931 erhält Alfredo in seinem Hotel die schreckliche Nachricht, daß seine Frau während der Vorstellung tödlich abgestürzt ist. Er kann es zunächst nicht glauben, muß sich dann aber der erschütternden Wahrheit beugen.

Wenige Stunden später bringt ihn ein Sonderflugzeug nach Kopenhagen. Angesichts seiner toten Frau bricht Alfredo zusammen. Er ist fest entschlossen, nie mehr aufzutreten. Aber dann siegt in ihm der Wille zur Leistung. Er denkt an seine Partner in Berlin, die ohne ihn nicht arbeiten können. Und er weiß, daß Tausende in der deutschen Hauptstadt schon ihre Karten für die nächsten Vorstellungen gekauft haben.

Lalo atmet erleichtert auf, als er am Telefon Alfredos Stimme hört:

»Macht euch keine Sorgen! Ich werde pünktlich zur Vorstellung in Berlin sein. Sagt dem Direktor, daß die Drei Codonas ihren Vertrag halten.«

In der Abendvorstellung des 14. Februar ahnt niemand unter den Zuschauern, welchen Schicksalsschlag der Star unter den drei Königen der Luft erlitten hat. Nur hinter den Kulissen weiß es jeder, und alle fragen sich, woher Alfredo nur die Kraft nimmt, seine todesmutige Kunst trotz seiner seelischen Belastung zu vollbringen.

Es ist wie an jedem Abend. Die drei klettern wie Wildkatzen in die Höhe. Das Spiel mit dem Tode, das die Schwerkraft zu überwinden scheint, kann beginnen.

Alfredo gibt seinem Bruder Lalo das Zeichen wie immer: Es kann losgehen! Drüben, am anderen Trapez, geht Lalo in den Kniehang. Alfredo stößt sich von der Plattform ab, holt einige Male Schwung, läßt sich los und saust nach einem einfachen Salto auf seinen Bruder zu, dessen Hände ihn blitzschnell umklammern.

Beifall rauscht auf, die Musik setzt ein.

»Er hat's geschafft!«, flüstern die Männer hinter der Bühne.

Auch der dreifache Salto gelingt genauso sicher wie sonst. Es dauert Minuten, bis der unbeschreibliche Beifall verrauscht ist. Wenn nicht alle Zeichen trügen, ist die Nummer der Drei Codonas gerettet: die Welt-Sensation ersten Ranges.

Am nächsten Morgen weiß ganz Berlin, was in Kopenhagen geschehen ist. Die Boulevardzeitungen berichten in großen Schlagzeilen auf der ersten Seite über das Unglück. Die Bewunderung für Alfredo kennt keine Grenzen mehr.

Und doch — der Chef der Drei Codonas ist wie verwandelt. Er will nichts sehen und hören und verfällt in Apathie. Das Gastspiel muß abgesetzt werden. Die großen Plakate werden überklebt, die Lichtreklamen für die Codonas erlöschen.

Lalo und Vera sind der Verzweiflung nahe. Alfredo bleibt dabei:

»Ich kann nicht mehr auftreten! Den Dreifachen gestern abend habe ich wie im Traum gemacht.« Nach diesen Worten weint er wie ein Kind.

Die Drei Codonas verlassen nach einigen Tagen die deutsche Reichshauptstadt und reisen nach Kalifornien, wo sie in Long Beach ein luxuriöses Haus besitzen. Alfredo läßt die Leiche seiner Frau überführen und errichtet ihr im Park der Codona-Villa ein Grabmal aus weißem Marmor.

Wie soll es weitergehen? Die Drei Codonas sind auf Jahre ausgebucht und durch Verträge auch wieder für Berlin verpflichtet. Telegramme von den großen Variétés der Welt ignoriert Alfredo zunächst. Dann aber sieht er ein, daß er aus seiner Schwermut erwachen muß und seine beiden Partner nicht im Stich lassen darf.

Nach einigen Monaten nehmen die drei ihr Training wieder auf, und bald haben sie das Gefühl, daß ihre Nummer wie früher »steht«. Ehe sie zum ersten Male wieder öffentlich auftreten, vermählt sich Alfredo mit seiner Partnerin Vera Brux, die er schon viel früher geheiratet hätte, wenn — Lilian Leitzel nicht dazwischengekommen wäre.

1933 sind sie wieder in Berlin und werden mit großem Applaus gefeiert. An einem Abend fällt Alfredo beim »Dreifachen« ins Netz — das eigentlich mehr zum Schutze des Publikums als zur Sicherheit der Artisten bestimmt ist. Beim zweiten Versuch klappt alles vorzüglich. Und doch — es ist alles nicht mehr so wie früher.

Im Spätherbst 1934 stürzt Alfredo im Warschauer Varieté »Adria« so unglücklich ins Netz, daß er fünf Wochen lang im Krankenhaus liegen muß.

Ein Jahr später sind die Drei Codonas noch einmal in Berlin. Und hier, so hat es das Schicksal bestimmt, soll der Stern der Codonas unter dem Sternenhimmel des Wintergartens erlöschen.

Nach dem dreifachen Salto, der vorzüglich gelingt, läßt Alfredo sich von seinem Bruder Lalo zur Ausgangsplattform zurückschleudern. Dabei prallt er mit der Schulter gegen ein Sicherungsseil und fällt ins Netz. Nach diesem Zwischenfall steht es fest, daß er nie mehr auftreten kann. Keiner der berühmten Professoren der Charité kann ihm Heilung versprechen — auch nicht durch eine Operation.

Es findet sich ein junger Mann, der Alfredos Platz einnehmen könnte. Und es gelingt tatsächlich, den Alfredo-Nachfolger so zu trainieren, daß die »neuen« Drei Codonas 1936 auftreten können — allerdings nur mit dem doppelten Salto.

Die Zuschauer merken überall, daß die Leistung der neuen Gruppe vor dem alten Ruhm völlig verblaßt. Das bittere Ende einer Weltsensation ...

Erschütternd ist das menschliche Ende. Alfredo, der zu viel trinkt, und Vera, die ihren Mann betrügt, stehen vor dem Ruin ihrer Ehe. Im Januar 1938 treffen sie sich bei einem Scheidungsanwalt in New York.

Gegenseitiger Haß und Gereiztheit charakterisieren die Situation. In dieser vergifteten Atmosphäre zieht der verzweifelte Alfredo wie im Rausch plötzlich seinen Revolver, gibt sechs Schüsse auf seine Frau ab, richtet dann den Lauf gegen sich selbst.

Alfredo ist sofort tot, seine Frau Vera stirbt wenige Stunden später auf dem Operationstisch. Der Stern der Codonas ist endgültig erloschen.

Alfredos erste Frau Lilian Leitzel dagegen fand wenige Jahre nach ihrem Tode Nachfolgerinnen von Weltrang: Rassana und Luisita Leers, die beide in Berlin Triumphe feierten.

Ein deutscher Film, der 1940 zu den erfolgreichsten des Jahres gehört, erzählt das Schicksal der berühmten Truppe nach. In »Die Drei Codonas« spielen René Deltgen, Ernst von Klipstein, Josef Sieber und Liselotte Normann die Hauptrollen.

Die Leistung einer zweiten großen Truppe aus altem Artistengeschlecht ist trotz aller Versuche in der Nachkriegszeit nicht mehr erreicht worden. Das sind die Vier Wallendas: drei Brüder und eine Schwester. Auch sie waren häufig die Stars vom Wintergarten, und klopfenden Herzens wurde ihre große Nummer bewundert:

Zwei Fahrräder fahren in der Höhe über ein Seil; auf den Schultern der beiden Fahrer ruht eine Stange, und auf ihr balanciert der dritte Artist auf einem Stuhl. Und als Clou steht auf dessen Schultern noch eine Frau — und diese schwankende Pyramide radelt dabei in schwindelnder Höhe über das Seil.

☆

Es gab in den Jahren zwischen den beiden Weltkriegen in den beiden Berliner Großvarietés noch viele andere Sensationen:

Con Colleano, der auf hohem Drahtseil ohne Balancier-Stange aus dem Stand heraus einen Salto mortale vorwärts und sogar rückwärts macht ... Olvido Perez, der eine Leiter auf das Drahtseil stellt und dabei nie wieder erreichte Akrobatik demonstriert ... Die Drei Yacopis, die den dreifachen Salto mortale vom Schleuderbrett aus zeigen; der zweite Mann landet dabei auf den Schultern des ersten, der dritte auf den Schultern des zweiten ... Der Inder Kannan Bombayo, genannt »der Springende Teufel«, bringt es sogar fertig, den doppelten Salto mortale auf dem Seil zu machen, das er vorher in heftige Schwingungen versetzt ... Die Vier Berosini und die Mellvil-Truppe, die beide Glanznummern der Hochartistik waren.

Besonders in ihr Herz geschlossen hatten die Berliner die bildhübsche Quintilia, die in der Reichshauptstadt den Ehrentitel »Venus auf dem Drahtseil« bekam und sich von hier aus mit ihrer tänzerischen Grazie auf schwankendem Seil alle Welt-Varietés eroberte.

☆

Eine Attraktion ganz besonderer Art erlebt die Scala im Winter 1931: Erich Carow, Berlins beliebtester Volksschauspieler, mit seiner Frau Lucie Hausherr in »Carows Lachbühne« am Weinbergsweg im Osten der Stadt, akzeptiert ein Angebot von Scala-Direktor Jules Marx, einen Monat lang in der Scala aufzutreten. Auch der »vornehme Westen« Berlins soll sich einmal an diesem »unübertroffenen Mann« aus Berlin N. erfreuen.

Nach langen Verhandlungen ist Erich Carow schließlich bereit, für eine ungeheuer hohe Gage aufzutreten.

»Se müssen mir jenau die Kohlen zahlen, die Se Grogken hinblettern!«

Carow verlangt exakt das, was der Weltstar unter den Clowns, Grock, im Monat bekommt: 45 000 Reichsmark — damals eine ungeheure Summe.

Die Scala ist am Nachmittag wie am Abend ausverkauft. Erichs Stammpublikum aus dem Norden fährt in hellen Scharen in die Lutherstraße, um sein Idol in der »stinkfeinen« Scala zu bewundern.

Mit dem Geld, das Erich im »vornehmen Westen« verdient hat, baut er seine »Lachbühne« aus — etwas zu vornehm, wie sein altes Publikum denkt. Als er zum ersten Male nach dem Umbau auftritt, schmunzelt er:

»Det ha' ick allens für euch machen lassen! Aba bezahlt hat et de Scala!«

Der Volkskomiker aus dem Norden der großen Stadt ist nie wieder außerhalb seines eigenen Hauses aufgetreten.

Bald saßen in »Carows Lachbühne« alle nebeneinander: die Armen und die Reichen. In den Pausen verzehrten die einen ihre Stullenpakete, die Reichen konnten sich Sekt servieren lassen. Und sogar Goebbels fuhr hinaus zum Weinbergsweg, wenn er sich einmal »dem Volke zeigen« wollte.

☆

Im Januar 1933 deklamierte ein Conférencier des Kabaretts »Katakombe« fragend:

Wenn ich nur wüßte, was der Adolf mit uns vorhat,
Wenn er erst die Macht am Brandenburger Tor hat.
Müssen wir dann braune Kragen tragen?
Dürfen wir dann nicht mehr »nebbisch« sagen ...*
Müssen wir im Teutoburger Walde leben
Und zum Gruß die Ärmchen heben?
Trifft ins Herz uns Adolfs Pfeil
Oder auch ins Gegenteil?

Bald wurden alle diese Fragen beantwortet. Und es endete schließ-

* nebbich (aus dem Jiddischen): dumm, unwichtig, überflüssig. „Ein Nebbich" ist ein Nichts, ein Niemand.

lich damit, daß 1943 auch die Scala und der Wintergarten in Schutt und Asche fielen.

Wenn heute alte Artisten in allen Erdteilen aus ihrem Leben erzählen, dann beginnen und enden alle Gespräche bei den beiden Berliner Großvarietés Scala und Wintergarten, die für die Großen der schillernden Welt etwas ganz Besonderes bedeuteten.

VI

Abonnement auf Nobelpreise

Was die Menschheit Berlinern verdankt

Berlins beliebtester Volkskomiker: Erich Carow mit seiner Frau Lucie. (30)

Ur-Berlinerin aus dem Ruhrgebiet: „Großstadtpflanze“ Claire Waldoff. (31)

Wenn die berühmten Scala-Girls marschieren, paradieren, tanzen oder ganz einfach nur ihre Beine schwingen, wird es lebendig in den Reihen der Männer . . . (32)

▲

Der begnadete Sänger und der große Clown: Benjamino Gigli und Grock. Der italienische Tenor gastierte mindestens einmal jährlich in Berlin. Seine Bußtag-Konzerte in der Scala waren ein Ereignis besonderer Art. Gigli lernte in Berlin Grock kennen, und beide waren seitdem freundschaftlich miteinander verbunden. Auf einer Wohltätigkeitsveranstaltung sind sie sogar (Foto) einmal gemeinsam aufgetreten. (33)

◀ *Als der weltberühmte Clown Grock, der in der Scala oft aufgetreten ist, 1954 in den Trümmern des Varietés noch eines seiner Plakate von 1939 findet, weint er bittere Tränen . . . (34)*

Scala und Wintergarten:

vom Sturm des Krieges ausgelöscht, aber unvergessen von Artisten und Publikum.

Jeder Wissenschaftler einmal in Berlin! Das war die Parole während eines Jahrhunderts, das 1933 zu Ende ging.

In der Reichshauptstadt flogen die Funken des Geistes. Hier wurde gelehrt und geforscht, diskutiert und experimentiert, theoretisiert und praktiziert, philosophiert und meditiert, toleriert und nur die Dummheit ignoriert. Hier wurde vor allem gearbeitet — auf allen wissenschaftlichen Gebieten. Berlin war eine »Metropole der Hirne« (so Gustav Stresemann).

Auf Kongressen in Berlin begegnete sich die Weltelite des Geistes. In keiner anderen Stadt der Erde wirkten, lebten und forschten so viele Nobelpreisträger wie hier. Daß zwei berühmte Gelehrte mit weltweitem Ruhm und Ruf — Albert Einstein und Max Planck — die populärsten Berliner waren und in der Publikumsgunst über jedem Künstler von Bühne, Film und Musikpodium lagen, spricht für die geistige Aufgeschlossenheit der reichshauptstädtischen Bewohner.

Eine Berufung nach Berlin bedeutete für viele Professoren die Krönung ihrer Laufbahn. Und wer in Berlin studierte, genoß eine beispielhafte Ausbildung und sah sich einer Vielfalt von Bildungsstätten gegenüber, die ihm nur eine Stadt in dieser Größe bieten konnte. »Bildungsnotstand« war ein niegehörtes Fremdwort. Schon den Schülern bot sich eine Vielzahl von Möglichkeiten, zum Abitur zu kommen.

Keine andere Stadt der Welt beherbergte so viele »Unterrichtsanstalten«, wie das Amtsdeutsch alle jene Gebäude nennt, die »dem Bildungswesen dienen«. Die Liste (Stichtag 31. 12. 1924) beginnt mit der Friedrich-Wilhelms-Universität (die größte des Deutschen Reiches) mit etwa achtzig wissenschaftlichen Abteilungen und 598 Lehrern (bei 10 000 Studenten 1924 eine Zahl, von der heute die Universitäten nur träumen), der Technischen Hochschule (gegründet 1879), der Landwirtschaftlichen Hochschule (1862), der Tierärztlichen Hochschule (1887) und der Handelshochschule (1906).

Es folgen die Hochschule für die Bildenden Künste (schon 1669), die Hochschule für Musik (1869), die Hochschule für Politik (1920) und die Hochschule für Leibesübungen (1920). Die Gesamtzahl aller Berliner Hochschulstudenten beträgt (1924) 19 124 — die rund 5200 Gasthörer nicht mitgezählt.

Die insgesamt acht Volkshochschulen weisen mit rund 61 000 Hörern eine Rekordzahl auf. Es gibt in Berlin 164 Höhere Schulen (287 500 Schüler) aller Richtungen: Humanistische Gymnasien, Realgymnasien, Oberrealschulen, Lyzeen. Den 29 Mittelschulen folgen 644 Volksschulen.

Außerdem unterhält Berlin 62 sogenannte Fachschulen (Stand 1925). Die Liste umschließt die Akademie für Kirchen- und Schulmusik ebenso wie die Staatliche Kunstschule, das Zentralinstitut für Erziehung und Unterricht ebenso wie das Seminar für Orientalische Sprachen und die Höhere Gärtnerlehranstalt ebenso wie die Verwaltungsakademie (zur Weiterbildung von Beamten).

Als im Oktober 1910 die Reichshauptstadt das hundertjährige Jubiläum ihrer Universität feiert, kann die Alma mater Unter den Linden auf eine stolze Vergangenheit zurückblicken. Zahllose Männer, die hier studiert haben, erlangten internationalen Ruhm, und Männer von Weltgeltung haben an ihr gelehrt.

Die Namen der Philosophen Johann Gottlieb Fichte, Georg Wilhelm Friedrich Hegel, Friedrich Ernst Daniel Schleiermacher und Friedrich Wilhelm Joseph von Schelling sind ebenso untrennbar mit ihr verbunden wie die Namen der Sprachforscher Jacob und Wilhelm Grimm, des Geographen Karl Ritter und des Mannes, der die systematische Wissenschaft von der Landwirtschaft begründete: Albert Daniel Thaer.

Der Naturforscher und Geograph Alexander von Humboldt und sein Bruder Wilhelm, Staatsmann, Philosoph und Sprachforscher (der 1810 die Friedrich-Wilhelms-Universität eröffnet hat und nach dem sie heute in Ost-Berlin genannt ist), gehören zu den Erlauchten ihres Jahrhunderts. Unter den Juristen, die in Berlin lehrten, sind vor allem zu nennen: Franz von Liszt, Friedrich Karl von Savigny und Otto von Gierke.

Der Kunstgeschichte wurden völlig neue Akzente gesetzt durch Heinrich Wölfflin, Adolf Goldschmidt, Wilhelm Pinder und Wilhelm von Bode (der als Museumsfachmann weltweites Ansehen genoß). Auch die großen Historiker des Jahrhunderts lehrten in Berlin: Barthold Georg Niebuhr (der zugleich als preußischer Diplomat viel Geschick bewies), Leopold von Ranke und Theodor Mommsen.

Wer heute das von Theodor Wiegand gegründete Pergamon-Museum besucht, wird an den Namen des Mannes erinnert, der den Altar in der Türkei ausgegraben hat: Carl Humann. Die drei anderen großen Archäologen, die mit der Geschichte der Friedrich-Wilhelms-Universität eng verbunden sind, heißen: Ernst Curtius, Alexander Christian L. Conze und Gerhart Rodenwaldt.

Und um eines letzten Mannes zu gedenken: Ulrich von Wilamowitz-Möllendorff gilt als der große und bis heute unerreichte Erneuerer der klassischen Philologie.

Um die Bedeutung der damals weltberühmten Berliner Technischen Hochschule zu charakterisieren, seien — exemplarisch — vier Lehrer herausgegriffen: Professor Adolf Slaby († 1913) entwickelte als Pionier der Funktechnik seit 1897, zusammen mit Georg von Arco, ein eigenes Funksystem und initiierte 1903 die Gründung der Gesellschaft für drahtlose Telegraphie (die spätere Firma Telefunken). Hans Geiger († 1945) erfand 1918 den Geigerzähler.

Hermann Jansen († 1945), Professor für Städtebau, entwarf 1910 den Generalbebauungsplan für das zehn Jahre, 1920, später geschaffene Groß-Berlin, 1920 für Ankara, 1930 für Madrid und danach für viele andere Städte der Welt. Der Physiker Ferdinand von Helmholtz begründete die Physikalisch-Technische Reichsanstalt: Sie erforschte und überwachte alle Meßeinheiten auf dem Gebiet der angewandten Physik.

Es muß auch noch jener Professor genannt sein, der neben seiner Tätigkeit an der Technischen Hochschule zehn Jahre lang Direktor des Preußischen Meteorologischen Instituts in Berlin war und mit seinen Forschungen die Voraussetzungen für die Wettervorhersage schuf: Heinrich von Ficker.

☆

Ehe der Leser die nähere Bekanntschaft mit zwei besonders berühmten und besonders liebenswerten Gelehrten macht und bevor er erfährt, warum »relativ« noch heute ein Lieblingswort der Berliner ist, muß er Zeuge bei der Gründung einer für die Welt beispielhaften Institution sein, und er muß gleichsam eine »Galerie« besuchen, in der ihm viele berühmte Namen begegnen, deren Träger von Berlin aus Entscheidendes für die Menschheit geleistet haben.

Geheimrat Friedrich Althoff, nach Ansicht der Historiker einer der fähigsten Verwaltungsbeamten, die es je gab, leitet als Ministerialdirektor im preußischen Kultusministerium die Hochschulabteilung und ist auch zuständig für die Höheren Schulen. Er ist sich längst darüber im klaren, daß ein Professor nicht zugleich lehren und gründlich forschen kann, weil es ihm dazu an Zeit fehlt. Die Lehrtätigkeit behindert das Forschen und umgekehrt.

Zusammen mit Professor Adolf von Harnack, dem großen Kirchenlehrer, und dem Professor für Chemie Emil Hermann Fischer, dem die Menschheit das Veronal und das fieberherabsetzende Antipyrin verdankt, entwickelt Althoff 1907 den Plan einer »Hochschulreform«: Eines universellen Forschungsinstituts, das aus zahlreichen Spezialabteilungen bestehen soll.

Althoff, der das ungewöhnliche Recht des unmittelbaren Vortrags beim Kaiser hat, bespricht mit Wilhelm II. das Projekt und findet ihn, wie er Harnack berichtet, »aufgeschlossener, als ich erwartet hatte«. Um den Kaiser völlig für die Sache zu gewinnen, schlägt Althoff ihm vor, das große Reformwerk der Universität nach Wilhelms Großvater »Kaiser-Wilhelm-Gesellschaft« zu nennen.

Der Kaiser ist begeistert und übernimmt sogar das Protektorat. Adolf von Harnack wird der erste Präsident dieser »Gesellschaft zur Förderung der Wissenschaften«. Industrie, große Banken und auch der vermögende Adel beteiligen sich mit Spenden. Nach dieser Aktion steht ein Betrag von zehn Millionen Goldmark zur Verfügung — das war damals eine enorme Summe. Der preußische Staat stellt ein großes Waldgrundstück in Dahlem bereit, auf dem die Forschungsinstitute gebaut werden.

Wilhelm II. tut später in seinen Erinnerungen »Ereignisse und Gestalten« so, als habe er die Initiative zur Kaiser-Wilhelm-Gesellschaft ergriffen, und er nennt danach als richtige Begründung für die Notwendigkeit dieser wissenschaftlichen Institution:

»Bei dem stets schärfer werdenden Kampf um den Weltmarkt war es — um das Wissen der Koryphäen der deutschen Wissenschaft für jene Zwecke nutzbar zu machen — geboten, ihnen mehr Freiheit, Ruhe, Arbeitsmöglichkeit und Material zu verschaffen.«

Das offizielle Gründungsdatum der »Kaiser-Wilhelm-Gesellschaft zur Förderung der Wissenschaften« ist der 1. Januar 1911. Sie arbeitet im Geiste des Universalgelehrten Gottfried Wilhelm Freiherr von Leibniz, der 210 Jahre zuvor in Berlin die Preußische Akademie der Wissenschaften gegründet hatte. Ihr Stifter war der spätere König Friedrich I. Diplomatisch hatte sich Leibniz dabei der Fürsprache von Sophie Charlotte versichert, der Gemahlin Friedrichs.

Die Kaiser-Wilhelm-Gesellschaft (KWG) diente mit ihren vielen Instituten, die ab 1911 gegründet wurden (für Physik, Chemie, Biologie, Biochemie, Astronomie, Medizin, Kohlenforschung, Geistesgeschichte usw.), der reinen Forschung. Die KWG durfte keine Aufträge vom Staat ausführen und auch nicht für private Unternehmen arbeiten. Die schon bald in der ganzen Welt berühmte KWG entwickelte sich zu einem wissenschaftlichen Groß-Betrieb, in dem alle Probleme der Zukunft zielstrebig und energisch angepackt wurden.

Ideale Hochschulvorstellungen wurden verwirklicht. Um den

»Verwaltungskram« brauchten sich die Professoren nicht mehr zu kümmern. Sie hatten jetzt Zeit für die Forschung und für die Lehre. Das ganze Universitätsleben wurde modernisiert. Adolf von Harnack sorgte dafür, daß seine Kollegen alle modernen technischen Hilfsmittel erhielten. Die Zeiten eines Robert Koch, der noch in seiner Frühzeit die Waschküche seiner Frau als Laboratorium verwenden mußte, waren endgültig vorbei.

Im Kaiser-Wilhelm-Institut wird auch das praktiziert, was später »Team Work« heißt. In Gemeinschaftsarbeit wird zum Beispiel unter Harnacks Leitung auf geisteswissenschaftlichem Gebiet jenes vielbändige Werk vollendet, das noch heute ein Klassiker ist: »Die Griechischen Christlichen Schriftsteller der ersten drei Jahrhunderte«.

☆

Der große Physiker Max Planck, seit 1889 an der Universität in Berlin, seit 1912 Ständiger Sekretär der Naturwissenschaftlich-Mathematischen Sektion der Preußischen Akademie der Wissenschaften, sorgt dafür, daß 1914 ein Mann von Zürich nach Berlin berufen wird, der damals in der wissenschaftlichen Welt schon Aufsehen erregt hat: der aus Ulm stammende Albert Einstein. Die Kaiser-Wilhelm-Gesellschaft hatte schon drei Jahre nach ihrer Gründung einen solchen Ruf, daß Einstein sofort nach Berlin kam.

Er wird Direktor des Kaiser-Wilhelm-Instituts für Physik, Ordentliches Mitglied der Preußischen Akademie der Wissenschaften und gleichzeitig Kurator der Physikalisch-Technischen Reichsanstalt. Einstein bezieht mit seiner Familie eine Wohnung in dem Haus Nr. 5 der stillen Haberlandstraße in Schöneberg.

Er trifft gerade zur rechten Zeit in der Reichshauptstadt ein, um einen neuen Berliner Nobelpreisträger zu feiern: der Physiker Max von Laue († 1960), seit 1905 Plancks Assistent im Berliner Institut für Theoretische Physik, hat die höchste wissenschaftliche Auszeichnung, die seit 1901 verliehen wird, »für die Entdeckung des Beugens von Röntgenstrahlen beim Durchgang durch Kristalle« erhalten.

Von Laue ist der achtzehnte deutsche Nobelpreisträger. Ihm folgt als neunzehnter 1915 Richard Martin Willstätter († 1942), Chemie-Professor an der Universität und Chef des Forschungslaboratoriums im Chemischen Institut der Kaiser-Wilhelm-Gesellschaft.

Zu den ersten vier Nobelpreisträgern (1901) gehören zwei Deutsche: Wilhelm Conrad Röntgen († 1923) erhält ihn für Physik, Emil Adolf von Behring (Professor an der Universität und Chef des Instituts für Infektionskrankheiten, † 1917) für Medizin.

Röntgen ist der einzige der neunzehn deutschen Nobelpreisträger in der Zeit von 1901 bis 1915, der nicht in Berlin gewirkt oder studiert hat oder zur Zeit der Verleihung in der Reichshauptstadt tätig ist.

1902 wird dem Berliner Professor Emil Hermann Fischer der Nobelpreis für Chemie überreicht; Theodor Mommsen erhält den Literatur-Nobelpreis.

1905 fallen gleich drei Nobelpreise nach Deutschland. Philipp E. A. von Lenard empfängt ihn für Physik, Adolf von Baeyer für Chemie, Robert Koch für Medizin. 1907 wird Eduard Buchner mit dem Chemie-Preis ausgezeichnet, 1908 folgen der Medizin-Preis für Paul Ehrlich und der Literatur-Preis für den Philosophen Rudolf Eucken.

Ferdinand Braun (Physik) und Wilhelm Oswald (Chemie) sind die Preisträger von 1909, Otto Wallach (Chemie), Albrecht Kossel (Medizin) und Paul Heyse (Literatur) von 1910. Preisträger für Physik ist 1911 Wilhelm Wien, für Literatur 1912 Gerhart Hauptmann (der insofern ein Berliner ist, weil er hier seinen ständigen zweiten Wohnsitz unterhält und weil hier seine Dramen uraufgeführt werden).

Den »Auftakt« der Nobelpreisträger nach dem Ersten Weltkrieg bilden 1919 (zugesprochen schon ein Jahr zuvor, und das gilt auch für die künftigen Daten): der Physiker Max Planck, der ihn für seine Quantentheorie erhält; der Chemiker Fritz Haber (für seine Synthese von Ammoniak, ohne die künstliche Düngemittel undenkbar sind) und der Physiker Johannes Stark (für die Aufspaltung von Spektrallinien im elektrischen Feld).

1920 folgt Walther Hermann Nernst, der für seine thermochemischen Arbeiten den Nobelpreis erhält. 1921 wird Albert Einstein der

Nobelpreis für Physik zugesprochen — nicht etwa für seine Relativitätstheorie (zu der er seine ersten Arbeiten 1905 in Zürich geleistet hat, seine zweite dann 1916 in Berlin), sondern »für seine Verdienste um die theoretische Physik, besonders für seine Entdeckung des Gesetzes des photoelektrischen Effekts«.

Max Planck und Albert Einstein repräsentieren das neue Weltbild der Wissenschaft. Diese beiden, ein in der Wissenschaft einmaliges Gelehrten-»Zweigespann«, ergänzen sich in ihren Arbeiten. Einer beeinflußt das Schaffen des anderen, und ihr großes Thema heißt: den Geheimnissen der Natur auf die Schliche kommen.

Die beiden berühmten Professoren sind zugleich die populärsten Männer von Berlin. Der vielzitierte »Mann auf der Straße« hat zwar wenig Beziehung zur Wissenschaft, aber er ist doch stolz darauf, daß es in Berlin so viele bekannte Männer gibt, an der Universität und in den Instituten der KWG. Planck und Einstein gegenüber haben die Berliner ein geradezu vertrautes Verhältnis, weil diese beiden Gelehrten nicht nur in höheren Regionen schweben, sondern ganz normale Menschen sind.

Einstein, dem man oft mit dem Geigenkasten unter dem Arm begegnet, ist ein Meister der Violine, Planck am Klavier. Einstein gilt außerdem als ausgezeichneter Segler, dessen Jolle man oft auf dem Wannsee sieht. Planck ist ein begeisterter Hochtourist. Von Einstein wissen die Berliner ferner, daß er seinen Freunden und Kollegen gern Proben seiner Zauberkunst und seiner Fähigkeit gibt, mit Karten zu manipulieren.

Planck, ein guter Sänger, leitet einen kleinen Chor. Er trifft sich häufig mit seinen Kollegen in irgendeiner Kneipe zu wissenschaftlichen Diskussionen. Nur selten ist Planck ohne Zigarre anzutreffen. Und überhaupt: Diese beiden Professoren sind keine versponnenen Stubengelehrten, sondern Menschen, mit denen man gerne ein Bier trinken möchte.

Jeder kennt die beiden und zieht respektvoll den Hut, wenn er einem von ihnen begegnet. Allen Berlinern ist natürlich auch das Wort Relativitätstheorie geläufig. Aber was das wirklich ist — diese komplizierte wissenschaftliche Theorie, daß die Zeit etwas Relatives, von der Bewegung Abhängiges ist — das verstehen sie nicht.

Der humoristische Schriftsteller und witzsprühende Wiener in Berlin, Alexander Roda Roda (der mit bürgerlichem Namen Rosenfeld heißt), will es für die Leser der »BZ am Mittag« genau wissen und geht zunächst zu Planck. Der weiß natürlich genau, was sein Freund und Kollege Einstein entwickelt hat. Aber erklären kann er dessen Theorie auch nicht: »Das ist alles viel zu schwierig!«

Roda Roda läßt nicht locker und sucht Albert Einstein auf, der inzwischen nicht mehr in der Haberlandstraße wohnt, sondern sich für seine große Familie — Kinder, Stiefkinder, Neffen und Nichten — bei Caputh an der Havel ein Heim geschaffen hat, also »j. w. d.«: janz weit draußen.

Der berühmte Gelehrte mit dem Wuschelkopf empfängt den Schriftsteller freundlich und erklärt ihm liebenswürdig: »Ich kann Ihnen meine Relativitätstheorie nicht erklären!«

Roda Roda lächelt enttäuscht und versucht sein Glück mit einer Selbstbezichtigung:

»Ihr verehrter Herr Kollege Planck hält mich für zu dumm. Und Sie, Herr Professor, schließen sich offenbar seiner Meinung an.«

»Aber — lieber Freund! Ich halte nicht Sie, sondern mich selbst für zu dumm. Es ist sehr schwer, die Relativitätstheorie zu definieren. Außerdem hat mir Kollege Planck kürzlich gesagt, ich hätte meine Theorie selber nicht ganz begriffen.«

Als die Berliner Roda Rodas Geschichte lesen, sind sie zwar enttäuscht, trösten sich aber damit, daß die hohen Herren offenbar ihre eigene Wissenschaft nicht mehr verstehen.

Das ist natürlich relativ falsch, und überhaupt: für die Berliner ist jetzt alles relativ. Das Wort geht in den Sprachschatz der Berliner ein. Er hat relativ gut geschlafen, seine neue Puppe ist relativ süß, die Zeiten sind relativ mies, und alles ist eben relativ: die Qualität des Bieres, des Films, der Bouletten. Nur etwas ist für jeden nicht relativ, sondern absolut schlecht: der Lohn und das Gehalt.

Der persönlich und als Wissenschaftler so bescheidene Einstein macht nie Aufhebens von sich. Das zeigt sich auch wieder bei den Feierlichkeiten zur Einweihung des »Harnack-Hauses«, das die Kaiser-Wilhelm-Gesellschaft als geselliges Zentrum und Hotel für die Gelehrten in Dahlem errichtet hat und das damals ohne Beispiel ist.

Einstein wird von Journalisten umringt, mit denen er sich leutselig unterhält — mit dem Tonfall des Berliners, den der Schwabe aus Ulm angenommen hat.

Er berichtet auch über die Erweiterung einer seiner wissenschaftlichen Theorien. Er tut das, wie ein Augenzeuge berichtet, »mit der liebenswürdigen Resignation des Mannes, der genau weiß, daß ihn doch niemand versteht«.

Als Georg Bernhard, der Chefredakteur der »Vossischen Zeitung«, ihn dann fragt, ob er die Ergebnisse seiner neuen Forschung veröffentlichen werde, antwortet Einstein mit einer Bemerkung, die deutlich die ganze Einsamkeit und zugleich Bescheidenheit dieses Gelehrten widerspiegelt:

»Nun, ich schreibe eine Postkarte an den Lorentz, und dem Planck habe ich es ja schon erzählt.« (Henrik Antoon Lorentz: niederländischer Physiker und Nobelpreisträger 1902).

Einstein, von dem es heißt, er habe keinen Nagel in die Wand schlagen können, hält sich für völlig untalentiert, ein Auto zu steuern. Deshalb besitzt er auch keines und benutzt grundsätzlich den Omnibus. Alle Berliner Schaffner kennen ihn natürlich. Wenn sie den Professor an der Haltestelle sehen, fordern sie nicht auf: »Einsteijen«, sondern variieren und rufen: »Einstei'n, alles einstei'n, Herrschaften!«

Offenbar hat es aber doch einen Schaffner in Berlin gegeben, der den Professor nicht kannte. Louis P. Lochner, Europa-Chef der US-Nachrichtenagentur AP in Berlin, hat es selber erlebt und auch weitere Zeugen dafür benannt: Als Einstein seinen Fahrschein und das Wechselgeld auf einen Zwanzig-Mark-Schein bekommen hat, glaubt er, daß der Schaffner ihm zuwenig herausgegeben hat. Es stellt sich dann aber schnell heraus, daß sich Einstein verzählt hat. Der Gelehrte entschuldigt sich höflich und freundlich in seiner stillen Art.

Als Einstein den Omnibus verläßt, macht der Schaffner die berühmte Geste mit dem Finger an der Schläfe, um anzudeuten, daß jemand einen Vogel hat, und meckert vor sich hin:

»So'n Dussel! Soll sich noch mal uff de Schulbank setzen und 'n bißchen Rechnen lernen!«

Als Lochner später Einstein diese Geschichte erzählt, meint der Professor — einer der größten Geister der Menschheitsgeschichte — verschmitzt: »Sie werden lachen, rechnen kann ich wirklich nicht!«

Zu einem großen Empfang, den die Schriftstellerin Helene von Nostitz-Wallwitz gibt, eine geborene von Beneckendorff-Hindenburg, Freundin von Rodin, Rilke und Hoffmannsthal und einer der Mittelpunkte Berliner Geselligkeit — zu einem Empfang dieser vielseitigen Dame also ist auch Albert Einstein eingeladen, in dessen Haus wenige Tage zuvor eingebrochen worden ist, während sich die ganze Familie auf dem Wannsee tummelte.

Eine Journalistin fragt den Professor, was ihm alles gestohlen worden sei. Antwort: »Ich habe nicht die geringste Ahnung. Von meiner Frau hörte ich, daß Fräulein von Sulminski *(Einsteins adlige Hausgehilfin)* und ihre Helfershelfer Schmuck, Geld, Kleider, Teppiche und Wäsche gestohlen haben. Was das Zeug wert ist, davon habe ich keine Ahnung. Der größte Verlust sind meine Geigen, die mich ein Vermögen gekostet haben.«

Als die Journalistin — es war Felicitas von Reznicek — wissen will, ob ihm auch wissenschaftliche Unterlagen gestohlen worden sind, antwortet Einstein in bester Laune: »Meine Liebe, mir hat gerade Niels Bohr*) nachgewiesen, daß ich meine eigene Theorie nicht verstanden habe. Was sollte dann ein Dieb damit anfangen!«

1933 kehrt Albert Einstein von einer Auslandsreise nicht mehr nach Deutschland zurück. Er übernimmt eine ähnliche Stelle wie vorher in Berlin: an der Princeton-Universität in den USA.

Der hartnäckige Pazifist Einstein erlebt dort eine brutale Ironie der Geschichte. Ausgerechnet er spielt aufgrund seiner Autorität eine Rolle

* Dänischer Atomphysiker († 1962): Physik-Nobelpreis 1922 für seine Verdienste um die Erforschung der Struktur der Atome.

in der allerersten Phase des Entwickelns der Atombombe und schreibt am 2. August 1939 auf Wunsch der amerikanischen Atomphysiker einen Brief an Präsident Roosevelt.

In diesem schicksalsträchtigen Schreiben weist er auf die Möglichkeit hin, daß die Nationalsozialisten daran sein könnten, die Atombombe herzustellen. Durch die Arbeiten von Otto Hahn, Lise Meitner, Fritz Strassmann, Enrico Fermi, Niels Bohr und Leo Szilard seien alle theoretischen Voraussetzungen geschaffen, die Bombe zu konstruieren.

Als Roosevelt den Brief gelesen hat, reagiert er blitzschnell:

»Jetzt müssen wir handeln!«

Mit diesem Schreiben erschöpft sich Einsteins Rolle beim Bau der Atombombe. Er hat sich ganz bewußt und konsequent ferngehalten, aber immer wieder gewarnt — bis zu seinem Tode (1955):

»Die Atomkraft braucht die Menschheit nicht mehr zu vernichten und die Zivilisation nicht stärker zu gefährden, als es durch die Erfindung des Streichholzes geschehen ist. Ihre Entwicklung hängt vom Niveau ihres Charakters ab, nicht vom Niveau der Technik.«

☆

Die Berliner haben am Leben »ihrer« Professoren stets lebhaft Anteil genommen. Das Schicksal von Max Planck hat sie immer sehr bewegt. Der älteste Sohn des Gelehrten fiel im Ersten Weltkrieg, seine beiden Töchter starben im Wochenbett. Er verlor seine erste Frau und seinen Sohn Erwin, der in den letzten Jahren der Weimarer Republik Staatssekretär in der Reichskanzlei war. Dr. Erwin Planck wurde im Januar 1945 als Widerstandskämpfer gegen Hitler ermordet.

Max Plancks gesamte Habe, einschließlich seiner wertvollen Bibliothek und seines gesamten wissenschaftlichen Nachlasses, verbrannte im Berliner Bombensturm, und nur durch einen Zufall konnte er später, zusammen mit seiner zweiten Frau, in Kassel nach einem Fliegerangriff aus den Trümmern eines Hauses geborgen werden.

Während des Dritten Reiches bekämpfte Planck offen die Judenverfolgung und verlor nach und nach alle seine Ämter. Es zeugt für seine Würde und seine innere Haltung, daß er über sein Leid meinte: »Ein rechtlicher Anspruch auf Glück, Erfolg und Wohlergehen besteht nicht.«

Zum ersten Male war Max Planck in Ungnade gefallen, als er trotz Verbotes durch die Nationalsozialisten eine öffentliche Gedächtnisfeier für den »nichtarischen« Nobelpreisträger Fritz Haber gehalten hat. Planck und die übrigen Professoren, unter ihnen Otto Hahn, die an der Haber-Gedächtnisfeier teilnahmen, waren für Hitler und seine Paladine »weiße Juden« — auf die man freilich nicht verzichten konnte.

☆

Bisher wurden fünf Nobelpreisträger genannt, die nach dem Ersten Weltkrieg die Auszeichnung erhielten und alle in Berlin wirkten. Daß drei Deutsche zwischen den beiden Kriegen den Friedensnobelpreis bekamen, beweist, daß es nicht nur »kriegerische Nationalisten« im Deutschen Reich gab.

1926 wird der Friedensnobelpreis dem Reichsaußenminister Gustav Stresemann zugesprochen, zusammen mit seinem Freund, dem französischen Außenminister Aristide Briand. Stresemann hat durch die Annahme des Dawes-Planes (1924) zur Regelung der Reparationsfrage und den Abschluß des Locarno-Paktes (1925) die Aufnahme Deutschlands in den Völkerbund erreicht. Die vorhergehenden Gespräche Stresemanns mit Briand sind zum Symbol des großen politischen Erfolges geworden, der nach dem Ersten Weltkrieg durch das persönliche Vertrauen zweier Männer erreicht wurde.

Mit nur wenigen Sätzen lassen sich die beiden Kämpfer für den Frieden charakterisieren. Briand, beim Eintritt Deutschlands in den Völkerbund:

»Die Zeit der Kanonen und Gewehre muß vorbei sein. Schluß mit aller Feindschaft! Die beiden großen Völker, Deutsche und Franzosen, haben im Kriege auf den Schlachtfeldern so viele Lorbeeren errungen, daß die Zukunft sie nur im Wettbewerb um die großen idealen Ziele der Menschheit sehen soll.«

Stresemann vor dem Völkerbund, wenige Tage vor seinem Tode (3. 10. 1929):

»Warum soll der Gedanke unmöglich sein, das zusammenzufassen, was die europäischen Staaten einigen kann? Wo bleibt die europäische Münze, wo die europäische Briefmarke? Ich lehne es ab, die wirtschaftliche Vereinigung und Vereinfachung der europäischen Staaten als eine Utopie anzusehen! Ich halte es vielmehr für eine unbedingte Pflicht, in dieser Richtung zu arbeiten ...«

Die Aktualität der Worte wirkt bestürzend angesichts der Schwierigkeiten, die sich die Europäer fast mehr als vierzig Jahre später immer noch bereiten.

Der nächste Friedensnobelpreisträger (1927) ist Ludwig Quidde, Professor an der Universität Berlin und Präsident der Deutschen Friedensgesellschaft. Quidde hat sich schon vor der Jahrhundertwende den Friedensbemühungen der Bertha von Suttner angeschlossen und unermüdlich für die deutsch-französische Verständigung gekämpft, zusammen mit seinen französischen Freunden Ferdinand Buisson (der ebenfalls den Friedensnobelpreis erhielt) und Frédéric Passy, dem schon 1901 der Friedensnobelpreis zugesprochen wurde.

Bereits vor dem Ersten Weltkrieg reichten sich Quidde und Passy auf vielen Kundgebungen in ganz Europa spontan die Hand, um zu dokumentieren, daß das französische und das deutsche Volk in Frieden leben müssen. Quidde gehörte schon 1919 zur Deutschen Nationalversammlung und war auch Mitglied des Reichstages. Als er 1924 vor der heimlichen Aufrüstung der Reichswehr öffentlich warnte, wurde er vorübergehend inhaftiert.

Unvergessen sind die Friedensreden, die Quidde und Buisson 1924 in Berlin gehalten haben — sehr zum Schrecken der »Revanchisten«.

Der Publizist Carl von Ossietzki ist der dritte deutsche Friedensnobelpreisträger (1936). Der Fall dieses Mannes, der Sekretär des Zentralbüros der Deutschen Friedensgesellschaft und Herausgeber der berühmten »Weltbühne« war, erregte weltweites Aufsehen.

Hitler verbot dem konsequenten und mutigen Pazifisten, zugleich aber besonnenen und feinnervigen Publizisten (»Deutschland fehlt der Stolz des Zivilisten gegenüber der Uniform«), den Nobelpreis anzunehmen. Göring ließ den Ausgezeichneten wissen, daß ihm in Deutschland nichts passieren würde, wenn er den Preis ablehne. Aber Ossietzky, der seit dem Reichstagsbrand am 27. Februar 1933 im Konzentrationslager saß, akzeptierte die Auszeichnung.

Im Lager — zunächst in Oranienburg bei Berlin und später in Esterwege-Papenburg (oldenburgisches Moor) — mußte er Unsägliches erleiden. Erst nach vier Jahren der Qualen wurde er unter dem Druck der Weltöffentlichkeit erlöst und entlassen. »Erlöst« ist nicht das richtige Wort. Ossietzky war physisch so gebrochen, daß er am 4. Mai 1938 in Berlin starb.

Thomas Mann fiel deshalb in Ungnade bei den Nationalsozialisten, weil er zu jenen gehörte, die Ossietzky für den Friedensnobelpreis vorgeschlagen hatten. Ein Pazifist und Warner vor dem Nationalsozialismus als Friedensnobelpreisträger — das bedeutete für Hitler einen Skandal ohne Beispiel.

»Um für alle Zukunft beschämenden Vorgängen vorzubeugen ...« — so beginnt mit deutlicher Anspielung auf den »Fall Ossietzky« ein Erlaß Hitlers über die Stiftung eines Deutschen Nationalpreises für Kunst und Wissenschaft am 30. Januar 1937. In diesem Jahr erhielten den Preis: der Architekt Ludwig Troost, der Rassen-Ideologe Alfred Rosenberg, der Geophysiker Wilhelm Filchner und die beiden Chirurgen August Bier und Ferdinand Sauerbruch.

Der Mediziner Hans Spemann vom Kaiser-Wilhelm-Institut, der 1935 den Nobelpreis »für die Entdeckung des Organisator-Effekts im embryonalen Entwicklungsstadium« erhielt, war der letzte, der im Dritten Reich die Auszeichnung in Stockholm entgegennehmen durfte.

Diese vier Professoren haben sich dem Befehl Hitlers beugen müssen: Der Chemiker Richard Kuhn, Direktor des Instituts für Chemie der KWG, dem 1938 der Nobelpreis zugesprochen wurde; der Chemiker Adolf Butenandt vom Biochemischen Institut der Kaiser-Wilhelm-Gesellschaft und der Mediziner Gerhard Domagk, die 1939 mit dem Nobelpreis ausgezeichnet wurden, und schließlich Otto Hahn,

Direktor des Kaiser-Wilhelm-Instituts für Chemie, der 1944 in den Stockholmer Olymp aufgenommen wurde.

Insgesamt erhielten von 1918 bis 1944 fünfundzwanzig Deutsche den Nobelpreis, von denen nur zwei (Domagk und der 1927 für seine biochemischen Arbeiten ausgezeichnete Heinrich Wieland) »nichts mit Berlin zu tun hatten«.

Die bisher noch nicht genannten Nobelpreisträger sind: Otto Meyerhof (1922) und Otto Heinrich Warburg (1931) für Medizin; James Franck und Gustav Hertz (beide 1925) und Werner Heisenberg (1932) für Physik; Richard Adolf Zsigmondy (1925), Adolf Windaus (1928), Hans Fischer (1930), Carl Bosch und Friedrich Bergius (beide 1931) für Chemie. Sie alle haben im Sinne des Stifters Alfred Nobel »der Menschheit den größten Nutzen geleistet«.

Den Nobelpreis für Literatur erhielt 1929 Thomas Mann, »hauptsächlich für seinen großen Roman ‚Buddenbrooks', der im Laufe der Jahre allgemeine Anerkennung als ein klassisches Werk der zeitgenössischen Literatur gefunden hat«.

Die Liste der deutschen Nobelpreisträger von 1901 bis 1944, die insgesamt 44 Namen umfaßt, beweist, welche Weltgeltung deutsche Forschung und Wissenschaft einmal besaßen. Und daß bis auf wenige Ausnahmen alle Nobelpreisträger entscheidende Jahre in Berlin verbracht haben, beweist die Richtigkeit der Behauptung, daß jahrhundertelang rund um den Erdball kein wissenschaftliches Gespräch geführt werden konnte, ohne daß dabei der Name der alten deutschen Reichshauptstadt genannt wurde.

Die Institute der Max-Planck-Gesellschaft — so mußte unter dem Druck der Sieger 1946 die Kaiser-Wilhelm-Gesellschaft umbenannt werden — bemühen sich heute mit einigem Erfolg darum, die Tradition der alten Berliner Hochburg des Geistes zu pflegen. Aber — der alte Glanz ist erloschen, der alte Ruhm verklungen.

Die Bundesrepublik hat kaum noch ein Wort mitzureden, wenn es darum geht, »der Menschheit den größten Nutzen zu leisten«. Darüber darf auch nicht die Tatsache hinwegtäuschen, daß nach dem Kriege zehn Nobelpreise an Deutsche vergeben wurden — bei einigen

Albert Einstein (35)

Max Planck (36)

Sie wirkten in Berlin und revolutionierten das physikalische Weltbild

Ein erlauchter Kreis Berliner Wissenschaftler mit einem amerikanischen Gast. Alle fünf sind Nobelpreisträger (v. l. n. r.): Walther Hermann Nernst, die Physiker Albert Einstein, Max Planck, Robert A. Millikan (USA) und Max von Laue (in dessen Wohnung die Herren sitzen). (37)

1927: Ludwig Quidde (38)

1926: Gustav Stresemann (39)

Drei Friedensnobelpreise für Deutsche, die in Berlin wirkten

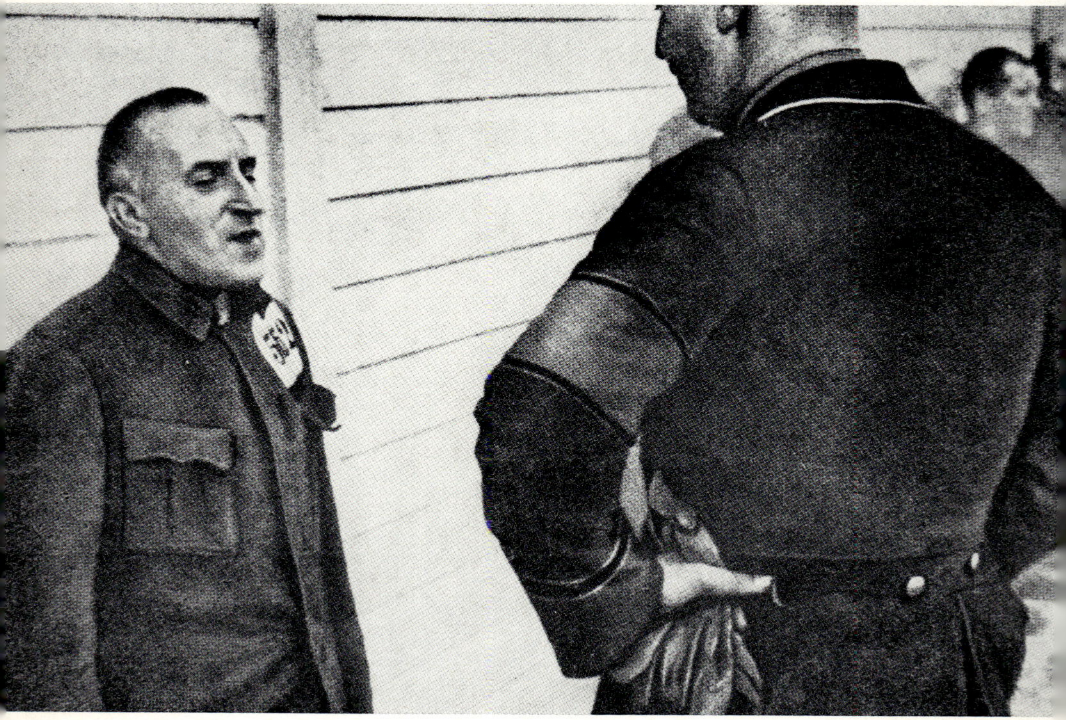

1935: Carl von Ossietzky, der an den Folgen seiner KZ-Haft starb. (40)

(zum Beispiel bei dem Mediziner Werner Forssmann oder dem Physiker Max Born) zudem für wissenschaftliche Leistungen, die *vor* dem Kriege erbracht wurden.

Daß Bundeskanzler Willy Brandt, der Berliner aus Lübeck, 1971 als vierter Deutscher mit dem Friedensnobelpreis geehrt wurde, betrachten vor allem die Bewohner des westlichen Teils der ehemaligen Reichshauptstadt als wohlverdiente Auszeichnung ihres langjährigen Regierenden Bürgermeisters (1957 bis 1966).

VII

Die Traumfabriken an der Spree

Königin unter 238 Filmgesellschaften: die Ufa

In der Bar des Hotels »Adlon« Unter den Linden sitzt Emil Jannings, der berühmte Filmschauspieler. Er läßt sich soeben ein neues Bier servieren. Jannings, der vor wenigen Wochen aus Hollywood zurückgekehrt ist, hat dort Filme gedreht, die durch seine schauspielerischen Leistungen Welterfolge wurden: »Der Weg allen Fleisches«, »Der Patriot«, »Der letzte Befehl« und fünf weitere Filme.

Sämtliche acht Lichtspiele entstanden innerhalb von fünf Jahren. Emil Jannings ist der Schauspieler, der 1929, kurz vor seiner Rückkehr in die deutsche Reichshauptstadt, den ersten »Oscar« erhält. Alle Filme, in denen er in Amerika die Hauptrolle spielt, sind noch stumm.

Jannings ist schlechter Laune an diesem Dezember-Nachmittag des Jahres 1929. Seine Stimmung bessert sich auch nicht nach dem dritten und vierten Bier. Louis Adlon, der Chef des berühmten Hotels, setzt sich zu seinem Gast, um ihn nach dem Grund seines Mißmutes zu fragen.

»Ich befinde mich in einer verteufelten Situation!« erklärt der erste »Oscar«-Preisträger der Welt. »Ich soll meinen ersten Tonfilm drehen und bin ganz verzweifelt.«

»Das verstehe ich nicht«, antwortet Louis Adlon. »Ihre Stimme ist doch geradezu für den Tonfilm geschaffen!«

Nach einem neuen kräftigen Schluck erwidert Jannings:

»Darum geht es nicht, Herr Adlon! Wir könnten längst mit den Dreharbeiten beginnen. Es fehlt nur noch die Hauptdarstellerin.«

Der neue Film soll »Der Blaue Engel« heißen und wird nach dem

Roman von Heinrich Mann, »Professor Unrat«, gedreht. Josef von Sternberg, der Österreicher, der in Hollywood bedeutende Filme gemacht und dabei zweimal Jannings zu seinem Hauptdarsteller erkoren hat, soll die Regie im »Blauen Engel« führen. Auf Vorschlag von Jannings hat die Ufa Josef von Sternberg verpflichtet.

»Ich begreife überhaupt nichts mehr, Herr Jannings«, fährt Adlon fort. »Es gibt doch so unendlich viele Schauspielerinnen in Berlin!«

»Ein paar Dutzend haben wir uns in den letzten Wochen angesehen — keine war die richtige. Auch Sternberg ist verzweifelt.«

Für die Rolle, um deren Besetzung Jannings so sehr bangt, standen auch Lucie Mannheim, Brigitte Helm und Trude Hesterberg schon in engerer Wahl.

Der Regisseur Josef von Sternberg erinnert sich:

»Während ich weiter mein Drehbuch diktierte, wurden mir alle möglichen jungen Damen in mein Büro geschickt. Aber keine entsprach auch nur in etwa meinen Vorstellungen. Inspiriert von Frank Wedekinds Lulu, hatte ich das verführerische Mädchen meines Films Lola genannt. Für ihre Figur schwebte mir ein ganz bestimmtes Modell vor. Ich lehnte eine Schauspielerin nach der anderen nur deshalb ab, weil sie meinen Vorstellungen nicht entsprach.

Beim Durchblättern eines Katalogs, der die Fotografien aller deutschen Schauspielerinnen enthielt, war mein Blick auf das flache und uninteressante Bild eines Fräulein Dietrich gefallen. Wie gewöhnlich fragte ich meinen Assistenten, was er von ihr hielt. Er zuckte mit den Schultern und meinte: ‚Der Popo ist nicht schlecht. Aber — brauchen wir nicht auch ein Gesicht?'

Das Foto jenes Fräuleins wurde zu den anderen gelegt und prompt vergessen ... «

Als Jannings im »Adlon« sitzt, hat er noch keine Ahnung von diesem »Fräulein Dietrich«, das sich Marlene nennt (zusammengezogen aus ihren Vornamen Maria Magdalena), und der Künstlername Dietrich ist der Nachname des zweiten Mannes ihrer Mutter. Marlenes Vater hieß von Losch und war Hauptmann bei der preußischen Polizei.

Marlene Dietrich lebt mit ihrer Mutter in einer Wohnung des vornehmen Hauses Nr. 19 Unter den Linden. Sie ist auch kein »Fräulein« mehr, sondern seit 1925 mit dem wenig bekannten Aufnahmeleiter Rudolf Sieber verheiratet, und sie hat auch schon eine Tochter, die Heidede genannt wird. Mann und Tochter wohnen ebenfalls bei Frau von Losch.

Marlene, Jahrgang 1901 (und nicht, wie meist behauptet, 1904), ist in den frühen zwanziger Jahren so gut wie unbeachtet in zwei Revuen aufgetreten: »Es liegt in der Luft« und »Von Mund zu Mund«. 1926 stand sie mit Rudolf Forster, Fritz Kortner und Lucie Mannheim in »Duell am Lido« von Hans José Rehfisch auf der Bühne des Staatstheaters — als eine von der Kritik nicht genannte Edelstatistin.

Emil Jannings läßt sich sein fünftes Bier kredenzen.

»Wissen Sie, Herr Adlon, es muß eine Schauspielerin sein, die mich abgebrühten alten Knaben aus der Ruhe bringt. Sternberg und ich stellen uns eine Frau vor, von der ein erotisches Erdbeben ausgeht ... Kennen Sie vielleicht eine?«

Louis Adlon erinnert sich, daß ihm vor wenigen Tagen ein Mädchen aufgefallen ist ... Es spielte in der Komödie »Zwei Krawatten« von Georg Kaiser eine kleine Rolle. Bei der Premierenfeier in seinem Hotel hat Adlon dieses Mädchen sofort wiedererkannt: eine gewisse Marlene Dietrich.

»Schauen Sie sich diese junge Dame einmal an, Herr Jannings!«

Drei Tage später kommt Jannings wieder ins »Adlon« und sagt dem Chef des Hauses triumphierend:

»Wir haben sie! Wir haben sie! Auch Sternberg, den ich mit ins Theater geschleppt habe, ist begeistert.«

Probeaufnahmen nehmen dem Regisseur und seinem Hauptdarsteller letzte Zweifel. Alle anderen, die irgendwie mit dem neuen Film zu tun haben, sind entsetzt und davon überzeugt: Mit diesem Fräulein Dietrich wird es eine einzige Pleite geben!

Aber Sternberg setzt sich durch und überzeugt auch den Produzenten Erich Pommer, dem der deutsche Film zu dieser Zeit schon einige Meisterwerke verdankt (»Das Kabinett des Dr. Caligari«, »Dr. Mabuse, der Spieler« und »Die Nibelungen«, um nur wenige zu nennen).

Die weitere Geschichte ist bekannt. »Der Blaue Engel«, in dem (außer Jannings und Marlene Dietrich) Hans Albers, Rosa Valetti und Kurt Gerron die Hauptrollen spielen, wird ein Welterfolg. Das Lied »Ich bin von Kopf bis Fuß auf Liebe eingestellt«, das die Dietrich als Tingeltangel-Soubrette singt, wird in allen Ländern der Erde bekannt. Das »erotische Erdbeben«, von dem Jannings geträumt hat, erfaßt Millionen.

Die Zeitungen sind begeistert. Großes Lob für den Regisseur, für Jannings und vor allem für die Dietrich. »Umweht von allen erotischen Faszinationen der Erde«, heißt es im »Berliner Tageblatt«. »Elementare Sinnlichkeit« ist ein Kritiker-Wort vom »12-Uhr-Blatt«. »Der Tonfilm ist durch die Beine der Dietrich gerettet«, meint die »BZ am Mittag«.

Das Goebbels-Hausblatt »Der Angriff« freilich schreibt:

»Ein anständiger Deutscher protestiert, wenn ihm das vorgesetzt wird. Wo gibt es den Lehrer, den zwei nackte Streifen Fleisch an den Beinen einer Dirne seinen Geistesschwung vergessen lassen?«

Jeder »Flapper«, wie damals die Teenager in Berlin genannt werden, singt »Ich bin von Kopf bis Fuß auf Liebe eingestellt« und bemüht sich dabei um eine rauhe, tiefe Stimme. Und nach dem Film kürzen sie alle ihre Röcke, um mehr von ihren Beinen zu zeigen.

Die große Karriere der Dietrich hat begonnen. Bei der Uraufführung im »Gloria-Palast« ist nicht Jannings der Star, sondern Marlene. Die Premierenfeier kann sie nicht mehr mitmachen. Gegen 23 Uhr besteigt sie am Bahnhof Zoo den Zug, der sie nach Bremen bringt. Dort geht sie an Bord der »Bremen«, des damals größten, schönsten und schnellsten Schiffes der sieben Meere, mit dem sie in die Neue Welt fährt. Sternberg nimmt seine Berliner Entdeckung mit nach Hollywood. Dort wird sie ein Weltstar (und fördert, nebenbei, die Mode der gelackten Fingernägel und führt die langen Hosen für Frauen ein).

In der kalifornischen Traumfabrik spielt Marlene Dietrich die

Hauptrolle in den filmischen Bestsellern »Marokko«, »Shanghai-Expreß«, »Blonde Venus« und vielen, vielen anderen Filmen — bis zum »Engel der Gejagten«, der 1971 im deutschen Fernsehen gezeigt wurde, und zur »Zeugin der Anklage«.

Die preußische Offizierstochter aus Berlin ist ein klassisches Beispiel dafür, wie in der Reichshauptstadt Stars »geboren« wurden, die in Hollywood schnell glanzvolle Karriere machten.

Auch Hans Albers brillierte — nach »Die Nacht gehört uns« — im »Blauen Engel« zum zweiten Male in einem Tonfilm, und viele spätere Filme sind ohne Hans Albers kaum vorstellbar: »Bomben auf Monte Carlo«, »Flüchtlinge«, »Der Mann, der Sherlok Holmes war«, »Wasser für Canitoga«. Das sind nur vier von den insgesamt 34 Filmen, in denen der »blonde Hans« bis 1944 bei der Berliner Ufa die Hauptrolle spielte.

Ernst Josef Aufricht, Theaterdirektor und Hausherr im Theater am Schiffbauerdamm und im Admiralspalast, charakterisiert den Bühnen- und Filmschauspieler Hans Albers jener Jahre so:

»Albers war ein echter Volksschauspieler. Er ging auf das Publikum los wie ein Stier in der Arena. Er rotzt auf seine Partnerin, und die Zuschauer jubeln über seine Frechheit, er schluchzt, und das Publikum löst sich in Tränen auf. Er war der erwünschte Typ der heraufkommenden Zeit, groß, blond, blauäugig, mit dem Gang eines Raubtieres.«

☆

Die Ufa — das war nur eine der großen Filmgesellschaften. Um sich eine Vorstellung von der Bedeutung Berlins für die Filmgeschichte zu machen, müssen einige Zahlen genannt werden.

1927 gab es in der Reichshauptstadt 238 Produktionsgesellschaften, Firmen und Institutionen, die Filme herstellten. 37 davon produzierten sogenannte »große« Filme, die länger als eine Stunde dauerten. Mit Abstand die größte von diesen 37 Filmgesellschaften war die Ufa. Die übrigen 201 Produzenten drehten Lehr-, Kultur- oder auch (schon!) Werbefilme.

In Berlin entstanden 1927 insgesamt 242 Spielfilme. Es kamen 1950 Lehr- und Kulturfilme und Wochenschauen hinzu; diese Zahl erhöhte sich im Rekordjahr 1929 auf 2378.

Um noch eine Zahl zu nennen: 1927 arbeiteten 45 437 Männer und Frauen in der Berliner Filmwirtschaft, einschließlich der Verleih-Firmen, Kopieranstalten usw.; Künstler (Schauspieler, Regisseure, Komponisten, Autoren) und Statisten müssen noch hinzugerechnet werden: insgesamt etwa 8000.

Die Ufa allein brachte von 1924 bis 1944 insgesamt 361 große Spielfilme auf den Markt, von denen 356 — mit fremdsprachigen Untertiteln — in die meisten Länder der Welt verkauft wurden. 1938 entstanden in Berlin 91 abendfüllende Filme; davon waren 34 Spielfilme. 23 dieser 34 Unterhaltungsspiele kamen aus den Ateliers der Ufa. Beim Zusammenbruch 1945 waren noch neun große Spielfilme in Arbeit.

☆

Es gibt damals noch keinen Starrummel. Aber einige Filmschauspieler erfreuen sich einer ungeheuren Popularität. Henny Porten, Jahrgang 1888, Berlinerin aus Braunschweig, ist die erste »Königin der Leinwand«. Wie beliebt sie bei den Massen ist, soll folgende Geschichte dokumentieren:

Gleißendes Licht der Scheinwerfer, betäubender Duft von Schminke und Farbe. Stimmen und vielfältige Geräusche ... Frau Porten ist mitten in der Aufnahme. Die Kameras laufen. Sie tanzt für eine Szene des Films »Die blaue Laterne«.

Plötzlich heult die Sirene auf. Ganz unprogrammgemäß; denn es ist gerade zehn Uhr in der Frühe. Sonst kündet die Sirene die Mittagspause an.

Alle Türen zum Atelier werden aufgerissen. Aus den Kopierräumen und aus den Büros des Ateliers in der Berliner Blücherstraße stürzen die Techniker und Angestellten in den Aufnahmeraum.

Hennys erster Gedanke: Die Aufnahme ist verdorben! Sie wird sehr böse und ruft:

»Jetzt müssen wir alles noch einmal machen! Seid ihr denn alle verrückt geworden? Was ist denn eigentlich los?«

Ein paar Männer reden aufgeregt durcheinander:

»Der Kaiser ist weg!«

»Es ist Revolution!«

»Unter den Linden wird gefeiert. Auch wir ziehen dorthin.«

Rufe, Aufregung, Durcheinander. Ehe die Schauspielerin das alles begreifen kann, ist es still um sie. Alle sind verschwunden. Das Atelier, die Büros, die Kopier- und Schneideräume liegen völlig verlassen. Nur die beiden jungen Beleuchter Fritz Schulz und Heinz Ortwein bleiben bei ihr.

Draußen, auf der Straße, krachen die Schüsse.

Henny Porten fährt entsetzt zusammen. Ortwein zieht sie von den Glasfenstern weg, faßt sie am Arm und sagt:

»Ziehen Sie schnell das Tanzkleid aus, Frau Porten! Schminken Sie sich ab, packen Sie Ihr Köfferchen! Wilhelm muß Sie so schnell wie möglich nach Hause bringen.«

Sie stürzt in ihre Garderobe, zieht sich in aller Eile um, rafft ihre Sachen zusammen. Ortwein rast ihr entgegen und ruft:

»Wilhelm ist mit seiner Kutsche auf und davon. Er hat wohl Pferd und Wagen in Sicherheit gebracht ...«

Der gute Wilhelm ... Jeden Morgen holt er Henny in ihrer Wohnung ab, jeden Abend fährt er sie wieder hin. Der Wagen, der prächtige Schimmel und die repräsentative Figur des Kutschers mit Zylinder und langem Rock bieten ein herrliches Bild.

»Wir werden Sie auch ohne Wilhelm sicher nach Hause bringen«, beruhigt Ortwein Frau Porten. Die beiden Beleuchter nehmen sie in ihre Mitte.

Auf der Straße ist der Teufel los. Handgranaten explodieren. Fensterscheiben klirren. Kugeln zischen durch die Luft.

Ortwein und Schulz ziehen die Schauspielerin an den Mauern der Häuser entlang. Sie tasten sich vor, von Hauseingang zu Hauseingang. Merkwürdig, sie hat gar keine Angst, obwohl das Schießen immer wilder wird.

Schulz schreit:

»Es hat keinen Zweck, wir kommen nicht weiter! Es ist zu gefährlich.«

Während die drei in einem Hausflur warten, sehen sie durch die geöffnete Tür, daß gerade vor ihnen ein großer Lastwagen hält. Rote Fahnen flattern links und rechts vom Führerhaus. Der Wagen ist mit Soldaten besetzt. Sie rufen und schreien.

Als die drei auf die Straße treten, brüllt einer der Soldaten:

»Da ist ja Henny Porten!«

Und ein anderer schreit:

»Du kannst doch nicht in der Revolution umherlaufen, Henny! Wohin willst du denn?«

»Sie muß in ihre Wohnung in der Matthäikirchstraße!« antwortet Ortwein.

Die Soldaten brechen in ein Freudengeheul aus. »Komm' rauf, Henny! Wir bringen dich nach Hause!«

Sie helfen ihr auf den Lastwagen.

Auch Schulz und Ortwein können einsteigen. Die Soldaten vergessen für ein paar Minuten ihre Revolution und fahren ihre Kinoheldin nach Hause.

Aufstand in Berlin. November 1918. Henny sitzt in ihrer Wohnung und wartet ...

Schon am nächsten Tag ist Wilhelm wieder zur Stelle und fährt Frau Porten ins Atelier. Man will einen ganz kleinen Film drehen, der in allen deutschen Kinos vor dem eigentlichen Programm aufgeführt werden soll.

Die Filmschauspielerin läßt sich kurz die geplante Szene erklären. Auf der Leinwand züngelt eine große Flamme. Aus dieser Flamme steigt sie in einem wallenden weißen Gewand wie ein Friedensengel auf und hebt beschwörend die Hände. Dazu erscheint der Text:

»Seid ruhig! Seid vernünftig! Schont eure Frauen und Kinder!«

Henny Porten protestiert gegen dieses Filmchen:

»Was soll das? Man kann doch die Revolution nicht vom Kino aus aufhalten!«

Alle reden auf sie ein:

»Du mußt den Film machen, Henny! Von dir geht so etwas Beruhigendes und Friedliches aus ...«

Gegen diesen Einwand ist sie machtlos. Als die wenigen Meter Film abgedreht sind, ist sie plötzlich von gewichtigen Herren umringt.

Was sie von ihr verlangen, ist wohl das Merkwürdigste, was sie erlebt hat ...

»Frau Porten, Sie müssen sofort auf den Platz vor dem Schloß fahren und begütigend zu den meuternden Matrosen sprechen!«

»Das ist doch Unsinn!« antwortet sie. »Wer hört in einer Revolution schon auf eine Schauspielerin?«

»Von allen deutschen Schauspielerinnen und Schauspielern stehen Sie bei den Soldaten am höchsten im Kurs, Frau Porten! Und Soldaten machen jetzt Revolution. Auf Sie wird man hören.«

In einem offenen Wagen wird sie zum Schloßplatz gefahren. Eine unübersehbare Menge bewaffneter Matrosen wogt dort hin und her.

Vom Schloß weht die rote Fahne. Henny sieht zum Denkmal des alten Kaisers hinüber. Keine Blumen stehen mehr davor. Der Dampf aus einer Gulaschkanone vernebelt das Standbild.

Die Masse der Soldaten bietet ein bedrohliches Bild. Hennys Begleiter werden unruhig.

»Das hat keinen Zweck. Wir müssen zurück!« flüstert einer der Herren. Als er dem Chauffeur ein Zeichen geben will, schreit ein Matrose:

»Da kommt Henny Porten!«

Ein paar andere wiederholen den Ruf, und bald ertönt es von allen Seiten:

»Hoch Henny Porten!«

Einige Männer springen auf die Trittbretter, jubeln ihr zu, alarmieren Kameraden. Der Fahrer gerät in arge Bedrängnis, aber ein paar Matrosen bahnen dem Wagen den Weg und dirigieren ihn auf den Schloßhof.

Henny wird aus dem Wagen gehoben und ins Schloß hineingeschoben.

Chaos umgibt sie. Sie ist völlig verwirrt. In den prächtigen alten Räumen, in denen noch vor ein paar Tagen der Kaiser gewohnt hat, lümmeln sich Soldaten herum.

Geschirr liegt zerschmettert am Boden. Seidene Teppiche sind von den Wänden gerissen, die Bilder der Hohenzollern von Kugeln zerfetzt. Zerschlagene kostbare Möbel, besudelte Teppiche.

Man schiebt Henny über die Treppe nach oben. Über die Stufen sickert Erbsensuppe.

Wie ein schreckliches Traumbild zieht das alles an der Schauspielerin vorüber. Und plötzlich steht sie auf dem Balkon des Schlosses — auf diesem Balkon, von dem aus so oft der Kaiser gesprochen hat.

Sie wird an die Brüstung gedrängt. Tausendstimmig braust es zu ihr empor:

»Hoch Henny Porten!«

Jemand flüstert ihr zu:

»Sagen Sie etwas!«

Henny überlegt. Ihr fällt nichts ein. Sie denkt: »Was habe ich überhaupt hier verloren . . .?«

Immer noch ruft man ihr zu. Und da ist plötzlich die Erinnerung an diesen kleinen Film . . .

Sie hebt die Hände, um Ruhe zu erbitten, breitet ihre Arme aus und ruft über den weiten Schloßplatz, der zu einem einzigen wilden Heerlager geworden ist:

»Seid ruhig! Seid vernünftig! Schont eure Frauen und Kinder!«

Und siehe da: Die Masse hört auf ihr Idol. Henny Porten ist etwas gelungen, was in dieser Situation einem Politiker wahrscheinlich nicht geglückt wäre.

☆

Fast alle Filmgesellschaften, die produzierten, managten, Auslandsrechte verkauften, Schauspieler vermittelten und den ganzen übrigen »Kleinkram« erledigten, residierten in der unteren Friedrichstraße. Nur die Ufa hatte ihr Domizil zunächst am Potsdamer Platz, dann in der Kochstraße und schließlich am Dönhoffplatz aufgeschlagen. Jedes Haus in der unteren Friedrichstraße beherbergte mindestens zwei Gesellschaften, die etwas mit dem Film zu tun hatten, und in der Friedrichstraße 223 trafen sich alle der Branche im »Klub der Filmindustrie«.

Es gab Berliner Filmateliers in Weißensee und in Johannisthal; nach dem Ersten Weltkrieg außerdem in der ehemaligen Zeppelinhalle in Staaken bei Spandau. Das wichtigste und größte aber war in Babelsberg, und der Name dieser südwestlichen Vorstadt wurde für die Filmfreunde in der ganzen Welt ein Begriff.

Hier waren die großen Ateliers der Ufa, die außerdem in Tempelhof noch einen Komplex von vier Hallen unterhielt. Die Ufa-Stadt Babelsberg war — außer dem Gesamtkomplex der vielen Ateliers der zahlreichen Gesellschaften Hollywoods — die größte und modernste Filmproduktionsstätte der Welt.

Das Ufa-Gelände in Babelsberg umfaßte eine Gesamtfläche von 430 000 Quadratmetern, und elf große Atelier-Hallen standen zur Verfügung. Ihre Kapazität reichte aus, um gleichzeitig acht Filme zu drehen. Für alle nur denkbaren Szenen waren Film-Straßen und -Plätze, Salons oder einfache Wohnzimmer vorhanden. Zum »Requisiten-Fundus« der Ufa gehörten 12 000 Möbelstücke, 9000 Kostüme, 2500 Perücken, und es gab eigentlich nichts, was es nicht gab . . .

Außer den Ufa-Ateliers in Babelsberg und Tempelhof gibt es (1925) noch folgende »Glashäuser«, wie die Produktionsstätten für Filme damals genannt wurden: Efa, Berlin-Halensee; Terra-Glashaus in Marienfelde; Filmwerke Staaken AG in Staaken; Glashaus-Film GmbH in Tempelhof; Grunewald-Film-Atelier in Grunewald; Ifa-Atelier in Schönholz-Reinickendorf; Jofa GmbH in Johannisthal; May-Film AG in Weißensee; Maxim-Filmgesellschaft in der Blücherstraße im Südwesten; Muto-Großatelier in Lankwitz; Phöbus-Film-AG in der Hasenheide und die Rex-Film-AG in der Müllerstraße im Norden Berlins.

☆

Berlin verfügte vor allem über hervorragende Regisseure, die Filmgeschichte schrieben, und bedeutende Schauspieler, die schon sehr früh von der Bühne zum Film gefunden hatten: Albert Bassermann, Fritz Kortner, Paul Wegener, Eugen Klöpfer, Werner Krauß, Conrad Veidt, Emil Jannings, Peter Lorre, Elisabeth Bergner, Adele Sandrock und viele andere.

Zu den wenigen Schauspielerinnen Berlins, die ausschließlich für den Film arbeiteten und nie im Theater auftraten, gehörten Henny Porten und Asta Nielsen. Selbst Lilian Harvey hatte auf der Bühne begonnen, bis sie der Regisseur Richard Eichberg für den Film entdeckte. Mit Willy Fritsch war sie für eine ganze Generation das klassische Film-Liebespaar schlechthin.

Die Namen der bedeutendsten Regisseure Berlins spiegeln zugleich die künstlerische Entwicklung des Films. Aus dem Stummfilm-Kintopp vor dem Ersten Weltkrieg entwickelte sich in der Reichshauptstadt mit den Stilelementen des Expressionismus und der Neuen Sachlichkeit nach 1918 eine neue Kunstform.

Zugleich wurden in der Reichshauptstadt entscheidende technische Methoden entwickelt und eingeführt. In dem Film »Der letzte Mann« (1924), in dem Emil Jannings die Hauptrolle spielte, wurde die Kamera von ihrer »Standhaftigkeit« befreit. Sie fuhr jetzt, näherte sich dem Objekt, begleitete es und wechselte dabei dauernd die Perspektiven.

Eigentlich hätte es den Tonfilm in Deutschland schon 1923 geben können. Der Berliner Ingenieur Hans Vogt und seine Freunde Josef Engl und Josef Masolle entwickelten ein Verfahren, den Ton direkt auf den Rand des Films zu »fotografieren«. Die drei Ingenieure, die ihr Werk »Tri-Ergon« (»Werk der drei«) nannten, führten ihre Erfindung schon 1923 vor: Die Schauspielerin Friedel Hintze sang »Sah ein Knab' ein Röslein steh'n«. Eine »interessante Spielerei«, von der die Berliner Filmindustrie (noch) nichts wissen wollte ...

Die drei Freunde verkauften ihre Erfindung nach Amerika, das auf diese Weise 1927 den ersten Tonfilm auf den Weltmarkt brachte: »Der Jazz-Sänger« mit Al Jolson. Deutschland folgte dann erst 1929

Der Schwarm einer Generation: Lilian Harvey. Ihre Tonfilme — darunter „Liebeswalzer", „Die Drei von der Tankstelle", „Der Kongreß tanzt", „Ein blonder Traum" — sind bis heute unvergessen. Lilian Harvey und Willy Fritsch waren 12 Jahre lang „das" Film-Liebespaar. — Zu den bedeutendsten Regisseuren der großen Zeit des Berliner Films gehören (von oben nach unten): Fritz Lang, Ernst Lubitsch, Richard Oswald und Georg Wilhelm Pabst. (41, 42, 43, 44, 45)

Hoher Besuch im Ufa-Filmtheater von Babelsberg: Reichspräsident Friedrich Ebert (links) läßt sich 1920 die Hauptdarsteller des Prachtfilms „Anna Boleyn“ vorstellen: Henny Porten und Emil Jannings. (46)

Dezent und künstlerisch unantastbar gezeigt: der nackte Mensch. „Wege zu Kraft und Schönheit“ wird 1925 ein Welterfolg des deutschen Kulturfilms. (47)

— nach einigen Stummfilmen mit Toneinblendungen — mit seinem ersten »richtigen« Tonfilm: »Die Nacht gehört uns« mit Hans Albers (Regie: Carl Froelich) und bald darauf »Ich küsse Ihre Hand, Madame« mit Harry Liedtke (Regie: Robert Land).

☆

Ernst Lubitsch ist der erste Regisseur, der nach 1918 einen großen Kostümfilm schafft: »Madame Dubarry«, in dem Pola Negri die Titelrolle spielt. Der Urberliner Lubitsch, der vorher schon einige andere Filme gedreht hat, wird mit der »Dubarry« weltberühmt.

Lubitschs nächster erfolgreicher Film heißt »Anna Boleyn« (1920), in dem Henny Porten und Emil Jannings in den Hauptrollen zu sehen sind. Der weltweite Ruhm von Jannings begann mit diesem Film. Nach seiner letzten großen Arbeit (»Das Weib des Pharao«) geht Lubitsch Ende 1923 nach Hollywood und wird dort der Regisseur vieler bedeutender Filme, von denen »Alt-Heidelberg« (1927) und »Ninotschka« (1939) mit Greta Garbo seine berühmtesten sind.

Apropos, Greta Garbo. Auch sie hat in Berlin begonnen und wurde durch den Film »Die freudlose Gasse« unter der Regie von Georg Wilhelm Pabst (1925) ein Weltstar. In diesem Film gibt Pabst eine realistische Schilderung des Nachkriegselends, und er klagt die Gesellschaft der damaligen Zeit an, die in der Inflation aus den Fugen geraten war.

In seinem Film »Die Dreigroschenoper« präsentiert Pabst eine Bombenbesetzung: Rudolf Forster, Carola Neher, Hermann Thimig, Paul Kemp, Theo Lingen, Fritz Rasp, Lotte Lenya und Reinhold Schünzel.

In dem für die Filmkritiker bedeutendsten Werk, das nach dem Ersten Weltkrieg in Berlin entstand (»Das Kabinett des Dr. Caligari«), führt Robert Wiene Regie. Es ist die Geschichte eines Scharlatans, der einen Mann (Conrad Veidt) hypnotisiert und ihn als Schlafwandler die scheußlichsten Verbrechen begehen läßt. Caligari verkörpert den dämonischen Machtmenschen. Später wird diesem Film unterstellt, er habe alle Verbrechen der NS-Jahre vorweggenommen.

Auch das Problem der Psychoanalyse wird im »Caligari«-Film angesprochen (Hauptrolle: Werner Krauß). Wiene, von Hause aus Maler, arbeitet mit phantastischen Kulissen, die eine ganze Schule von Bühnenbildnern beeinflussen.

Fritz Lang erwirbt 1921 ersten Ruhm durch seinen Film »Der müde Tod«, mit dem er versucht, »das deutsche Volkslied bildmäßig einzufangen«. Dieser Film erregt auch im Ausland Aufsehen.

Es folgt Langs zweiteilige Verfilmung der »Nibelungen« (1924), zu dem seine Frau Thea von Harbou das Drehbuch schreibt. In diesem Monumentalfilm, an dem Lang zwei Jahre gearbeitet hat, wird ein Stück Heldengeschichte der deutschen Frühzeit verherrlicht. Langs Spekulation, den durch die Niederlage von 1918 verletzten Nationalstolz der Deutschen wieder zu wecken, erfüllt sich. Der Film wird einer der größten Erfolge der Stummfilmzeit, und sogar alle Schulen marschieren klassenweise in die Kinos.

Mit »Metropolis«, der eine grandiose Illustration zur Klassenkampf-Theorie darstellt, dirigiert Lang Massen, wie sie der deutsche Film bis dahin nie gezeigt hat: Insgesamt 35 000 Statisten werden während der siebzehn Monate dauernden Drehzeit beschäftigt. Neben den acht Hauptdarstellern (u. a. Brigitte Helm, Gustav Fröhlich, Alfred Abel und Heinrich George) gibt es einige hundert kleinere Rollen. Für den Turmbau zu Babel braucht Lang über tausend Kahlköpfige. Da sich die Berufsstatisten weigern, sich die Haare scheren zu lassen, engagiert der Regisseur Berliner Arbeitslose.

Die Dekorationen dieses Films werden beispielhaft für viele spätere Inszenierungen. Lang bedient sich in »Metropolis« auch des Tricks, bestimmte Kulissen durch Projektion auf riesige Flächen in jede gewünschte Dimension zu steigern. Dennoch kostet sein Film die damals ungeheure Summe von zwei Millionen Reichsmark.

Berühmt sind noch heute Langs Stummfilme »Dr. Mabuse, der Spieler« (1922) und der Tonfilm »Das Testament des Dr. Mabuse« (1932). Sein erster Mabuse-Film vermittelt ein Bild der Inflationszeit, auf deren Höhepunkt es für einen US-Dollar 4,2 Billionen Reichsmark gab und ein Weißbrot 840 Milliarden kostete.

Weitere große Regisseure müssen mit ihren exemplarischen Filmen genannt werden. Jede Auswahl kann angesichts der Film-Fülle naturgemäß nur subjektiv bleiben. Der Leser möge Nachsicht üben, wenn »sein« Film und »sein« Regisseur nicht genannt sind.

An jedem zweiten Tag ist in Berlin 1927 ein Spielfilm abgedreht, in jedem Monat ein filmisches Meisterwerk vollendet.

Da ist zunächst Friedrich Wilhelm Murnau, zu dessen Klassikern dramatisch-phantastische Filme (»Satanas«, »Das Phantom«, »Der brennende Acker«, »Nosferatu« und »Tabu«) gehören. In »Nosferatu« wird ein Vampir, der die Pest symbolisiert, von der Opferfreudigkeit einer Frau besiegt. Der Film erregte weltweites Aufsehen, aber seine Glanzleistung vollbrachte Murnau mit dem Jannings-Film »Der Letzte Mann«; es ist die erschütternde Geschichte eines in Ehren ergrauten Hotelportiers, der als Toilettenmann und Spucknapfreiniger endet.

Arnold Fanck wird berühmt durch seine Bergfilme »Die weiße Hölle vom Piz Palü« (1929) mit Leni Riefenstahl und »SOS Eisberg« (1932).

Wilhelm Dieterle gestaltet »Die Heilige und ihr Narr« (1926) nach dem Bestseller von Agnes Günther, der eine ganze Generation begeisterte, und »Der Tanz geht weiter« (1932), ehe er nach Hollywood geht und dort jährlich einen erfolgreichen Film macht.

Paul Czinner, der ebenfalls später nach Amerika übersiedelt, gelingen zwei unvergessene Filme mit Elisabeth Bergner und Rudolf Forster: »Ariane« (1931) und »Der träumende Mund« (1932).

Robert Siodmak erregt Aufsehen mit »Menschen am Sonntag« (1929) und »Sturm der Leidenschaft« (1932). Auch er gehört später zu den großen Filmregisseuren der USA.

Das gilt auch für Billy Wilder, den Berliner aus Wien, der in der deutschen Reichshauptstadt zunächst als Eintänzer sein Brot verdient, dann als Journalist arbeitet. Später schreibt er die Drehbücher zu vielen Filmen (»Emil und die Detektive«, nach dem Roman von Erich Kästner). Schließlich macht er in Hollywood eine ungewöhnliche Karriere. Sein Film »Boulevard der Dämmerung« (1950) gehört zu seinen Spitzenleistungen. Das deutsche Fernseh-Publikum hat diesen Film Anfang 1971 noch einmal sehen können.

Ewald André Dupont, der trotz seines französischen Namens Berliner ist und aus Sachsen stammt, wurde besonders bekannt durch seine Zirkus-Filme »Varieté« (1925) und »Salto mortale« (1931). Auch er wählte den Weg über den Ozean.

☆

Der Film war damals, als es noch kein Fernsehen als »Heimkino« gab, die beliebteste Unterhaltung. In Berlin gab es (1. 1. 1927) 362 Kinos, am 1. 1. 1939 waren es 402. Schon 1927 besuchten durchschnittlich täglich 85 000 Berliner eine Filmvorführung, 1939 waren es mehr als 100 000. Die Reichshauptstadt erwies sich in der Relation zur Einwohnerzahl als filmfreudigste Stadt Deutschlands.

Im Deutschen Reich wurden 1930 rund 375 Millionen Besucher in Lichtspiel-Theatern gezählt, in den USA fast eine Milliarde. 1941 war die Zahl der deutschen Kinobesucher auf jährlich 470 000 Millionen gestiegen (ohne die Front-Kinos und ohne die Lichtspiel-Theater in den besetzten Gebieten).

Alte Kino-Herrlichkeit ... Es waren die Träume, die viele Zuschauer dort erlebten; die Sehnsüchte, die sich dort erfüllten; die Märchen, die wahr wurden. Es waren die spannenden Geschichten, die man im Kino erlebte, die unheimlichen Begebenheiten, deren Zeuge man mit stockendem Atem wurde, und es waren die Probleme der Zeit und des Lebens, die einem mit dramatischen Mitteln (und später mit propagandistischem Raffinement) verständlich oder schmackhaft gemacht wurden.

Und es gab, so oft man wollte, das Wiedersehen mit seinen Lieblingshelden der Leinwand und den Schönen des Films ... Das Kino erwies sich schließlich als Zuflucht der Liebenden — daher die berühmte Frage vor der Kasse: »Nehmen wir Loge oder wollen wir den Film sehen?«

☆

Die Berliner Filmproduktion erlebte mehrere »Wellen«.

Schon sehr früh wurden die »Fridericus Rex«-Filme beliebt. Otto Gebühr ritt in unzähligen Filmen als Friedrich der Große über die Leinwand, zunächst stumm, später mit Ton. Sie galten als unverhüllte Propaganda zur Wiederherstellung der Monarchie, später dienten sie dazu, den »Preußengeist« zu dokumentieren.

Es gab u. a. »Die Tänzerin von Sanssouci«, »Das Flötenkonzert von Sanssouci«, den »Choral von Leuthen« und schließlich den »Müller von Sanssouci«. Aber auch andere patriotische Filme wurden schon vor 1933 von der Ufa gedreht, etwa »Trenck«, »Yorck«, »Theodor Körner«, »Die elf Schill'schen Offiziere«, »Marschall Vorwärts« und »Die letzte Kompanie« (mit Conrad Veidt).

Gleichzeitig wurden auch jene Filme produziert, die unter dem Motto »Lieder und Illusionen« standen. In den letzten Jahren der Weimarer Republik, während es allein in Berlin 650 000 Arbeitslose gab, gebärdete sich der Film betont optimistisch: »Kopfüber ins Glück«, »Es wird schon wieder besser«, »Morgen geht's uns gut« oder »Zwei im Sonnenschein«.

Wenn Willy Fritsch und Willi Forst als heitere Fensterputzer in dem Lustspiel mit Lilian Harvey »Ein blonder Traum« nach den Klängen von Werner Heymann im fröhlichen Notquartier im Grünen ihr Lied »Wir zahlen keine Miete mehr« sangen, so wurde damit den Zuschauern klargemacht, man könne auch im Unglück zufrieden sein.

In jenen Jahren entstanden auch die Meisterwerke des reinen Unterhaltungsfilms: »Die Drei von der Tankstelle« und vor allem »Der Kongreß tanzt«, in denen Willy Fritsch und Lilian Harvey sich buchstäblich in die Herzen von Millionen spielten und sangen. Heinz Rühmann war der zweite, Oskar Karlweis der dritte Mann an der Tankstelle.

Seinen größten Erfolg vor 1933 errang Rühmann als Partner von Hans Albers in dem Film »Bomben auf Monte Carlo« (1931). Ihr Evergreen »Das ist die Liebe der Matrosen« von Werner Richard Heymann wurde bald in vielen Sprachen auf allen Meeren gesungen.

In der Erinnerung der Fünfzig- bis Sechzigjährigen lebt auch jener Film fort, der Renate Müller berühmt machte: »Die Privatsekretärin«. Das Lied daraus »Ich bin ja heut' so glücklich« wurde ein Hit (wie man heute sagen würde).

Dutzende Tonfilme aus dem Berlin jener Jahre schenkten der Welt Lieder und Melodien, die als Evergreens weiterleben und bis heute nichts von ihrem Zauber verloren haben.

Zu den vielen reinen Musikfilmen, die in den letzten beiden Jahren vor Hitlers Machtergreifung das Publikum begeisterten, gehören »Melodie der Liebe« mit Richard Tauber, »Die Stimme der Liebe« mit Marcel Wittrisch, »Ein Lied für Dich« mit Jan Kiepura und »Ein Lied geht um die Welt« mit Joseph Schmidt.

☆

Auf dem Höhepunkt der zwanziger Jahre erlebte Berlin auch schon eine filmische Sex- und Aufklärungswelle, an der so große Schauspieler wie Conrad Veidt und Reinhold Schünzel mitwirkten, aber auch Tänzerinnen vom morbiden Typ der Anita Berber. Hier einige Titel: »Es werde Licht«, »Tagebuch einer Verlorenen«, »Kurfürstendamm«, »Anders als die andern«, »Verlorene Töchter« und »Prostitution«. Bei drei dieser Filme hat sogar der berühmte Sexualforscher Magnus Hirschfeld mitgearbeitet.

Einige Filmgesellschaften drehten sogar ausgesprochen pornographische Filme, die »unter Ausschluß der Öffentlichkeit« in vornehmen Klubs oder zu mitternächtlicher Stunde in kleinen Kinos vorgeführt wurden.

Die Kulturfilm-Abteilung der Ufa läßt sich etwas Besonderes einfallen und dreht den künstlerisch und technisch wertvollen Film »Wege zur Kraft und Schönheit« (1925), in dem in ästhetisch dezenter Form nackte Mädchen auftreten.

Der Erfolg von »Wege zur Kraft und Schönheit« war außerordentlich — auch im Ausland. In Leningrad etwa lief er drei Monate lang bei täglich drei Vorstellungen vor ausverkauften Häusern. Nie wieder ist ein solches Thema mit so viel künstlerischer Delikatesse und fotografischer Eleganz behandelt worden.

Einige der »erotischen« Filme beschäftigen übrigens den Reichstag. Er verabschiedete schließlich 1925 das Reichs-Lichtspiel-Gesetz, nach dem Kinder unter zwölf Jahren überhaupt kein Kino besuchen dürfen und viele Filme erst für Jugendliche ab achtzehn Jahren von einer Prüfstelle freigegeben werden.

1969 konnten sich die Fernseh-Zuschauer davon überzeugen, welches Format damals reine Dokumentarfilme besaßen: Der Eineinhalbstunden-Film »Berlin, Symphonie einer Großstadt« (1926) von Walter Ruttmann erzählt in einer dichten Bildfolge und mit genialen Schnitten, ungewohnter Kameraführung und mitreißenden Montagen den Rhythmus einer Weltstadt. Der Film würde, heute gedreht, mit Auszeichnungen nur so überschüttet.

⋆

1933 verließen viele Regisseure und Schauspieler Deutschland, weil sie nicht in das »Rassenbild« der Nationalsozialisten paßten. Die damals veröffentlichten Zahlen über den Anteil der »Nichtarier« waren weit übertrieben, aber Tatsache ist, daß die jüdischen Produzenten, Regisseure, Verleiher, Autoren und Komponisten eine außerordentlich starke Position im deutschen Filmschaffen einnahmen.

Da Goebbels einen allzu großen künstlerischen Aderlaß befürchtete, erteilte er 367 Ausnahme-Genehmigungen für »jüdisch versippte, halb- und vierteljüdische« Künstler. Er versuchte sogar, den nicht ganz arischen Fritz Lang in Deutschland zu halten; aber der Regisseur verließ in aller Stille seine Heimat. Auch Marlene Dietrich wollte Goebbels um jeden Preis für den deutschen Film zurückgewinnen. Doch sie blieb »ihrem« Regisseur Josef von Sternberg in Hollywood treu.

Am 28. März 1933 ladet der Reichspropagandaminister alle Filmschaffenden in den »Kaiserhof« und stellt sich als »leidenschaftlicher Liebhaber der filmischen Kunst« vor, was übrigens den Tatsachen entspricht. Einige Jahre später besitzt er in jedem seiner drei Berliner Wohnsitze ein Heimkino und sieht sich fast täglich einen oder zwei Filme an. Seine Liebe zum Film hat er übrigens mit Hitler gemeinsam, der — wie Goebbels bekennt — »nicht genug Filme sehen kann«.

Auf jenem Empfang im »Kaiserhof« betont Goebbels, er werde selbstverständlich die künstlerische Freiheit des Films nicht antasten, und er prophezeit dem deutschen Film eine neue große Zukunft. Um die Damen und Herren vom Film für sich zu gewinnen, will er seinen künstlerischen Geschmack dadurch dokumentieren, daß er seine Lieblingsfilme nennt: »Die Nibelungen«, »Anna Karenina« und »Königin Christine« (beide mit Greta Garbo), den Luis-Trenker-Film aus den Tiroler Freiheitskriegen »Der Rebell« und — den sowjetischen Revolutionsfilm von Sergej Michailowitsch Eisenstein »Panzerkreuzer Potemkin« (1926). Nur seine engsten Mitarbeiter kennen den Film, der absoluter Favorit von Goebbels ist: »Der Blaue Engel«.

Mit dem Erwähnen des russischen Spitzenfilms verbeugt sich Goebbels vor den Linksintellektuellen unter den Filmschaffenden. Er vergißt nicht den Hinweis, daß auch Hitler diesen Film schätze, und unterläßt nicht die Feststellung, daß »Die Nibelungen« und »Der Rebell« auch des Führers liebste Filme sind.

»Panzerkreuzer Potemkin« läßt Goebbels übrigens während des Krieges mehrere Male den Kriegsberichterstattern vorführen — als bestes Beispiel für einen künstlerisch wertvollen Dokumentarfilm, der ungeschminkt und leidenschaftlich engagiert mit souveränem Können die Wahrheit plakatiert.

Nach dem Empfang im »Kaiserhof« atmen viele erleichtert auf. So schlimm kann es also nicht werden ... Mit diesem Gefühl verlassen alle Leute vom Film den Empfang im »Kaiserhof«. Tatsächlich zeigt sich Goebbels dem Film gegenüber als sehr großzügig, und er liegt sehr oft in Streit mit dem nationalsozialistischen Ideologen Alfred Rosenberg, der sich über den Mangel an »nationalsozialistischen Weltanschauungsfilmen« beschwert.

Bis zum Kriegsausbruch sind praktisch nur drei Filme nach dem Herzen Rosenbergs gedreht worden: »SA-Mann Brand« (mit Otto

Wernicke), »Hitlerjunge Quex« (mit Heinrich George) und der Film, der das Schicksal des »Märtyrers der Bewegung«, Horst Wessel, erzählt: »Hans Westmar«.

Die Filme über die Nürnberger Reichsparteitage (»Triumph des Willens«, »Sieg des Glaubens«) fallen nicht in das Ressort von Goebbels. Ihre Regisseurin, Leni Riefenstahl (von Goebbels grundsätzlich nur »Filmziege« genannt), untersteht unmittelbar Hitler.

☆

Nach dem Abwandern vieler jüdischer Schauspieler und Regisseure bleiben Deutschland immer noch hervorragende Kräfte. Die Filme, die entstehen, haben meist künstlerisches Format und sind auch nach internationalem Maßstab noch Spitzenfilme — so etwa die Jannings-Filme »Robert Koch« (mit Werner Krauß als Virchow), »Die Entlassung«, »Traumulus« und »Der Herrscher«.

Jannings ist ein so souveräner und international bekannter Schauspieler, daß er sogar die Stoffe selbst aussuchen kann. Sein Experiment, einen klassischen Text wörtlich in einen Film zu übernehmen, gelingt mit »Der Zerbrochene Krug« von Heinrich von Kleist. Jannings selbst spielt den Dorfrichter Adam in diesem ersten Versuch eines verfilmten Theaters (den nach dem Kriege der Engländer Laurence Olivier in seinen Shakespeare-Verfilmungen weiterführt).

Goebbels sorgt dafür, daß »Der Zerbrochene Krug« trotz seines großen Erfolges bald wieder abgesetzt wird. Grund: Er sieht sich in dem hinkenden Adam verspottet ... Hitler aber findet diesen Film großartig und hebt das Goebbels-Verbot wieder auf.

Viele andere hervorragende Filme werden in jenen Tagen gedreht: von Heinz Hilpert »Liebe, Tod und Teufel« (mit Käthe von Nagy, Albin Skoda und Brigitte Horney); von Willi Forst »Maskerade« (Paula Wessely und Adolf Wohlbrück); von Carl Hoffmann »Viktoria« (Luise Ulrich und Mathias Wieman); von Karl Ritter »Capriccio« (Lilian Harvey und Viktor Staal); von Veit Harlan »Das unsterbliche Herz« (Heinrich George und Kristina Söderbaum) und

»Die Goldene Stadt« (mit Kristina Söderbaum, Eugen Klöpfer und Rudolf Prack); von Helmut Käutner »Auf Wiedersehn, Franziska« (Marianne Hoppe und Hans Söhnker); von Gustav Ucicky »Der Postmeister« (Heinrich George, Hilde Krahl und Sigfried Breuer); von Erich Engel »Altes Herz wird wieder jung« (mit Emil Jannings und einem Aufgebot von Schauspielern der ersten Garnitur); von Arthur Maria Rabenalt »... reitet für Deutschland« (mit Willy Birgel).

Dazu 1942 die schauspielerischen Glanzleistungen von Heinrich George: »Der große Schatten« (Regie: Paul Verhoeven), »Andreas Schlüter« (Regie: Herbert Maisch) und »Hochzeit auf Bärenhof« (Regie: Carl Froelich).

Das sind nur ganz wenige der Filme von damals, die künstlerisches Format zeigen und die Zuschauer noch heute in ihren Bann zwingen.

Auch die leichten Unterhaltungsfilme (etwa »Bel ami« von Willi Forst und »Unser Fräulein Doktor« von Erich Engel) zeigen meist hervorragendes Niveau. Der Schlager »Das kann doch einen Seemann nicht erschüttern« (Musik: Michael Jary) aus dem Film »Paradies der Junggesellen« (Regie: Kurt Hoffmann) wurde während des Zweiten Weltkrieges das »inoffizielle« Lied der deutschen Kriegsmarine.

Eine Zwischenbemerkung: Seit 1937 befinden sich alle großen Filmgesellschaften im Besitz des Reiches: von der Ufa bis zur Bavaria; von der Terra bis zur Tobis.

Erst nach Kriegsausbruch zieht Goebbels die Zügel etwas strammer und läßt Tendenz-Filme herstellen. Einen gab es übrigens schon, der in der Weimarer Republik gedreht und im Februar 1933, wenige Tage nach der Machtübernahme, uraufgeführt wurde: »Morgenrot«, mit Rudolf Forster und Adele Sandrock in den Hauptrollen.

In diesem Film sagt Forster als U-Boot-Kommandant: »Wir Deutschen wissen vielleicht nicht, wie wir zu leben haben, aber wie wir sterben müssen — das wissen wir!«

Das war ein deutliches Bekenntnis zur Todesbereitschaft, wie sie Hitler sieben Jahre später brauchte...

1942 dreht Gustav Ucicky »Heimkehr« (in der Hauptrolle Paula

Wessely), 1942 Hans Steinhoff den antienglischen Film »Ohm Krüger« (mit Emil Jannings und Gustaf Gründgens) und Veit Harlan 1944 schließlich den Durchhalte-Film »Kolberg« (mit Heinrich George, Kristina Söderbaum, Paul Wegener und Horst Caspar).

Zu nennen sind hier außerdem noch die während des Krieges entstandenen antisemitischen Filme »Die Rothschilds«, »Der Ewige Jude« und vor allem »Jud Süß«, in dem sich die besten Schauspieler für den künstlerisch hervorragenden, aber in der Tendenz perfiden Film hergeben mußten.

☆

Die Uraufführungen der Filme, die während der zwanziger und dreißiger Jahre in Berlin gedreht wurden, waren ein gesellschaftliches Ereignis, zu dem sämtliche Darsteller und Hauptbeteiligte erschienen und sich dem Publikum zeigten.

In den Foyers der großen Kinos rund um die Gedächtniskirche — Ufa-Palast am Zoo, Capitol, Gloria-Palast, Ufa-Theater am Kurfürstendamm, Marmorhaus und Tauentzien-Palast — drängte sich die Prominenz von Film und Presse mit dem Publikum, das Karten erstanden hatte.

Es gab später Verbeugungen und Blumen, und alle — Schauspieler, Regisseur, Produzent und Publikum — waren sich einig in dem Bewußtsein, an einem zwar für Berlin selbstverständlichen, aber doch immer wieder erlebenswerten Ereignis teilgenommen zu haben.

Jedes Jahr, auf dem großen Filmball in den Zoo-Festsälen, traf sich die gesamte Garde von Bühne und Film zu einer festlichen Begegnung. Die dreitausend Karten für das Publikum waren schnell verkauft an jene, die alle ihre rund tausend großen und kleinen Bühnen- und Leinwandidole in ihrer Gesamtheit, sozusagen »auf einem Haufen«, erleben wollten.

☆

Auch die Geschichte des Farbfilms ist untrennbar mit der alten

Reichshauptstadt verbunden: Die Leinwand begann, in natürlichen Farben zu leuchten.

Nach ersten Versuchen, Farbfilme zu drehen (1932 in den USA mit einem nachträglich »eingefärbten« Tonfilm und 1935 mit dem Spielfilm »Becky Sharp«) inszeniert Carl Froelich 1936 in Berlin den ersten technisch befriedigenden Tonfilm in Farben: »Das Schönheitsfleckchen« (mit Lil Dagover als Madame Pompadour).

Nach dem amerikanischen Farbfilm »Vom Winde verweht«, den David O. Selznick nach dem Technicolor-Verfahren gestaltete, dreht Gustav Jacoby 1941 in Berlin mit dem technisch und farbqualitativ besseren deutschen Agfacolor-Verfahren »Frauen sind doch bessere Diplomaten« (mit Willy Fritsch und Marika Rökk). 1942 folgt Veit Harlans »Die Goldene Stadt«, 1943 der Ufa-Jubiläumsfilm »Münchhausen« von Josef von Baky (dem mit der Farbe die Flucht ins Unwirkliche gelingt) und 1944 Helmut Käutners »Große Freiheit Nr. 7«.

Der Farbfilm hatte sich durchgesetzt.

☆

In dem Film »Der Kongreß tanzt« heißt es in einem Lied:

Das gibt's nur einmal,
das kommt nicht wieder,
das ist zu schön, um wahr zu sein!

Diese Zeilen gelten auch für die große Zeit des deutschen Films, der einmal Weltgeltung hatte. Auch das kommt nicht wieder ...

Jedoch — es gibt auch heute hervorragende deutsche Filme, und sie werden zumeist immer noch in Babelsberg gedreht. Aber diese Filmstadt liegt heute in der DDR, und die Gesellschaft heißt DEFA.

Von der Qualität der DEFA-Filme konnten sich die Bundesrepublikaner schon oft überzeugen — etwa Ende September 1971 an zwei Abenden vor dem Fernsehschirm: »Junge Frauen von 1914« des Regisseurs Egon Günther erntete höchstes Lob von Kritik und Publikum. Zusammen mit Konrad Wolf, Sohn des Dramatikers Friedrich Wolf (»Zyankali«), repräsentiert Günther unter neuen Aspekten beste deutsche Filmkunst. Wolfs letzter Film, »Goya«, hat internationales Aufsehen erregt, und sein Zeitdokument »Ich war 19«, das 1971 im westdeutschen Fernsehen gezeigt wurde und die Tage des Zusammenbruchs von 1945 heraufbeschwört, beeindruckte Kritiker und Zuschauer.

VIII

Wenn Krücke auf den Fingern pfeift . . .

Die heißen Nächte vom Sportpalast

Völkerwanderung zur Avus und anderen
Kampfstätten: Beifall, Pfiffe, frohe Feste

Vier Namen, die untrennbar mit der Berliner Filmgeschichte verbunden sind: Die Weltkarriere der Greta Garbo (ganz oben links) beginnt 1925 mit „Die freudlose Gasse". Erik Charell (Mitte), der geniale Revue-Arrangeur, führt Regie in „Der Kongreß tanzt". Zarah Leander (unten) gibt 1937 ihr Debüt in Berlin mit „Premiere". Hans Albers, Draufgänger ungezählter Filme, reitet 1943 in dem Ufa-Jubiläumsfilm „Münchhausen" auf einer Kanonenkugel. (48, 49, 50, 51)

Beim Sechs-Tage-Rennen im Sportpalast sind die Berliner ganz in ihrem Element. Auf dem „Heuboden“ regiert „das Volk“, in den Logen amüsiert sich die Prominenz. (52)

Von den Spree-Athenern besonders geliebt: „Häseken“, die Eislaufmeisterin Sonja Henie. (53)

Heimlicher König der Radrennbahn ist „Krücke“, wenn er den Sportpalast-Walzer pfeift. (54)

Willkommen, Freunde, auf den sportlichen Kampfbahnen der zwanziger und dreißiger Jahre in der deutschen Reichshauptstadt! Das müssen Sie erlebt haben, Damen und Herren! Diese Begeisterung, dieses Aus-dem-Häuschen-sein der Zuschauer, diese sich bis zum aktiven Mitmachenwollen steigernde Lust des Dabeiseins.

Strampelnde, laufende, springende, hüpfende, weitausholende Beine auf Aschenbahn und Rasen, auf Tennis- und Fußballplätzen, auf Matten und Brettern, bei Sonnenschein und im Kunstlicht der Nacht. Vorpreschende Arme im Boxring und im Wasser, knatternde Motoren auf der Avus, Pferdegetrappel in Hoppegarten, Sechstagerennen im Sportpalast.

Überall geht es rund. Es wird geklatscht und geschrien, gepfiffen und gejubelt — auf 312 kleinen und großen Sportplätzen und -stätten, die für viele Berliner zum beliebtesten Freizeitaufenthalt werden. Sogar jene Berliner, die sich eigentlich für Sport nicht interessieren, lassen sich gelegentlich mitreißen. Vor allem im Sportpalast, in der Potsdamer Straße, werden sie etwas erleben und von dem Rausch mitgerissen, der hier alle erfaßt.

Sport — ein Wort, das die Berliner immer elektrisiert. Sie wollen dabei sein, wenn ihre »Helden« in die Arena treten, fahren oder laufen; wenn sie siegen oder verlieren. Und wenn gar die Prominenz von Bühne und Film auf der Szene erscheint, wird Sport sogar zu einem gesellschaftlichen Ereignis. Manchmal freilich verschwimmen die Konturen zwischen Sport und Rummel, Wettkampf und Volksbelustigung. Aber dann ist es erst richtig »dufte«.

Die Berliner und der Sport: Es geht eigentlich schon los mit Friedrich Ludwig Jahn, dem berühmten Turnvater, der 1811 in der Hasenheide den ersten Turnplatz einrichtet. Freilich hat das einen politischen Akzent. Jahn sieht während der Zeit der Napoleonischen Herrschaft im Sport eine Möglichkeit, »die physische und moralische Kraft des Volkes zu stärken«. Doch das Unternehmen schläft bald wieder ein, zumal Jahn »revolutionäres Streben« vorgeworfen und der »Turnvater« unter Polizeiaufsicht gestellt wird.

Das eigentliche Sportleben beginnt in den beiden letzten Jahrzehnten des vorigen Jahrhunderts. Schon 1892 wird in allen Berliner Schulen das Turnen zum Pflichtfach erhoben — auch für die Mädchen. So kommt es, daß die Berlinerinnen sich sehr früh dem Sport verschreiben.

Das Streben nach Gleichberechtigung, das von der Kaiserin Friedrich* (der Gemahlin des 99-Tage-Kaisers Friedrich III.) unterstützt wird, kommt den reichshauptstädtischen Sportlerinnen sehr zugute. Sie spielen schon sehr bald Hockey und Kricket — der Kaiserin zuliebe, die eine Tochter der englischen Königin Victoria ist.

Kronprinz Wilhelm erweist sich schon vor der Jahrhundertwende als der große Mäzen des Sports. Unter seinem Protektorat entstehen die ersten Tennisklubs: »Rot-Weiß« und »Blau-Weiß«.

Dr. Carl Diem, der 1920 die Hochschule für Leibesübungen gründet und das Deutsche Sportabzeichen einführt, ist eines der ersten Mitglieder des »BSC« (Berliner Sportclub), Berlins erstem Leichtathletikklub, der von den Schülern zweier Gymnasien ins Leben gerufen wird.

Diem arrangiert vor dem Ersten Weltkrieg das erste Hallensportfest, inszeniert die ersten großen internationalen Leichtathletik-Wettkämpfe, mobilisiert Zuschauer, veranstaltet den ersten Staffellauf zwischen Berlin und Potsdam, proklamiert den Waldlauf als beste Trainingsmethode und bringt, sozusagen, die Berliner richtig auf die Sportbeine.

* Nach dem Tode ihres Gatten (1888) nahm die Kaiserin Viktoria mit Zustimmung ihres Sohnes (Wilhelm II.) den Titel „Kaiserin Friedrich“ an.

Schon vor dem Ersten Weltkrieg wird der Sport in Berlin das Vergnügen der Massen. »Hertha BSC« wird der beliebteste Fußballklub der Reichshauptstadt. Wenn im Poststadion, auf dem Platz des Charlottenburger Sportklubs oder im Grunewald gespielt wird, ist »ganz Berlin« auf den Beinen.

Bereits 1912 zeigen Engländer mit deutschen Freunden den ersten Boxkampf, und die Polizei überlegt lange, ob sie diese »Prügelei« nicht verbieten soll.

Lange vor dem Ersten Weltkrieg entdeckt der Berliner seine Vorliebe für den Automobilsport — der besonders von den fünf Brüdern Ullstein und vom Kaiserlichen Automobilklub gefördert wird — und für die Fliegerei. Die Ullsteins, Verleger vieler Zeitungen, schicken 1906 das erste Auto zu einer Wettfahrt an die Riviera nach Monte Carlo und finanzieren den Berliner Teilnehmer an dem Unternehmen einer Automobil-Wettfahrt rund um den Erdball. Oberleutnant Köppen sitzt am Steuer eines »Protos«, der in Berlin gebaut worden ist.

Die Fahrt beginnt in New York am 12. Februar 1908, dem Geburtstag des Präsidenten Lincoln, führt quer durch den amerikanischen Kontinent nach Seattle, wo die sechs Autos aller Teilnehmer nach Wladiwostok verladen werden. Von hier aus geht die ungewöhnlich strapaziöse Fahrt durch Eis und unendliche Einsamkeit bis nach Sankt Petersburg. Köppen liegt mit seinem »Protos« an der Spitze. Als er in Eydtkunen die deutsch-russische Grenze erreicht, wird der deutsche »Protos« wie ein siegreicher Feldherr empfangen.

Die Weiterfahrt nach Berlin gleicht einem einzigen Triumphzug. Schulkinder stehen an den Straßen und winken mit kleinen schwarzweiß-roten Fahnen, Ehrenjungfrauen und Kriegervereine bilden Spalier, und als Köppen am 24. Juli 1908 in Berlin eintrifft, wogt die ganze Innenstadt von einer unübersehbaren Menschenmenge. Hunderttausende wollen den Oberleutnant bewundern und sein Auto bestaunen. Nach einem kurzen Aufenthalt im Ullstein-Haus geht es weiter nach Paris, wo Köppen am 26. Juli, frühmorgens, mit seinen beiden Begleitern ankommt.

Die Welt ist begeistert von der deutschen Wertarbeit, und die Herren Generalstäbler aller großen Nationen wissen, daß man in einem künftigen Krieg mit dem Auto rechnen kann. Dieses Rennen von 1908 ist bis auf den heutigen Tag nicht wiederholt worden.

1911 stiften die Ullsteins, als Verleger der »Berliner Zeitung am Mittag«, den »BZ-Preis der Lüfte«. Vier Wochen lang kreisen die Flugzeuge über Deutschland und halten das ganze Reich in Atem.

1913 wird auf einer 9,8 Kilometer langen Strecke zwischen Grunewald und Nikolassee von der »Automobil-Verkehrs und -Übungsstraße GmbH« mit dem Bau einer Autostraße begonnen, die bald allgemein Avus genannt wird. Hauptgeldgeber dieser GmbH ist der Großindustrielle Hugo Stinnes.

Während des Ersten Weltkrieges ruhen die Arbeiten, aber schon 1919 wird weitergearbeitet. Doch die Berliner können es nicht abwarten und veranstalten Anfang 1920 auf dem zugefrorenen Wannsee ein erstes Nachkriegs-Autorennen.

Als ein Jahr später, 1921, die erste Automobil-Ausstellung nach dem Kriege eröffnet wird, ist die Avus fertig: die einzige kreuzungsfreie Autostraße Europas mit Doppelfahrbahnen, die an ihrem Nord- und Südende durch überhöhte Kurven zu einer endlosen Strecke verbunden sind. Die Nordkurve wird später, bei einem Winkel von 44 Grad, zur steilsten Kurve der Welt ausgebaut.

Am Eröffnungstage setzt eine wahre Völkerwanderung zur Avus ein, und die Berliner schließen diese Rennstrecke gleich in ihr Herz. Am 24. September 1922, als hier zum ersten Male die Motoren der Rennwagen donnern, ist die Avus von fast 500 000 Menschen umlagert. Zu den Fahrern, die starten, gehört auch Fritz von Opel und — gewinnt mit einem Wagen aus der Rüsselsheimer Firma seines Vaters.

Jedes Jahr folgen neue Rennen, aber richtig berühmt wird die Avus erst beim »Großen Preis von Deutschland« am 11. Juli 1926.

Ein Jahr zuvor hat sie ein Wettrennen besonderer Art erlebt. Bekannte Schauspielerinnen und Schauspieler gehen an den Start. Auf den Tribünen hat sich die gesamte Bühnen-, Film- und Sportwelt Berlins versammelt, und 300 000 Schaulustige wollen sich dieses Ereignis nicht entgehen lassen.

Der Mann, auf den sie sich am meisten gefreut und von dem sie sich besonders viel versprochen haben, fehlt leider: Ihr Favorit, der Sensationsdarsteller Harry Piel, ist am Tage zuvor beim Training aus der Kurve geschleudert worden und liegt im Bett.

Beim ersten Rennen siegt Ria Jende, mit der Hans Albers 1917 seine erste Rolle in dem Film »Mut zur Sünde« spielte. Das zweite Rennen gewinnt »nach einer bravourösen Fahrt« (wie die »BZ am Mittag« schreibt) einer der beliebtesten Lustspieldarsteller der Stummfilmzeit: Leo Peukert.

Berlins Lieblings-Conférencier, Harry Lamberts-Paulsen, muß beim zweiten Rennen abbrechen, weil er in der Nordkurve stürzt; sein Auto ist schwer beschädigt, er selber bleibt unverletzt.

Nach diesem »Rennfest der Künstler« wird es nun richtig ernst beim »Großen Preis von Deutschland« am 11. Juli 1926, bei dem nach hartem Kampf Rudolf Caracciola auf einem 8-Zylinder-Mercedes gewinnt. Die Avus hat einen ersten Toten zu beklagen, als der Rennfahrer Rosenberger auf den Grasstreifen gerät, ein kleines Kontrollhaus umreißt und dabei einen Studenten tötet, der sich ein paar Mark als Kontrolleur verdienen wollte.

Zwei Jahre später führt Fritz von Opel sein Raketen-Auto auf der Avus vor, und auch Max Valier dokumentiert den Beginn eines neuen Zeitalters, das von Raketen bestimmt sein wird.

Trotz der aus dem Nürburgring erwachsenen Konkurrenz erlebt die Avus jedes Jahr ein großes Rennen. Um nur einige zu nennen: Am 22. Mai 1932 siegt Manfred von Brauchitsch mit einem Mercedes-SSKL-Kompressor, den die Berliner wegen seiner Stromlinienform »Gurke« taufen. Die meisten der 360 000 Berliner Zuschauer sind zu dieser Zeit arbeitslos. Aber beim Rennen verfliegt für sie die bittere Realität.

Zu den übrigen Fahrern gehören der Deutsche Hans Stuck und die Engländer Sir Malcolm Campbell, Earl Howe und Fürst Lobkowicz aus der Tschechoslowakei. Lobkowicz überschlägt sich mit seinem Bugatti und ist sofort tot.

Im Jahr zuvor hat Ernst Henne auf der Avus mit einem BMW-Motorrad einen Weltrekord aufgestellt. Er fuhr unter dem Jubel von 400 000 Zuschauern eine Höchstgeschwindigkeit von 220 Kilometern in der Stunde.

1933 verunglückt Otto März, der alte Haudegen des Rennsports, beim Training auf der Avus tödlich. Beim eigentlichen Rennen dieses Jahres 1933, bei dem es wieder um den »Großen Preis von Deutschland« geht, siegt der Italiener Achille Varzi auf einem Bugatti. 1935 gewinnt der Italiener Luigi Fagioli mit einem Stundendurchschnitt von 239 Kilometern.

Zwei Jahre später erreichen Rudolf Caracciola, Bernd Rosemeyer und Ernst von Delius ein Stundenmittel von 380 Kilometern. Alle setzen auf Rosemeyer, aber Erster wird wieder Caracciola.

Während der großen Zeit der Avus in den zwanziger und dreißiger Jahren gibt es praktisch keinen internationalen Rennfahrer, der nicht die Kräfte seines Wagens und seine Tüchtigkeit auf der Avus mißt. Wenn an der berühmten Berliner Rennstrecke die Motoren heulten, hatte die Reichshauptstadt einen ihrer großen Tage. Zeitungen berichteten tagelang vorher über alle Einzelheiten des Trainings, und kein Thema interessierte so sehr wie die Frage nach dem neuen Sieger.

☆

Vor dem Ersten Weltkrieg beinahe verboten, nach 1918 bald ein Sport, der die Massen anzog: das Boxen. Aus englischer Kriegsgefangenschaft, die sie auf der Isle of Man überstanden hatten, bringen die ehemaligen Soldaten des Kaisers den Sport zuerst nach Berlin und von hier aus nach ganz Deutschland. Es sind Hans Breitensträter (von den Berlinern der »Blonde Hans« genannt, bevor später Hans Albers diesen Titel erhält), Curt Prentzel (der das Boxen dadurch gesellschaftsfähig macht, daß er die beliebte Filmschauspielerin Fern Andra heiratet) und Adolf Wiegert, und Martin Koslowski ist einer der bekannten Veranstalter — um nur wenige Namen zu nennen. Unter den Meistern im Ring kämpft sich bald Paul Samson-Körner nach vorne.

Das Boxen erlangt eine solche Popularität, daß ein Mann wie Michael Bohnen — der große Star der Opernbühne und des Filmateliers — allen Ernstes erwägt, seinen Beruf zu wechseln und Boxer zu managen.

Unter den Zuschauern bei den großen Kämpfen in Berlin befinden sich stets viele Damen der guten und besten Gesellschaft. Sie bringen prominenten Boxern genausoviel Interesse entgegen wie den Stars von Bühne und Film. Viele extravagante Berlinerinnen versuchen sogar, ein »Verhältnis« mit einem der harten Männer einzufädeln.

Geboxt wird zunächst im Marine-Vereinshaus, danach im Zirkus Busch und schließlich im berühmten Sportpalast. Neben wirklichen Könnern treten auch einige zwielichtige Figuren in den Ring — etwa der Türke Sabri Mahir, der aus Köln nach Berlin kommt und aus dem Sport eine Clownerie zu machen versucht, die viel Ähnlichkeit mit jener Show hat, die dreißig Jahre später bei den Catchern üblich ist.

Aber da spielen die Berliner nicht mit, und Mahir etabliert einen Massagesalon und zählt bald die Bühnen- und Filmprominenz, aber auch reiche Bankiers und Politiker zu seinen Kunden. Von einer seiner Kundinnen, Marlene Dietrich, plauderte er aus: »Se hat lange Beene und ein janz kurzes Kreuz.«

Zu seinen Schülern aus der Zeit, da Mahir sich ernsthaft dem Boxen verschrieben hatte, gehört Franz Diener, der spätere Schwergewichtsmeister. In seiner Boxschule, die Mahir ebenfalls gründet, unterrichtet er sogar Schauspielerinnen, zum Beispiel Carola Neher.

Held der Berliner aber ist Max Schmeling, der 1926 deutscher Meister im Halbschwergewicht, 1927 Europameister im Halbschwergewicht, 1928 schließlich Sieger über Diener als Schwergewichtsmeister und 1930 Weltmeister der Schwergewichtsklasse wird. 1931 ist er Weltmeister aller Klassen.

»Maxe«, wie ihn die Berliner bald nur noch nennen, wird wegen seiner guten Manieren, die ihm den Ehrentitel »Schwarzer Ulan« einbringen, und wegen seiner Intelligenz von der Berliner Gesellschaft mit offenen Armen aufgenommen. Auf Soireen ist er ein gern gesehener Gast. Aber er vernachlässigt niemals sein Training.

Auch die Künstler akzeptieren ihn. Mit Fritz Kortner ist er sogar befreundet, und es wird gemunkelt, »Maxe« habe ihm einige Tricks beigebracht, mit denen der Schauspieler seinen Partner Hans Albers in den Boxszenen des Schauspiels »Rivalen« mehr traktiert, als für das Spiel notwendig ist.

Als Schmeling in das berühmte Künstlerlokal »Schwannecke« (das der Vater der Schauspielerin Ellen Schwannecke unterhält) eingeführt wird, trägt er sich nach dem Sieg über Franz Diener in das Gästebuch mit folgenden Worten ein:

Künstler, schenkt mir Eure Gunst,
Boxen ist doch auch 'ne Kunst.

Der sympathische Athlet hat es geschafft, von einer Schicht anerkannt zu werden, zu der Boxer eigentlich nicht gehören.

Als Boxweltmeister steht er sogar 1930 vor der Kamera — als Hauptdarsteller in dem Film »Liebe im Ring«. Es ist die sentimentale Geschichte von einem treuherzigen jungen Mann, den eine Lebedame (Olga Tschechowa) gerade in dem Moment zu becircen beginnt, als er Meister geworden ist. Aber seine alte geliebte Freundin (Renate Müller) ruft ihn wieder zur Pflicht und zur Meisterschaft zurück ...

»Maxe« muß auch einen Schlager singen und bringt sich dabei mit einigem Geschick über die musikalischen Runden, wenn er singt (es gibt heute noch eine Platte davon):

Das Herz eines Boxers
kennt nur eine Liebe:
den Kampf um den Sieg ganz allein.
Das Herz eines Boxers
kennt nur eine Sorge:
Im Ring der Erste zu sein.
Und schlägt einmal sein Herz
für eine Frau, stürmisch und laut:
das Herz eines Boxers

muß alles vergessen,
sonst schlägt ihn der Nächste knockout.

Als Schmeling schließlich die reizende Filmschauspielerin Anny Ondra (»Die Kristallprinzessin«, »Eine Freundin, so goldig wie Du« und viele andere Filme) heiratet, da möchte am liebsten ganz Berlin Trauzeuge sein.

☆

Ehe wir, sozusagen, zum Clou der Berliner Sportveranstaltungen kommen, müssen wir noch eine Stippvisite zu einigen Kampfstätten machen. Auf der Rennbahn im Grunewald kämpfen Pferde der besten deutschen Gestüte beim Flach- und Hindernisrennen um den »Großen Preis der Reichshauptstadt«, der mindestens 50 000 Goldmark beträgt. Berühmte Pferde machen Schlagzeilen beim Derby: »Roland«, »Weißdorn«, »Marcellus« und »Meteor«.

Einmal wird sogar das klassische Derby von Hamburg auf die Berliner Grunewald-Rennbahn verlegt (1919). Das ganze »vornehme Berlin« ist buchstäblich auf den Beinen, soweit man nicht eigene Autos besitzt; es herrscht nämlich gerade ein großer Verkehrsstreik an der Spree.

Der Berliner Hoppegarten ist Deutschlands größtes Trainingsquartier für Rennpferde, und der populärste Jockey jener Jahre heißt Otto Schmidt, der von den Berlinern »Otto Otto« genannt wird. Hindernisrennen gibt es außerdem bei Karlshorst und in Strausberg, Trabrennen in Mariendorf und Ruhleben.

Das »Reit- und Fahrturnier«, zuerst im Sportpalast und später in den Ausstellungshallen am Funkturm vorgeführt, sieht stets ausverkaufte Häuser.

Zu den von den Berlinern als »Fußballgötter« verehrten Spielern gehören Hans (»Hanne«) Sobek von Hertha BSC und der »Wundertormann« Heiner Stuhlfaut vom 1. FC Nürnberg, der oft in der Reichshauptstadt spielt.

Einmal im Jahr wallfahrtet das fußballfreudige Berlin zu einem Wohltätigkeitsspiel, das der Fußballklub »Oase« veranstaltet — ein Verein aus Schauspielern, Schriftstellern und Künstlern der verschiedensten Sparten. Wenn eine Künstler-Elf gegen einen bekannten Berliner Fußballklub spielt, gibt es dicht besetzte Reihen und — volle Kassen.

Auf der Regattabahn von Grünau locken die alten Berliner Vereine »Wiking«, »Hellas« und der »Ruderverein 1876« zu den Wettkämpfen. Auf den Tennisplätzen spielen Stars wie Cilly Aussem, Otto Froitzheim und Gottfried von Cramm.

Eine Weltsensation erleben die Berliner in der Leichtathletik, als 1926 der finnische Wunderläufer und neunfache Olympiasieger Paavo Nurmi im 1500-Meter-Lauf auf dem Platz des Sportclubs Charlottenburg von dem Deutschen Dr. Otto Peltzer besiegt wird. Einen solchen Aufschrei der Massen hat Berlin bis zu den Olympischen Spielen 1936 noch nicht erlebt. Eine Viertelstunde lang dauern die Begeisterungsrufe an. Zeitungen und Hüte, Handtaschen und Schirme fliegen durch die Luft . . .

Der Flieger Ernst Udet erscheint mit einer Sportmaschine über dem Stadion am Grunewald und gratuliert auf seine Weise: Er wirft im Tiefflug einen Blumenstrauß direkt vor die Füße Peltzers.

☆

Der Clou für die Berliner ist in den zwanziger Jahren und auch noch in den dreißiger Jahren der Sportpalast. Da sind es vor allem die Sechstagerennen, die zweimal jährlich in dem großen, himbeerfarbenen Gebäude veranstaltet werden.

Sportpalast-Atmosphäre . . . Achttausend Menschen — Männer und Frauen aus den Büros, den Fabriken, den Warenhäusern, aber auch viel vornehmes Publikum — sitzen in einer vom Zigarren- und Zigarettenrauch bläulich gefärbten Luft, die vom Licht vieler Scheinwerfer durchzittert wird. Im Kegel gleißender Lichtbündel rasen die Fahrer über die Bahn, über die kurzen Geraden, durch die steilen Kurven.

In der Mitte der Rad-Arena sitzen die »Miezen«, die Frauen und Freundinnen der Fahrer, warten Freunde und Betreuer mit warmem Kaffee in den Thermosflaschen, mit sauren Gurken und dick belegten »Stullen« auf die Meister des Pedals, die abgelöst werden.

Die Luft kocht, Musik spielt, Zurufe peitschen über das weite Rund. Sechstagerennen: die Berliner schlagen auf ihre Pauke. Der Sportpalast ist überfüllt. Die Besucher auf dem Rang, dem »Heuboden«, haben ihre Lieblinge unter den Fahrern. Der Heuboden feuert sie an, hetzt sie herum, pfeift, ruft, klatscht, rebelliert, wenn nötig, und enthusiasmiert sich in Rage, schreit nach Bier, verlangt nach mehr Tempo.

Für die Berliner ist das Sechstagerennen Karneval und Kirmes zugleich, Oktoberfest und Grinzing, Fasching und Hamburger Dom in einem. Der Walzer »Praterleben« von Siegfried Translateur ist zum »Sportpalast-Walzer« geworden. Keiner spielt ihn so gut wie Otto Kermbach mit seinem Orchester, das bei keinem Sechstagerennen fehlt.

»Krücke«, der lahme Zeitungshändler und Meisterpfeifer, gibt das Zeichen. Die Kapelle rauscht brandend auf. Achttausend Menschen pfeifen, ekstatisch skandierend, den Sportpalast-Walzer, allen voran Krücke, der virtuoseste Fingerpfeifer Deutschlands. Beim fröhlichen Pfeifkonzert der Achttausend entladet sich die Volksseele.

Außer Krücke gibt es noch zwei andere Männer aus dem Volk, die für Stimmung sorgen. Da ist der »Kurvenbaron«, Invalide von Verdun, und weiter »Schüttelfranz«, der schrullige Bettler von der Potsdamer Straße, der seine Schüttellähmung mit begnadetem Humor erträgt und sich geehrt fühlt, wenn seine Freunde vom Heuboden im Chor feixend grölen: »Schüttelfranz, Schüttelfranz, deine Birne ist nicht ganz!«

Vor Mitternacht, wenn die Theater geschlossen und die Dreharbeiten in den Filmateliers beendet sind, erscheint die »Haute Folaute« (Hautevolee). Dann kommt neue Bewegung in die Galerie, sie wird noch munterer, organisiert Sprechchöre — etwa: »Hannes, wo bleiben die Mollen?«

Bald danach erscheint auf der Leuchttafel, auf der sonst Sportergebnisse angezeigt werden, die Schrift: »Hans Albers stiftet 500 Mark.«

Natürlich gibt es auch Spenden für die Fahrer — zum Beispiel: »Dem Sieger der nächsten Runde 300 Mark von einem alten Freund aus Oels.«

Jeder kennt diesen Freund von Schloß Oels bei der gleichnamigen Stadt, 35 Kilometer nordöstlich von Breslau. Es ist der ehemalige Kronprinz Wilhelm, dessen Herz immer noch für den Sport schlägt.

Die kurvenden Radler fühlen sich angespornt, treten kräftiger in die Pedale. »Tempo, Tempo!« lärmt die Galerie, und Krücke organisiert erneut seine Pfeifmusik.

»Wo bleiben Bühne und Film?« heißt der Schrei von oben, der wie eine unüberhörbare Erpressung klingt. Andere Schauspieler setzen Preise aus, werden überboten, und die Summen steigen.

Nur zwei bleiben von »Spenden« verschont; sie steigern auf ihre Weise die Stimmung. Wenn Richard Tauber im Frack in der Atmosphäre des Sechstagerennens eines seiner berühmten Lieder ohne Gage singt, während die Radler ihre Runden drehen, und wenn Gitta Alpar im Abendkleid mit einem neuen Schlager brilliert — dann verebben jäh die Lärmwellen.

Beim Applaus springen alle auf, jubeln ihren rasenden Beifall hinaus, veredeln das Randalieren zur Fröhlichkeit, überschlagen sich in Begeisterung. Sie steckt an und springt über auf die Fahrer, die sich anschicken zum großen Jagen in der Nacht.

Es ist alles so wie in jener berühmten Szene des Schauspiels »Von morgens bis mitternachts« von Georg Kaiser, das bis 1933 jährlich einmal eine ganze Woche lang im Sportpalast aufgeführt und jedes Jahr einmal am Abend im Rundfunk übertragen wird.

Kaisers szenischer Hinweis lautet: »Sportpalast. Sechstagerennen. Bogenlampenlicht. Im Dunstraum roh gezimmerte, freischwebende Holzbrücke. Die jüdischen Herren als Kampfrichter kommen und gehen. Alle sind unterscheidbar: kleine bewegliche Gestalten, in Smoking, stumpfen Seidenhut im Nacken, am Riemen das Binokel. Rollendes Getöse von Rädern über Bohlen. Pfeifen, Heulen, Meckern geballter Zuschauermenge aus Höhe und Tiefe. Musikkapellen.«

Als Kaiser sein Drama schrieb (1916), gab es im Sportpalast diese freischwebende Brücke noch; sie führte von den Tribünen zum Innenraum, und man konnte von dort aus auf die Rücken der Fahrer hinuntersehen, die, tief gebeugt, scheinbar endlos ihre Runden drehten.

1931, als die Arbeitslosenzahl immer höher steigt in Berlin und Straßenschlachten zwischen Kommunisten und Nationalsozialisten fast schon zur Tagesordnung gehören, hat sich die Einstellung zum Sechstagerennen schon verändert. Der Schriftsteller Max Barthel (»Sonne, Mond und Sterne«) notiert in diesem Jahr 1931:

»Da sitzen die Köpfe und Köpfchen von Film, Theater, Kunst, Geld, Literatur, Mode. An der Bar schwarze Seide auf nacktem Fleisch. Frackwesten. Wer wird das Rennen machen? Sie denken nicht an die Fahrer, sondern an die politischen Parteien, die sich auf Tod und Leben bekämpfen, bespucken, verleumden, abknallen . . .«

☆

Die Sport-Arena in der Potsdamer Straße wurde unter dem Namen Hohenzollern-Sportpalast am 11. Dezember 1910 als »größte Eisbahn der Welt« eingeweiht. Dabei ging es sehr würdig und feierlich zu. Generalmusikdirektor Richard Strauß dirigierte das Orchester der Königlichen Oper und einen riesigen Chor. Die Neunte Symphonie von Beethoven bildete den glanzvollen Auftakt der wechselvollen Geschichte dieses »großen Etablissements«, das besonders mit seiner verschwenderischen Zahl elektrischer Glühbirnen warb.

Strauß, seine Musiker und der Chor saßen buchstäblich auf dem Eis: auf einem Podest, das sie nur über einen schmalen Teppich erreichen konnten. Auf dem Wege zu seinem Platz hat mancher danebengetreten und ist samt Instrument unter dem wenig respektvollen Gelächter der Berliner ausgerutscht.

Der spätere Betrieb im Sportpalast gefiel den Leuten viel besser als dieses »bombastische Zeremoniell der Einweihung«, wie das »Berliner Tageblatt« schrieb, und die »BZ am Mittag« fand die Feier gar »geschmacklos und deplaciert«. Die »Morgenpost« meinte, es hätte nicht »Weihekonzert, sondern Entweihe-Konzert heißen müssen«.

Mit Eislauf beginnt 1910 die Geschichte des Sportpalastes. Zweihundert »Eislauf-Künstler« locken täglich hunderttausend Menschen an, von denen sechstausend sogar an Restaurationstischen sitzen können. Aber schon ein Jahr nach der Eröffnung fällt auch der Startschuß zum ersten Sechstagerennen, das in den späteren Jahren die Hauptattraktion des Sportpalastes bleibt; sie wird nur durch den Ersten Weltkrieg unterbrochen.

Nach 1918 sind neben dem Sechstagerennen Eishockey-Spiele die große Mode, die sich mit Boxveranstaltungen und dem Sechstagerennen ablösen. Schwedische, kanadische, italienische, österreichische und tschechische Mannschaften spielen hier mit deutschen, und die Berliner, aufgeschlossen wie sie sind, tun gleich so, als hätten sie nie etwas anderes geliebt als Eishockey. Berlins Liebling unter den Spielern ist Gustav (»Justaff«) Jaenecke.

Später kommt der Eiskunstlauf hinzu. Hier ist es vor allen Dingen das »Traumpaar« Maxi Herber und Ernst Baier, das sein Publikum bezaubert. Die alle und alles überstrahlende Eiskönigin ist aber für die Berliner Sonja Henie, die elfmal Weltmeisterin im Damenkunstlauf war und dreimal bei den Olympischen Winterspielen die Goldmedaille gewann (1928 in St. Moritz, 1932 in Lake Placid, 1936 in Garmisch-Partenkirchen). Wenn sie im Sportpalast erscheint, sind die Berliner nicht mehr zu halten, und sie rufen ihr unentwegt den Kosenamen zu, den sie der reizenden Norwegerin schon bei ihrem ersten Auftreten in Berlin gegeben haben: »Häseken«.

Als sie keine Amateurin mehr war, wurde die Henie in Amerika, vor allem durch ihre Filme, vielfache Millionärin. Für die Berliner blieb sie »Häseken«. Noch kurz vor ihrem Tode (1969) gestand sie, inzwischen 57jährig: »Das Berliner Publikum war einmalig. Ich bin nirgendwo so gerne aufgetreten wie in der alten deutschen Reichshauptstadt.«

Wenn große Boxkämpfe im Sportpalast stattfinden (etwa wenn Hans Breitensträter gegen den Amerikaner Tom Cowler oder andere ausländische und deutsche Berühmtheiten dieses Sports kämpft), spielt der Conférencier Harry Lamberts-Paulsen den Ansager.

Gelegentlich wird der Sportpalast sogar zum Hippodrom, und es riecht nach Stall und Pferden. Einige Male wird auch eine Berliner Schönheitskönigin im Sportpalast gekürt. Das Publikum ist mit diesem manipulierten Schauspiel ganz und gar nicht einverstanden. Die »hundert schönsten Berlinerinnen«, aus denen die Siegerin gewählt werden soll, entsprechen keineswegs dem Schönheitsideal. Dem Filmschauspieler Georg Alexander, der zu den Preisrichtern gehört, entfährt der Satz »So viele miese Berlinerinnen gibt's doch gar nicht!« und legt sein Amt nieder.

Als schließlich, ohne die Entscheidung der Jury abzuwarten, ein Fräulein Inge zur Königin erklärt wird, gibt es unter den Zuschauern Proteste, wie sie der Sportpalast selbst bei krassen Fehlentscheidungen vom Box-Ringrichter noch nicht erlebt hat. Die Berliner sind sich einig: Diesen Quatsch mögen sie nicht. Wozu eine Schönheitskönigin, wenn es doch überall in Berlin so viele »dufte Bienen« gibt und die Veranstalter einen miserablen Geschmack beweisen?

Eine Modekönigin dagegen, die im Sportpalast gekürt wird, akzeptieren die Berliner, und sie spenden großen Beifall, als Georg Alexander einem jungen Mädchen namens Hilde Zimmermann den Purpurmantel umhängt.

Ganz nach dem Herzen der reichshauptstädtischen Bevölkerung dagegen ist der »Zille-Ball«, der bis 1932 alljährlich im Sportpalast abgehalten wird. Das riesige Haus ist stets bis auf den letzten Platz gefüllt. Die Stimmung dieser Nächte hat viele Dichter und Schriftsteller inspiriert.

Ehrengast ist selbstverständlich bis zu seinem Tode (1929) Heinrich Zille, der von den Berlinern zärtlich »Vater Zille« oder »Pinselheinrich« genannt wird. Er ist überglücklich, wenn er im tanzenden und fröhlichen Volk Typen aus seinem »Miljöh« entdeckt. Selbst zu »seinem« Ball bringt er das Skizzenbuch mit.

☆

Glanzvolle Nächte, atemberaubende Sportveranstaltungen, fröhliches Treiben. Das ist die eine Seite des Sportpalastes. Es gibt aber auch noch eine andere ... Die Lieblingsstätte der Berliner wird zur politischen Arena.

Am 30. September 1928 spricht Dr. Joseph Goebbels, der Gauleiter von Berlin, zum ersten Male im Sportpalast, der von diesem Tage an die »historische« Stätte der Nationalsozialisten wird. Alle entscheidenden Reden bis 1943 werden hier von den Größen des Dritten Reiches gehalten.

Wenn die Kampfplätze inmitten des Sportpalastes abgeräumt und durch Stühle und Bankreihen ersetzt werden, faßt das Gebäude 15 000 Menschen. Selbst die Sozialdemokraten und die Kommunisten wählen zunächst selten den Sportpalast für große Versammlungen, weil sie damit rechnen müssen, daß der Raum nicht ganz gefüllt wird.

Der Berliner Gauleiter riskiert den Versuch, und tatsächlich erscheinen 10 000 Menschen, um »diesen Goebbels« einmal zu hören. »Marschmusik und Fahnenträger konnten nicht darüber hinwegtäuschen, daß viel mehr Neugierige als Anhänger des Nationalsozialismus zugegen waren«, schreibt die Berliner »Nachtausgabe«.

Goebbels attackiert »die Roten«, er schimpft über alles, was die Leute bewegt, und prompt kommt es während der Rede des Gauleiters zu Schlägereien zwischen der SA (Sturmabteilung der NSDAP), den Kommunisten und der Polizei.

Wenige Wochen später, am 16. November 1928, redet Hitler zum ersten Male in der Reichshauptstadt auf einer öffentlichen Kundgebung — ebenfalls im Sportpalast. Diesmal sind 15 000 Menschen herbeigeströmt, um »diesen Österreicher« einmal zu sehen.

Auch auf den Kundgebungen, die Goebbels in den folgenden Jahren im Berliner Sportpalast veranstaltet, hat er meist ein volles Haus — genau wie sein großer Gegenspieler Ernst Thälmann, der Vorsitzende der Kommunistischen Partei Deutschlands, der viele Jahre lang mehr Massen anlockt als der Hitler-Propagandist.

Ein großer Erfolg bleibt dem Berliner Gauleiter der NSDAP, Dr. Joseph Goebbels, zunächst versagt. Hitlers Partei erhält bei den Berliner Gemeindewahlen von 1929 von den insgesamt 250 Mandaten nur dreizehn. Ihr Fraktionsführer im Stadtparlament wird Goebbels.

Ganz oben:
Ehe der Nürburgring 1927 eröffnet wird, ist die Berliner Avus Europas beliebteste Autorennstrecke. Das Foto entstand 1931. (55)

Links:
Det war nich janz sein Milljöh . . . Am liebsten besucht Heinrich Zille, der Maler des Volkes, Arbeiterkneipen im Osten der Stadt. Das Foto zeigt „Vater Zille" mit dem Boxmeister Paul Samson-Körner im Lokal der Aenne Maenz. (56)

Oben:
Von den Berlinern besonders ins Herz geschlossen: Boxmeister Max Schmeling, einer der populärsten Sportler der Welt, und seine Frau Anny Ondra, Star in 15 Filmen. (57)

Ausflug ohne Damen . . . Auf den ersten Blick ein zweifellos bieder-bürgerlicher Verein. In Wirklichkeit sind diese Herren Mitglieder einer Berliner Ganoven-Organisation: des Ringvereins „Immertreu". Insgesamt gibt es während der „Blütezeit" 62 dieser „Vereine" in der Reichshauptstadt. (58)

Die Berliner Unterwelt der zwanziger Jahre duldet in ihren Organisationen nur „saubere" Mitglieder. In dem berühmten Film „M" (1931 von Fritz Lang gedreht) geht es um die „Ehrbarkeit": Ein Gaunerverein hat einen Mörder gestellt (Peter Lorre, links). Am Tisch das Ganovengericht (v. l. n. r.): der Falschspieler Fritz Odemar, „Schränker" Gustaf Gründgens, Betrüger Theo Lingen, Taschendieb Paul Kemp. Ehe sie ihr Todesurteil an dem Mörder vollstrecken können, erscheint die Polizei. (59)

Bei den Wahlen zum Reichstag am 14. September 1930 steigt die Zahl der für die NSDAP abgegebenen Stimmen in Berlin zwar auf fast 396 000 — aber die KPD wird an diesem Tage zum ersten Male die stärkste Partei in der Reichshauptstadt: mit 739 235 Stimmen, von der SPD gefolgt, mit nur tausend Stimmen Abstand.

Bei dieser Reichstagswahl vom 14. September 1930 werden die Nationalsozialisten mit 395 988 die drittstärkste Partei Berlins. Zwei Jahre zuvor, bei der Reichstagswahl vom 20. Mai 1928, hatte die NSDAP nur 39 052 Stimmen von Wählern der Reichshauptstadt erhalten: also knapp ein Zehntel des Ergebnisses von 1930.

Mit einem solchen Erfolg, wie ihn die NSDAP am 14. September 1930 erlebt, haben Hitler und Goebbels nicht gerechnet. Und doch: Es wird noch vieles geschehen müssen, ehe das »rote« Berlin »braun« ist und 1936 die Sechstagerennen im Sportpalast verboten werden.

Das persönliche Schicksal von Goebbels entscheidet sich im Frühjahr 1930 im Sportpalast. Auf einer Kundgebung fasziniert er durch seine Rhetorik jene Frau, die er später heiraten wird: Magda Quandt, geborene Behrend-Friedländer . . .

☆

Am 15. Februar 1943, nach der Tragödie von Stalingrad, erlebt der Sportpalast seinen makabren Höhepunkt. An diesem Tag stellt Goebbels vor einem ausgesuchten Publikum, mit dem er kein Risiko eingeht, seine berühmten zehn Fragen, deren vierte und in der Rückschau besonders dämonisch wirkende lautet:

»Wollt ihr den totalen Krieg? Wollt ihr ihn, wenn nötig, noch totaler und radikaler, als wir ihn uns heute überhaupt noch vorstellen können?«

Alle zehn Fragen werden mit einem hysterischen, nicht endenwollenden, heute schwer begreifbaren und auf Schallplatten nur schaudernd zu hörenden »Ja!« beantwortet.

Nach jeder Frage springt die fanatisierte Menge von ihren Sitzen, die Woge von Ja- und Heil-Rufen reißt nicht ab, und immer wieder brausen Sprechchöre durch den Sportpalast: »Führer befiehl, wir folgen!«

Der totale Krieg ist verkündet. Was immer auch Goebbels gefordert hat an Opfern, Arbeit und Todesmut: Die Soldaten, Arbeiter, Künstler und Funktionäre überbieten sich in ihren Rufen. Nach seinem letzten Satz — »Nun, Volk, steh auf, und Sturm, brich los!« — erfaßt die Zuschauer eine noch nie dagewesene ekstatische Massenhysterie. Der Sportpalast gleicht — wenn je dieses Bild stimmt — einem Hexenkessel.

Selbst Goebbels ist diese Reaktion einfach zuviel, und er flüstert in dem kleinen Raum, in den er nach der Rede mit seinen engsten Mitarbeitern geflüchtet ist, die mehrfach bezeugten Sätze vor sich hin:

»Diese Stunde der Idiotie! Wenn ich den Leuten gesagt hätte, springt aus dem dritten Stock des Columbushauses — sie hätten es auch getan!«

Dieses diabolische Bekenntnis, von den Historikern bisher kaum beachtet, sagt über Hitlers Propagandaminister mehr aus, als umfangreiche Analysen das vermögen.

In der Nacht vom 30. zum 31. Januar 1944 sank Berlins beliebteste Sport-, Vergnügungs- und politische Kampfstätte in Schutt und Asche. Nach dem Kriege, 1953, wurde der Sportpalast wieder aufgebaut. Die Schatten der politischen Vergangenheit sind vom Sturm der Geschichte verweht. Und der alte Glanz von einst kann, zeitbedingt und durch die Situation des geteilten Berlins begreiflich, nicht wieder erreicht werden.

Leichte Mädchen und schwere Jungen

IX

Ganoven im Frack

Die fast unglaubliche und meist ergötzliche Geschichte der Berliner „Ringvereine“

In sämtlichen Räumen des »Prinzengarten« (heute »Müggelseeperle«) im Osten Berlins geht es hoch her. Eine erlauchte Gesellschaft hält hier ihr Stiftungsfest: gewichtige Herren im Frack oder Smoking, Damen jeden Alters im Abendkleid.

Eine Kapelle spielt zum Tanz auf. An den Händen der Frauen glitzern Diamanten, und auch mancher der Herren hat sich etwas protzig mit einem funkelnden Stein geschmückt.

An einem Vorstandstisch, den ein Banner ziert, sitzen die Honoratioren, neben würdigen Herren junge Männer. Sie diskutieren, rauchen dicke Zigarren, bestellen Bier und Sekt, trinken alles durcheinander und blicken gelegentlich wohlwollend auf die Paare, die sich auf der kleinen Tanzfläche köstlich zu amüsieren scheinen.

Auf den ersten Blick eine zweifellos vornehme Gesellschaft. Aber wenn man die Spitznamen einiger Herren vernimmt, bekommt das festliche Bild einen Kratzer. Da schwadroniert »Koks-Justav«, da drückt »Klamotten-Emil« seine »Fürstin« an seine kräftige Männerbrust, und am Vorstandstisch führt gerade »Mollen-Orje« das große Wort. Die Mitglieder des Sparvereins »Deutsche Eiche« haben sich hier zu einer Feier verabredet.

Sagte ich Sparverein? Das ist nur eine Tarnbezeichnung. In Wirklichkeit sind die Herren der »Deutschen Eiche« echte Ganoven: Zuhälter, Einbrecher, »Schränker« (Geldschrankknacker), Taschendiebe oder Mitglieder einer anderen nicht gerade ehrenwerten Zunft.

Fred Hildenbrandt, von 1922 bis 1932 Feuilleton-Chef des Berliner Tageblattes, war 1929 einmal Gast beim Jahresfest eines ähnlichen Vereins. Er schreibt darüber:

»Rings um mich standen und saßen höfliche, zuvorkommende, aufrichtige, zutrauliche, junge, ältere und alte Männer in bester Abendkleidung und mit vorbildlichen Manieren. Keinem einzigen Gesicht sah ich etwa Laster oder Verbrechen an. Nicht ein einziges rohes Wort fiel. Nicht der Hauch einer Zote wurde hörbar. Nirgends sah ich ein grobes oder auch nur schwerfälliges oder ungeschicktes Benehmen. Einer wie der andere bewegte sich gewandt wie ein hochgeborenes Mitglied des Adels auf glattestem Parkett.«

Der Journalist hatte das Glück, dem Fest eines besonders »vornehmen« Sparvereins beizuwohnen ...

»Deutsche Eiche« ist einer von den insgesamt 62 bestehenden ähnlichen Vereinen in Berlin, deren Mitgliederzahl 1929 rund 1600 beträgt. Sie führen zum Teil bemerkenswerte Namen. Da gibt es die »Weiße Rose«, das »Rotschwänzchen«, die »Ruhige Kugel«, »Schwarzer Bär«, »Glaube, Liebe, Hoffnung«, »Treu und Glauben«, »Hand in Hand«, »Unter uns«, »Immertreu«, »Herzblatt«, »Vergißmeinnicht« und viele andere.

Die Bezeichnung »Klub der Eiskalten«, eine als Kegelklub getarnte Ganoven-Organisation, täuscht darüber hinweg, daß es knallharte und »heiße« Burschen sind, die sich hier zusammengeschlossen haben. Der Präsident vom »Klub der Eiskalten« hat den Beinamen »Strippen-Ede«, weil er »se alle an der Strippe hat«. Geradezu diktatorisch verfügt er über seine Männer.

Daß sie sich zu »geselligem Beisammensein« so vornehm kleiden und geradezu spießbürgerliche Vereinsbanner führen, ist für die Halunken-Zusammenschlüsse symbolisch. Im Grunde sind sie von bürgerlichen Instinkten erfüllt. Der Ehrgeiz vieler Mitglieder dieser Vereine zielt auf ein eigenes Geschäft, auf eine eigene Kneipe, eine eigene Metzgerei oder sonst eine kleinbürgerlich geordnete Existenz. Und da sie ihren Wunschtraum auf geraden Wegen nicht realisieren können, suchen sie auf Umwegen die bürgerliche Ordnung.

Der erste Verein dieser Art wurde schon 1890 in der »Schnurrbart-Diele«, einem Lokal am Schlesischen Bahnhof, gegründet. Sein Ziel war es, die Muskelkraft seiner Mitglieder zu erhalten und zu stärken.

Dabei wurde das damals von der bürgerlichen Gesellschaft als barbarisch verschriene Ringen gepflegt, und so entstand der Name »Ringverein«.

Solche Vereine gab es bis 1918 nur fünf. Erst mit Beginn der Weimarer Republik wuchs ihre Zahl ständig, und schließlich waren es 62. Gerungen wurde jetzt freilich nicht mehr. Aber die Bezeichnung blieb, und sie erhielt einen zusätzlichen Sinn: die einzelnen Vereine, die sich brüderlich zusammenschlossen, bildeten einen »Ring«.

Die 62 Berliner Ringvereine sind mit ihren bürgerlichen Tarnbezeichnungen in das reichshauptstädtische Vereinsregister eingetragen. Mit seinen (Stichtag 31. 12. 1927) insgesamt 6853 Namen — unter denen der Verein Berliner Presse ebenso zu finden ist wie der Kleingartenverein Sächsische Straße — ist das Berliner Vereinsregister mit Abstand das größte der Welt.

Alle Gaunervereine Berlins formierten sich zum »Ring Groß-Berlin« und nannten sich später einfach »Großer Ring«. Als sich auch in anderen deutschen Großstädten die Ganoven in Vereinen zusammenfanden, wuchs die Organisation. Die Mittel- und Westdeutschen verbündeten sich zum »Mitteldeutschen Ring«, die Norddeutschen zum »Norddeutschen Ring«, und die Gesamtorganisation nannte sich schließlich »Deutscher Ring«.

Jedes Jahr gab es eine große »gesamtdeutsche« Delegiertenversammlung. Zu dieser Reichsveranstaltung entsandten alle Vereine einige Mitglieder. In dem Protokoll eines solchen »Reichstages« heißt es:

»Jeder Bruder, der aus irgendeinem Anlaß seinen Wohnsitz wechselt oder kürzere oder längere Zeit in einer anderen Stadt weilt, soll während der Zeit seines Aufenthaltes überall dort, wo ein Bruderverein besteht, herzliche Aufnahme finden. Er soll sich überall zuhause fühlen. Er soll der Sorge enthoben sein, bei unvorhergesehenen Unglücksfällen und unvorhergesehener Mittellosigkeit Gefahr zu laufen, im Kampf um seine Selbsterhaltung gegen die bestehenden Gesetze der Ordnung und des Anstandes zu verstoßen und so sich und den Verein zu diskreditieren.«

In die Gaunersprache übersetzt bedeutet dieses elegante Memorandum: »Es kann dir überhaupt nichts passieren. Der Verein läßt dich nicht im Stich. Wenn du Knast schiebst, auf die Masche genommen wirst, Trefe läufst *(von der Polizei verdächtigt wirst)* oder ausgepowert *(ausgeplündert)* wirst, dann kriegste von uns 'ne Bleibe, Flebben *(Papiere)* und Kies *(Geld)*.«

☆

An dieser Stelle wird es Zeit, sich einmal mit den Statuten der für ganz Deutschland »vorbildlichen« Berliner Ringvereine zu befassen. Da ist zunächst der offizielle Teil, sozusagen die bürgerliche Mimikry. Die Vereinsmitglieder, die übrigens ausschließlich Männer sind, verschreiben sich dem Kegeln, Rudern und anderen Sportarten oder ganz einfach dem Sparen. Unter diesem Aspekt sind sie sogar, wie schon gesagt, offiziell in den Vereinsregistern verzeichnet.

Die tatsächlichen Statuten freilich sehen ganz anders aus. Es fängt mit den strengen Aufnahmebedingungen an. Eintreten kann nur, wer 21 Jahre alt ist. Er muß zwei »einwandfreie« Bürgen stellen — das heißt zwei Vorbestrafte. Wer selber schon vorbestraft ist, hat besonders gute Chancen, schnell akzeptiert zu werden.

Jedes Mitglied ist streng verpflichtet, absolutes Stillschweigen über Vereinsangelegenheiten zu wahren. Wer einmal bei der Polizei »singen« sollte, der wird, wie wir noch sehen werden, nichts zu lachen haben.

Wer zu spät auf einer Sitzung erscheint, wird mit einer Geldstrafe belegt. Wer »wegen unerlaubten Fehlens bei Veranstaltungen mit Fahne« auffällt, muß tief in seine Tasche greifen. Allen Anordnungen des Vereins-Chefs und seines »inneren Kreises« ist stets Folge zu leisten.

Die Vergünstigungen, die alle Ringvereine ihren Mitgliedern gewähren, stehen unter dem Motto »Hilfe und Kameradschaft, Unterstützung und Treue«.

Wenn ein Vereinsbruder verhaftet wird, zahlt die Organisation alle Gerichtskosten — notfalls auch die besten und teuersten Anwälte

Berlins. Die Frauen der Männer, die im Knast sitzen, werden großzügig unterstützt — aus der immer gut assortierten Vereinskasse. Betrügt eine Ehefrau ihren Mann, wird ihr die finanzielle Hilfe sofort entzogen. Während der Haftzeit erhält der Vereinsbruder regelmäßig Freßpakete. Auch wer untertauchen muß, braucht sich nicht zu sorgen.

Wenn ein Mitglied eines Ringvereins aus dem Gefängnis entlassen wird — im Jargon ausgedrückt: »Wenn er von einer Reise zurückkommt« oder »von den Toten aufersteht« —, dann erwarten ihn, je nach seiner Bedeutung, zehn, zwanzig oder sogar fünfzig Vereinsgenossen feierlich in dunklen Sonntagsanzügen und singen ein Lied. Das beliebteste beginnt mit den Worten: »Gott grüße dich!«

Nach dem großen Händeschütteln und den harten Umarmungen gibt es anschließend im Vereinslokal, zu dem man in geschmückten Kraftdroschken fährt, ein feuchtfröhliches Wiedersehen: eine sogenannte »Auferstehungsfeier«.

Bei dem Fest im »Prinzengarten« fielen uns schon die funkelnden Ringe an den Händen der Vereinsbrüder auf. Sie sind ein Symbol der Treue. Wer sich ein Jahr lang als Mitglied tadellos geführt und regelmäßig seinen Beuteanteil — etwa von einem Einbruch — abgeliefert hat, erhält einen mindestens dreißig Gramm schweren goldenen Siegelring mit den Initialen der jeweiligen Bruderschaft. Nach zweijähriger »treuer und verdienstvoller Mitgliedschaft« gibt es eine goldene Sprungdeckeluhr, nach fünf Jahren einen einkarätigen, nach acht Jahren einen zweikarätigen Brillantring.

Die Zuhälter (»Luden«) der Branche besitzen einen eigenen Kodex. Sie dürfen ihre »Schnepfen« nicht schlagen, nicht »ausbeuten« und nie in fremde Reviere hinüberwechseln. Alles ist streng reglementiert. Ordnung muß sein.

Die Zahl der offiziell registrierten »Nutten« (ein Ausdruck übrigens, der kurz vor dem Ersten Weltkrieg in Berlin aufkam und bald in ganz Deutschland populär wurde) beträgt vor 1933 siebentausend. Die wirkliche, von der Polizei geschätzte Zahl dürfte bei mindestens 25 000 liegen. Von den etwa 8000 haupt- und nebenberuflich tätigen Zuhältern gehören nur knapp 15 Prozent zu Ringvereinen, und diese

15 Prozent sind praktisch die »Berufsluden«, weil die Selbständigen dieser Branche jeweils nur ein Mädchen betreuen.

Eine besondere Kategorie bilden die wirklich selbständigen Mädchen, die oft gleichzeitig einen bürgerlichen Beruf ausüben: 3000 junge (und nicht mehr ganz junge) Damen warten telefonisch auf Kundschaft. Heute heißen sie Call-Girls, damals in Berlin nannte man sie Strippen-Miezen (Strippe = Telefondraht).

☆

Besonders großen Wert legen die Ganoven-Hilfsgemeinschaften auf eine anständige Beerdigung. »Muskel-Adolf«, mit bürgerlichem Namen Adolf Leib und Chef des Ringvereins »Immertreu«, begründet das so:

»Ick denk imma an die Worte meiner Mutta. Ick kann det einfach nich vajessen. Adolf, hat se jesacht, dir wern'se an de Friedhofsmauer vascharren. Keen Mensch wird hinta dei'n Sarch jehn. Det ha'ick nie vajessen. Un deshalb is für uns een anständ'jet Bejräbnis so wichtich.«

Die Beerdigung eines Vereinsbruders, um die sich »Muskel-Adolf« für seinen eigenen und alle Brudervereine so verdient gemacht hat, ist in der Tat ein geradezu festliches Ereignis, in dem bürgerliche Korrektheit mit zeremoniellem Pomp gepaart sind. Der teuerste Sarg wird gekauft, und jeder Berliner Verein schickt einen kostbaren Kranz und seine Repräsentanten auf den Friedhof. Wer von den Mitgliedern nicht im Zylinder und im Bratenrock erscheint, wird unnachsichtig von der Organisation ausgestoßen.

Bei einer so aufwendigen Bestattung lassen sich die Vereine nicht lumpen. Sie zahlen hohe Beerdigungs-Beihilfen und kümmern sich um die hinterbliebene Witwe und sogar um die Bräute (die im Jargon der Ringvereine »Mullen«, »Fürstinnen« oder »Trude« genannt werden). Bei der feierlichen Zeremonie am Grab spricht der Pfarrer, die erste Kapelle spielt »Ich hatt' einen Kameraden«, die zweite fordert auf, immer »Treu und Redlichkeit« zu üben... »bis an das kühle Grab«.

☆

Zu einem großen Jahresfest des Vereins »Einer für alle« ist der Berliner Schauspieler und Humorist Paul Graetz geladen. Dem Ehrengast »Paule« hält der Vorsitzende eine lange Rede, in der es zum Schluß heißt:

»Sie, lieber Herr Graetz, sind ein Stück Berlin. Auch wir sind Berlin. So oder so, jeder auf seine Weise. Ja, das wollte ich sagen. Und noch etwas — und ich glaube, daß alle meine Freunde mir zustimmen werden: Verehrter Paul Graetz! Sie stehen ab heute unter unserem besonderen Schutz. Ob Sie ihn mal brauchen oder nicht, das können wir nicht im voraus sagen. Sollte Ihnen aber mal was passieren — ein Einbruch bei Ihnen oder ein Taschendiebstahl oder sowas, man kann ja nie wissen —, dann geben Sie uns Nachricht, und die Sache wird glattgebügelt!«

Während der Vorsitzende bisher sich um klares Deutsch bemüht hat, fällt er in seinem Schlußsatz ins schönste Berlinisch:

»Un det, Herr Jraetz, ick meene den Schutz, det kost Ihnen kee'n Pfennich!«

Als schließlich Graetz allen Vereinsbrüdern, deren Ehrenmitglied er jetzt sozusagen geworden ist, noch ein Autogramm gibt, da ist eine Freundschaft »for ew'je Zeiten« geschlossen.

☆

Ehe Messer gezückt werden und mit Stuhlbeinen geprügelt wird, ist noch etwas über das ganz spezifische »Ethos« der Ringvereine zu sagen. Sie dulden in ihren Reihen nur »anständige« Ganoven-Berufe. Die Meister der Zunft sind die Schränker. Es folgen die gewöhnlichen Einbrecher, schließlich die Heiratsschwindler und Kautionsbetrüger, die Berufsbettler (die keineswegs zerlumpt gehen, sondern »in Schale«, um nur eine angeblich augenblickliche Notlage zu dokumentieren, die außerordentlich geschäftsfördernd ist) und die Wettbetrüger bei Pferderennen.

Die Zuhälter, die ihre »Spinnen« laufen haben, bilden innerhalb der Hierarchie eine Sonder-Gruppe, weil sie nicht mit Hand und

Köpfchen arbeiten, sondern Mädchen für sich verdienen lassen (denen sie freilich auch allen Schutz gewähren).

»Anständige« Ganoven, wie gesagt. Mörder jeglicher Art haben in ihren Reihen nichts verloren. In »M«, dem berühmten Film des Regisseurs Fritz Lang, werden die Ehrbegriffe der Berliner Ringvereine genau charakterisiert. Gustaf Gründgens spielt einen Schränker und den Chef eines Ringvereins. Seine Vereinsbrüder sind Falschspieler, Taschendiebe und kleine Bauernfänger.

Ein Kind ist ermordet worden, und die Kriminalpolizei vermutet den Mörder in den Reihen des Ringvereins, dessen Boß Gründgens ist. Das lassen die Mitglieder des Ganoven-Klubs nicht auf sich sitzen. Ein Mörder unter ihnen — ausgeschlossen! »Wir sind doch keine Verbrecher!«

Die Vereinsbrüder stöbern tatsächlich den von Peter Lorre gespielten Mörder auf und locken ihn in einen Keller. Dort sieht er sich einer Mauer von Mädchen und Frauen gegenüber, und hinter ihnen stehen die Vereinsbrüder. Ehe der Ringverein das Urteil selber vollstrecken kann, erscheint die Polizei.

Die Polizei unterhält zur Berliner Unterwelt recht gute Beziehungen, wenn man es so formulieren darf. Berlins Polizeipräsident Karl Zörgiebel spricht sogar von einer »halboffiziellen Fühlung«. Auf den Festen der großen Ringvereine der Reichshauptstadt finden sich als »besonders geehrte Gäste« angesehene Rechtsanwälte und auch Beamte der Kriminalpolizei vom »Alex« (Polizeipräsidium am Alexanderplatz) ein. Der Höhepunkt eines solchen Festes ist immer wieder für die Vereinsmitglieder, wenn ein bekannter Kriminalist den Taktstock in die Hand nimmt und die Kapelle dirigiert.

Der berühmte Mordkommissar und spätere Kriminalrat Ernst Gennat versäumt kaum eine Vereinsfeier. Und das aus gutem Grund: Wenn es um Mord geht, erhält er manchen Tip aus den Ringvereinen. Die Polizei steht den Unterwelt-Organisationen deshalb lange Zeit wohlwollend gegenüber, weil sie die strenge Disziplin der Ringvereine kennt und daraus ihren Nutzen zieht. In gewissen Fällen arbeiten die Ganoven sogar mit den »Bullen« Hand in Hand.

Auf einem der Ganoven-Feste erscheint sogar Berlins Vizepolizeipräsident Dr. Bernhard Weiß, und es ist für den Vorsitzenden von »Glaube, Liebe, Hoffnung« eine besondere Ehre, daß seine »Jule« von diesem hohen Ehrengast zum Tanz aufgefordert wird. Welch ein Bild, was für ein Witz!

Die Polizei weiß natürlich genau, daß durch den ständigen Nachrichten-Austausch zwischen den einzelnen Ringvereinen im ganzen Reich ihr Fahndungsdienst sehr erschwert und oft auch vereitelt wird. Aber das trübt das gute Verhältnis nicht, weil sich auf der anderen Seite die »Brüder« oft erkenntlich zeigen. Eine Hand wäscht die andere — das gilt auch für das Verhältnis zwischen den Ringvereinen und der Berliner Kriminalpolizei.

Das Vereinswesen, wie es von den Ringen gepflegt wird, erleichtert den Beamten vom Alex außerordentlich die Übersicht über die Unterwelt, die gut organisiert und daher von der Polizei leicht unter Kontrolle zu halten ist. Es sind Fälle bekannt geworden von großen Einzelgängern, die zu keinem Verein gehörten, von den Organisierten aber, soweit das möglich war, überwacht wurden. Mancher große Coup eines solchen Verbrechers ist dadurch geplatzt, daß die Polizei von einem Ringverein — aus Konkurrenzneid, versteht sich — einen Wink bekam ...

Gelegentlich sind die »speziellen Beziehungen« zwischen Polizei und Ringvereinen etwas getrübt. Im Frühherbst 1928 überfallen Mitglieder des »Lotterie-Vereins Friedrichshain« in der Breslauer Straße, nahe dem Schlesischen Bahnhof, den Schreinermeister Robert Kulenka, schlagen ihn zusammen und rauben ihm seine Brieftasche, in der rund tausend Mark geborgen sind, die der Meister im Laufe des Tages bei seiner Kundschaft kassiert hat.

Der Zufall will es, daß Kulenka vorher in ein Ganoven-Lokal geraten ist und dort viele Gläser Bier getrunken hat. Als er zahlt, sieht ein Vereinsbruder ein Bündel Scheine, zwinkert einem Kumpanen zu, und schon sind sich die beiden einig, folgen Kulenka und »erledigen die Sache«. Zwei Zeugen beobachten den Vorgang und melden ihn der Polizei, die bald darauf die beiden Friedrichshainer festnimmt.

Der Vorstand des Ringvereins zieht sofort seine Drähte. Einer der Zeugen wird so unter Druck gesetzt, daß er seine Aussage zurückzieht. Der zweite wird überfallen und verprügelt und erst laufen gelassen, als er verspricht, daß auch er einem Irrtum aufgesessen ist.

Aber der Mann bleibt der Polizei gegenüber standhaft. Er wird daraufhin von zwei Mitgliedern des »Lotterie-Vereins« beschattet und sie versuchen schließlich, den hartnäckigen Zeugen zu kidnappen. Das Unternehmen scheitert nur an der Wachsamkeit einiger Nachbarn.

In den nächsten Tagen wird der »vereinsschädigende Zeuge« mit schriftlichen Drohungen bombardiert. Auch diese Einschüchterungsversuche bleiben wirkungslos. Der Mann geht sogar mit den Erpressungsbriefen zur Polizei, die realistisch und unbürokratisch reagiert: Sie rät dem Bedrohten, schleunigst in einen westlichen Vorort zu ziehen und sich dort auf keinen Fall auf dem Polizeirevier anzumelden. Dadurch kann kein Ringverein einen Wink über den Aufenthaltsort des Zeugen bekommen.

An dieser Stelle ist etwas zu registrieren, was die Reaktion der Polizei erklärt. Sie weiß, daß die Ringvereine über geradezu phantastische und fast nie nachgewiesene geheime Nachrichtenverbindungen verfügen und auf vielen Polizeirevieren ihre Freunde sitzen haben.

Mehr als das: es gibt sogar beim Kriminalgericht in Moabit eine regelrechte »Aktenbeseitigungs-Organisation«, zu der — wie sich erst 1932 herausstellt — nicht nur Büroboten oder kleine Sekretäre, sondern sogar zwei prominente Juristen gehören, die von den Ringvereinen geschmiert sind. Zahlreiche Anklagen können deshalb nicht erhoben werden, weil plötzlich alle Unterlagen verschwunden sind.

Als gegen die beiden Brüder, die den Schreinermeister Kulenka überfallen haben, verhandelt werden soll, stellt das Gericht am Morgen des Prozesses fest, daß es nichts mehr gegen sie in der Hand hat. Ein geschickter Anwalt nutzt die Situation aus und setzt es durch, daß die beiden Ganoven *ihr* Lotterie-Spiel gewonnen haben.

Das ist nun der Grund, weshalb die Kriminalpolizei einmal ein Exempel statuieren will. Sie weiß, daß die Friedrichshainer sich für einige Tage in ein Ausflugslokal am Schmöckwitz-See zurückziehen, das nur vom Wasser aus erreichbar ist. Sie dort alle miteinander aufzustöbern, ist ein zu großes Wagnis, zumal die Burschen alle bewaffnet sind.

Da verfällt ein Kommissar auf eine List. Er läßt von einem Fälscher-Spezialisten, der für den Alex gelegentlich arbeitet, nach einem alten Schreiben Briefbogen des Ringvereins »Felsenfest« drucken und teilt »mit Brudergruß« den Mitgliedern des Lotterie-Vereins mit, man werde sie in ihrem Sommerquartier besuchen, um wichtige Angelegenheiten zu besprechen. Der Termin ist so kurz festgelegt, daß eine Antwort nicht mehr erwartet werden kann.

Als »Dampferpartie« getarnt, machen sich fünf Kriminalbeamte und sechzehn Polizisten auf den Weg. Und da »Felsenfest« als Gesangverein eingetragen ist, beginnt man kurz vor dem Anlegen an dem kleinen Steg mit dem Lied »So lang' noch Untern Linden . . .«

Die »felsenfesten« Brüder werden laut und stürmisch begrüßt, und keiner der Friedrichshainer wundert sich darüber, daß im Bruderverein so viele neue Gesichter auftauchen.

Die Polizisten stellen sich sofort nach der Begrüßung auf, zücken ihre Notenblätter und singen, so gut es nur geht, »Wer hat dich, du schöner Wald, aufgebaut so hoch dort droben?« Als sie die zweite Strophe beginnen, lassen sie blitzschnell die Notenblätter verschwinden, ziehen ihre Pistolen, und ehe die Herren vom »Lotterie-Verein Friedrichshain« die Situation ganz begreifen, sind sie umstellt und werden auf den Dampfer gebracht.

Das Ergebnis dieser Aktion: Den Ganoven ist nichts Strafwürdiges nachzuweisen — bis auf jenen Überfall auf Kulenka. Um wieder mit der Polizei »ins reine« zu kommen, ist der Vereinsvorsitzende bereit, seine beiden »Brüder« über die Klinge springen zu lassen. Jeder erhält drei Jahre Gefängnis. Während dieser Zeit werden sie, nach altem Brauch und guter Ringverein-Sitte, umsorgt.

☆

Einen großen Tag erleben zwei Vereine, deren Mitglieder sich auf Taschendiebstahl spezialisiert haben. 1931, als durch die ständige Zahl der Arbeitslosen auch viele Theater schließen müssen und zahlreiche Schauspieler kein Engagement mehr haben, entschließen sich Stars von Bühne und Film, ihren notleidenden Kollegen zu helfen. Sie betätigen sich einen Tag lang als Verkäufer in dem großen Kaufhaus des Westens (KaDeWe) am Wittenbergplatz und führen ihre »Tagesgage« an ein Künstlerhilfswerk ab.

Claire Waldoff verkauft Taschentücher, Hans Brausewetter Zigaretten, Maria Paudler preist Kleider an, Käthe Haack erweist sich als perfekte Verkäuferin in der Wäscheabteilung, Paul Graetz, wegen seines schlagfertigen Humors besonders umlagert, wühlt in Seidenballen, Lil Dagover hat sich auf Herrensocken spezialisiert, und Frauenliebling Harry Liedtke haben es die Büstenhalter angetan.

Mehrfach muß das KaDeWe wegen Überfüllung geschlossen werden. In diesem Gedränge machen die Ringverein-Brüder so reiche Beute, daß ihre Kuriere mehrere Male ins Hauptquartier eilen und dort ihre »Sore« (Diebesware) deponieren müssen.

Von »Kleedagen-Hugo«, der seinen Spitznamen seiner Vorliebe für Kleider (Kleedage)-Diebstahl verdankt, ist das Wort überliefert: »Wat de kriejen kannst, det nimmste!«

Wenige Wochen zuvor hat sich der Ringverein »Maßliebchen«, dessen Mitglieder Spezialisten für Pferdeschwindel sind, wieder ein Ding auf der Mariendorfer Trabrennbahn geleistet. Das Pferd »Strauß« war für die Klasse der Sechsjährigen gemeldet worden. Es siegte so überlegen in diesem Rennen, daß die Wettbeamten mißtrauisch wurden. Als sie den Fall untersuchen wollten, war »Strauß« verschwunden. Er war unmittelbar nach dem Sieg von einem Auto abgeholt worden.

Als die Beamten der Sache nachgehen wollten, wurde ihnen erklärt, das Pferd sei auf dem Transport an einem Herzschlag gestorben. Ein Veterinär, der sofort hinzugezogen wurde, fand eine Stichwunde am Hals des Pferdes, und er stellte durch eine Urin-Untersuchung fest, daß »Strauß« durch Doping so überlegen gesiegt hat. Buchmacher,

Schupos stören das bürgerlich getarnte Idyll eines Gaunerlokals. Sie wollen erfahren, ob die „ehrenwerten Herren“ mit dem letzten großen Einbruch in der Leipziger Straße etwas zu tun haben. (60)

Jede Beerdigung eines „Bruders“ wird zu einer Demonstration. Alle Leidtragenden vom eigenen Verein und von befreundeten Vereinen erscheinen in Gehrock und Zylinder. Die Unterwelt gibt sich selber jene Ehre, die ihr das Bürgertum verweigert . . . (61)

Das „Romanische Café", Berlins berühmtestes Kaffeehaus (Foto: vom Turm der Gedächtniskirche), ist „Hauptquartier" aller Berliner Schriftsteller und ihrer Freunde aus der ganzen Welt: von Arrivierten und verkannten „Genies im Wartestand". (62)

Totalisator und die Drahtzieher bei diesem Schwindel, »Maßliebchen«-Brüder, waren längst mit dem Wettgewinn untergetaucht, und sie wurden auch nicht gefunden.

Einen echten Riß im Verhältnis zwischen den Ringvereinen und der Polizei gibt es Ende der zwanziger Jahre, weil die Ganoven einige Methoden übernehmen, wie sie in Chikago üblich sind. Sie stellen, zum Beispiel, Gastwirte unter ihren besonderen Schutz, die dafür eine bestimmte Summe monatlich bezahlen müssen. Verweigern sie die Fürsorge der Vereine, können sie damit rechnen, daß ihr Lokal am nächsten Tag unter dem Vorwand irgendeiner Prügelei zu Kleinholz geschlagen wird.

Auch kleine Geschäftsleute im Norden und Osten der Stadt müssen sich mehr und mehr dem Terror beugen, haben dann aber wirklich die Gewißheit, daß sie unbehelligt bleiben; denn die Ringvereine haben ihre Bezirke streng aufgeteilt und respektieren die Grenzen.

☆

Ganz und gar mißfallen der Polizei die plötzlich von einigen Ringvereinen installierten »Ehrengerichte«, die als regelrechtes Tribunal der Ganoven gelten können. Sie fällen Urteile wie ein Gericht — zum Beispiel über den Bruder, der bei der Polizei gesungen, vor Gericht nicht im gewünschten Sinne ausgesagt oder den verabredeten Eid nicht geschworen hat.

Es gibt unter den Ganoven einige »Berufszeugen«, die bereit sind, jede gewünschte Beobachtung zu schildern und ihre Aussagen zu beschwören. Die Richter vom Kriminalgericht in Moabit wissen das natürlich, aber es gelingt ihnen nie, diese Zeugen — die meist von dem Angeklagten benannt, von einem Winkeladvokaten instruiert und für ihre »Hilfe« belohnt werden — eines Meineids zu überführen.

Als einmal der Kammervorsitzende einen dieser Zeugen — es ist »Nuckel-Paule« — auf die Heiligkeit des Eides hinweist, fühlt der Schmierensteher Justitias sich so sehr in seiner »Ehre« gekränkt, daß der Gaul mit ihm durchgeht und Paule treuherzig erklärt:

»Ick weeß, Herr Präsident! Aba — ick möcht den Eid sehn, hohet Jericht, den ick nich schwöre!«

Damit, freilich, hat Nuckel-Paule unter dem Lächeln der Auguren seine Rolle charakterisiert.

Er ist nicht der einzige Berufszeuge, wenn es darum geht, seine Brüder vor dem Knast zu bewahren. Daß sie alle, wenn nötig, gerissene Anwälte als Ratgeber hinzuziehen, braucht wohl kaum erwähnt zu werden.

Im September 1929 fällt ein Ehrengericht des Ringvereins »Altberlin« sogar — ein einmaliger Fall in der Berliner Ganoven-Geschichte — zwei Todesurteile. Die Brüder Hans und Gustav Wolters sind angeklagt, sich vor Gericht durch belastende Aussagen schuldig gemacht zu haben. Das Todesurteil wird ihnen vom Ehrengericht mitgeteilt.

Die beiden Verurteilten dürfen zwar das Vereinslokal sofort verlassen, werden aber in den nächsten Tagen und Wochen systematisch zermürbt, von Schlupfwinkel zu Schlupfwinkel getrieben, in dauernder Angst, ihre Brüder könnten das Urteil tatsächlich vollstrecken.

An eine Flucht aus Berlin ist nicht zu denken; denn die Nachrichtenverbindungen zu den Ringvereinen im ganzen Reich würden dafür sorgen, daß sie sofort in ihrem neuen Domizil aufgestöbert werden.

Ende November 1929 schließlich stellen zwei Mitglieder von »Altberlin« die beiden Abtrünnigen in einem Lokal in der Moltkestraße, ganz in der Nähe der Österreichischen Botschaft. Die Henker, tadellos gekleidet, betreten in aller Ruhe das kaum besetzte Restaurant, ziehen ihre Pistolen, schießen ihre ehemaligen Brüder nieder und verschwinden blitzschnell mit einem Auto, das vor der Türe gewartet hat.

Polizei und Sanitäter sind sofort zur Stelle. Die beiden Schwerverletzten haben natürlich ihre ehemaligen Freunde gleich erkannt, weigern sich aber trotz allen guten Zuredens, deren Namen den Kriminalbeamten zu nennen. Sie hoffen nämlich, daß damit der Fall erledigt ist und daß es der Verein mit diesem Denkzettel genug sein läßt. Aber die Abrechnung folgt ...

In der Nacht zum 10. Dezember 1929 werden die Brüder Wolters an der Ecke Scharrenstraße — Friedrichsgracht erschossen. Alle Ringvereine distanzieren sich entrüstet von dieser »Schweinerei«, und die Empörung bei den meisten ist zweifellos ehrlich, weil Mord einfach nicht in ihren Ehrenkodex paßt. Die beiden Täter werden übrigens nie gefunden, obwohl viele Ringvereine der Polizei bei ihrer Suche helfen — im Bemühen, das alte gute Verhältnis wieder herzustellen.

Schon vorher hat es einmal Tote und viele Schwerverletzte gegeben — bei einem regelrechten Gefecht. Paul Graetz würde sagen: »Auch det war eben Berlin!«

Am 29. Dezember 1928 ziehen etwa vierzig Hamburger Zimmerleute, die an der neuen U-Bahnstrecke Gesundbrunnen-Hermannplatz arbeiten, von Lokal zu Lokal rund um den Schlesischen Bahnhof. Im »Klosterkeller« in der Breslauer Straße geraten die nicht mehr ganz stehfesten Hamburger mit Berliner Arbeitern in Streit.

Es kommt zu einer zünftigen Prügelei, die — alkoholbedingt — derart ausartet, daß der achtzehn Jahre alte Zimmermann Hubert Schulnies sein Messer zieht und einen Mann namens Peter Malchin so schwer am Hals verletzt, daß er später in der Chirurgischen Klinik in der Ziegelstraße stirbt.

Dieser Malchin ist nun nicht »irgendwer«, sondern Mitglied des Sparvereins »Norden«. Am Tage nach der Tat trifft »Muskel-Adolf« vom Ringverein »Immertreu« zwei seiner Brüder von »Norden«, die ihm entsetzt berichten, wie die Hamburger ihren Freund Malchin getötet haben.

Nun gehören »Immertreu« und »Norden« zu einem Ring gleichgesinnter Vereine, und da gegenseitige Hilfe eines der obersten Gebote der Ganoven ist, entschließt sich »Muskel-Adolf« zur brüderlichen Tat. Vom Wirt des »Klosterkellers« erfahren die beiden Zunftgenossen, daß sich der Zimmermann Schulnies, der angeblich in Notwehr gehandelt haben soll, gerade in dem Lokal »Naubur« in der Breslauer Straße aufhält.

Kurze Zeit darauf halten zwei Kraftdroschken, der acht Herren entsteigen, vor dem Zunftlokal der Zimmerleute. Vier bleiben draußen, vier, darunter »Muskel-Adolf«, treten ein, trinken dort scheinbar ruhig ihr Bier und mustern die etwa vierzig anwesenden Zimmerleute. Sie wollen die Polizei ausschalten und Selbstjustiz üben.

Schulnies ist bald ausgemacht, merkt, daß er beobachtet wird, und will die Wirtschaft verlassen.

»Schlagt ihn nieder, den Hund!« ruft einer der »Immertreu«-Männer. Auch die vier, die bisher draußen standen, sind jetzt eingetreten und bewaffnen sich mit Billardstangen und Stuhlbeinen. Die Zimmerleute greifen zu Beil und Hammer, und es gibt eine regelrechte Schlacht, die jäh unterbrochen wird, als »Muskel-Adolf« merkt, daß sie zu acht nicht gegen vierzig Gegner ankommen.

»Muskel-Adolf« schaltet wie ein Generalstäbler, der einen Entscheidungsangriff zu leiten hat, und fordert telefonisch und durch Boten Verstärkung an, die bald mit mehr als einem Dutzend Kraftdroschken anrollt. Die Zimmerleute dagegen müssen auf weitere Kämpfer verzichten.

Es kommt zu einer Prügelei, wie sie die Berliner Unterwelt noch nicht erlebt hat. Alles dient als Waffe, was die Männer gerade in die Hand bekommen. Schließlich sind es fast zweihundert Leute, die sich im »Naubur« und bald danach auf der Straße geradezu entfesselt gegenüberstehen. Es wird geschlagen, gestoßen, geboxt, geprügelt und schließlich auch zugestochen. Fast zum Schluß, kurz vor Mitternacht am Abend des 30. Dezember 1928, als die Schlägerei schon zwanzig Minuten andauert, fallen Schüsse.

Als das Überfallkommando eintrifft, stieben alle blitzschnell auseinander und schleppen dabei noch ihre Verwundeten mit. Nicht ein einziger wird von der Polizei gefaßt. Die Ringvereinler sind überlegene Sieger. Während kaum einer von »Muskel-Adolfs« Männern verletzt ist, gibt es bei seinen Gegnern sieben Schwerverwundete, von denen einer wenige Tage später im Krankenhaus stirbt.

Die Berliner haben ihr Spektakel. Tagelang berichten alle Zeitungen ausführlich darüber, und zum ersten Male erfährt die Öffentlichkeit Konkretes über die Ringvereine.

Es kommt zu einem sensationellen Prozeß in Moabit. Die Ringvereine haben die beiden besten Anwälte Berlins aufgeboten, die einen internationalen Ruf genießen: die Starverteidiger Dr. Alsberg und Dr. Dr. Frey, die übrigens — weil sie so manchen Bruder vor der Haft bewahrt haben — schon lange »Ehrenmitglieder« einiger Ringvereine sind. Jeder von ihnen erhält ein Vorschuß-Honorar von 10 000 Mark. »Immertreu« und »Norden« wissen, was auf dem Spiel steht.

Bisher sind Alsberg und Frey noch nie zusammen in einer Verhandlung aufgetreten. Daß es ausgerechnet erstmals in einem Ringverein-Prozeß geschieht, macht entsprechende Schlagzeilen.

Schon am 4. Februar 1929 (also knapp fünf Wochen nach der Schlacht) brillieren Frey (der »Immertreu« vertritt) und Alsberg (der Verteidiger von »Norden«) wieder durch ihre Verteidigungskunst und lassen die Ringvereine in einem so guten Licht erscheinen, daß alle Angeklagten bis auf »Muskel-Adolf« und »Mollen-Albert« freigesprochen werden. Adolf erhält zehn Monate Gefängnis, Albert fünf Monate wegen »einfachen Landfriedensbruchs in Tateinheit mit Raufhandel«.

Während des Prozesses — der sich dadurch zur weltweit beachteten Sensation entwickelt, daß die beiden berühmtesten Juristen ihrer Zeit gleichzeitig in einem Gerichtssaal brillieren — kommt es zu einem kleinen Zwischenspiel.

Frey wird in seinem Anwaltszimmer im Kriminalgericht Moabit ein kostbarer pelzgefütterter Mantel gestohlen. Der Anwalt behauptet natürlich sofort, das habe nur einer getan, »um seine Schützlinge zu diskreditieren«. Der Täter wird nie ermittelt.

Doch wenige Tage nach dem Prozeß überreicht »Aktien-Mieze«, die Freundin von »Muskel-Adolf« und so etwas wie eine »Immertreu«-Vermögensverwalterin, dem Anwalt einen neuen Pelzmantel im Werte von fünftausend Mark und fragt beschwörend: »Globen Se im Ernst, Herr Dokta, det wir Sie beklaut hab'n?«

Am 7. Dezember 1929 hat der Berliner Polizeipräsident Zörgiebel die Ringvereine »Immertreu« und »Norden« aufgrund des Reichsvereinsgesetzes verboten. Max Alsberg und Erich Frey setzen durch, daß dieses Verbot wenige Monate später wieder aufgehoben wird.

Apropos, Verbot. Als vom 5. Mai 1927 bis 31. März 1928 die nationalsozialistische Partei und ihre Sturmabteilung (SA) verboten werden, gründen die SA-Männer einen Verein nach dem anderen, damit nicht alles auseinanderläuft, und sie geben ihnen Namen, die von Ringvereinen entlehnt sein könnten: die Schwimmvereine »Gut Naß« und »Hohe Welle« etwa, die Kegelklubs »Gut Holz« und »Alle Neune«, den Sparverein »Pinkepinke«, den Wanderverein »Zur Schönen Eichel«. Die Ringvereine wittern zunächst unliebsame Konkurrenz, merken aber schon bald, daß es sich nur um »die varrickten Braunen« handelt.

Nach dem »Immertreu«-Prozeß dauert es noch vier Jahre, bis das Schicksal der Ringvereine besiegelt wird. Bald nach der Machtübernahme durch die Nationalsozialisten wurden alle Vereine aufgelöst. Wer mehr als ein Jahr lang Mitglied war, kam automatisch in Sicherungsverwahrung oder gar ins Konzentrationslager.

Viele von den ehemaligen Vereinsbrüdern wurden später »auf der Flucht erschossen«, und nur wenige überlebten das Dritte Reich. Alle Versuche, nach dem Kriege die alte Macht und Herrlichkeit der Ringvereine wieder aufleben zu lassen, sind gescheitert.

X

Musenkuß mit Molle und Mokka

An den Tischen des Romanischen Cafés: Literaten aus aller Welt

Lichter in allen Farben, gleißend und gedämpft, tanzend, kreisend oder ruhelos flimmernd: die Signale der Bars, der Weinhäuser, der Kneipen. Die Lichter winken und werben ganz vornehm oder anheimelnd solide, verlockend-verführerisch oder ganz einfach als wegweisende Leuchtzeichen.

Zu den 16 000 Kneipen (1929), 550 Kaffeehäusern und 220 Bars und Tanzlokalen Berlins gehören auch jene gastronomischen Treffpunkte, die von Künstlern jeglicher Art, vom Regisseur über den Dichter und Maler bis zum Schauspieler, besucht werden. Wer will, kann täglich in den späten Abendstunden viele berühmte Frauen und Männer in bestimmten Lokalen beobachten.

Der Verfasser erinnert sich eines Abends im Herbst 1936. Er unternahm mit einem Kollegen aus der »Provinz« (alles, was nicht Berlin war, gehörte aus reichshauptstädtischer Sicht dazu) einen Lokalbummel im Bannkreis der Gedächtniskirche. Dabei konnte er ihm — beginnend in der Weinstube von Schwannecke und nach vielen Stationen in der Eden-Bar endend — 26 prominente Künstler »vorführen«: unter anderen Heinrich George (»Wenn der einen zur Brust nehmen will, hat er schon mehrere intus«, meint sein Kollege Paul Wegener), Lil Dagover, Willi Fritsch, Käthe Dorsch, Werner Krauß, Eugen Klöpfer und Olga Tschechowa, dazu den Komponisten Paul Lincke und den Schriftsteller Hans Fallada.

Heute möchte der Autor Sie, verehrte Leserin, und Sie, geschätzter Leser, zu einem abendlichen Bummel durch das lichtdurchflutete Berlin einladen. Garderobe? Bleiben Sie, bitte, wie Sie gerade sind. Berlin ist tolerant. Wir besuchen sehr verschiedenartige Lokale, und es wäre schwierig, sich zwischendurch umzuziehen.

Beginnen wir in den Lokalen, die von Künstlern bevorzugt werden, und machen wir hier, an irgendeinem Herbsttag des Jahres 1932, den Anfang schon am Nachmittag im Romanischen Café: dem berühmten Sammelplatz der Literaten.

Zuvor ist dazu jedoch etwas Grundsätzliches zu sagen ...

»Berlin war mehr als eine Messe wert. Diese Stadt fraß Talente und menschliche Energien mit beispiellosem Heißhunger, um sie ebenso rasch zu verdauen, kleinzumahlen und wieder auszuspucken«, charakterisiert Carl Zuckmayer die Situation der alten Reichshauptstadt. »Was immer in Deutschland nach oben strebte, saugte sie mit Tornado-Kräften in sich hinein, die Echten wie die Falschen, die Nullen wie die Treffer, und zeigte ihnen erst mal die kalte Schulter.«

Dann aber, nach Kämpfen und Fleiß, nach Enttäuschungen und Rückschlägen, eroberte jeder, der »etwas auf dem Kasten« hatte, die Metropole an der Spree.

»Wer Berlin hatte, dem gehörte die Welt« — um noch einmal Zuckmayer zu zitieren. »Nur mußte er — und das war der treibende Sporn — alle Hürden immer wieder neu nehmen und immer wieder durchs Ziel gehen, um seine Stellung zu halten. Der tosende Beifall von heute war keine Gewähr gegen das klanglose Begräbnis von morgen.«

Was auf künstlerischem Gebiet für Regisseure, Dramatiker, Schauspieler und Musiker gilt, das trifft in besonderem Maße auch für die Schriftsteller zu. Und Berlin war der große Magnet für alle, die »unsterbliche Werke« schaffen wollten.

Die Talente wurden zwar meist in der Provinz geboren, aber in Berlin entdeckt, gedruckt, gefeiert oder — abgelehnt. Die Reichshauptstadt war der Zufluchtsort für all jene, die es mit dem Schreiben und dem Dichten versuchen wollten. Die Stadt war eine große Kolonie der Poeten und eine hektische literarische Karawanserei.

Ohne die Journalisten, von denen freilich viele in ihren Feuilletons oder Reportagen literarisches Niveau zeigten, lebten bis 1933 rund

800 Dramatiker und Schriftsteller in Berlin. Von ihnen haben etwa 200 mit ihren Werken die Zeit überdauert, ihren Ruhm gemehrt, und sie sind noch heute in allen Literatur-Lexika genannt.

Auch die großen Buchverlage — von S. Fischer bis Ullstein, von Rowohlt bis Kiepenheuer — hatten ihren Sitz in der Reichshauptstadt. Die kleineren Literatur-Unternehmer mitgerechnet, hatten sich an der Spree rund 1200 Buchverleger niedergelassen.

Max Tau, lange Jahre Lektor bei dem führenden Berliner Kunstverleger Bruno Cassirer, erinnert sich:

»Damals waren Bücher noch Ereignisse. Man sprach von ihnen wie man von Entdeckungen und Erfahrungen spricht. (...) Leipzig war das Symbol der Verleger, für die ganze Welt. Aber Berlin war der Mittelpunkt. Bei allen ihren Verschiedenheiten respektierten sie sich. Der eine glaubte zwar immer, der andere sei verrückt, aber er brachte für diese Verrücktheiten doch eine ganz ehrliche Bewunderung auf. Es gab Verlagshäuser, deren Namen man mit dem gleichen Respekt aussprach wie die der meistgelesenen Autoren.«

Symbol für den Literaturbetrieb der zwanziger Jahre und noch bis ins Dritte Reich hinein sind die Berliner Cafés und Weinrestaurants, in denen sich Dichter, Schriftsteller, Verleger und auch Künstler aus allen Bereichen treffen.

Als historische Reminiszenz sei hier angemerkt, daß es schon im vorigen Jahrhundert in Preußens Hauptstadt und später im Kaiserreich berühmte Stammlokale für Schriftsteller gab. Gotthold Ephraim Lessing und Heinrich Heine, Theodor Fontane und Clemens Brentano, Ludwig Tieck und Joseph von Eichendorff — sie alle saßen lieber in den Kaffeehäusern Berlins als auf den Bänken gepflegter Parks oder romantischer Wälder. Viele der schönsten Gedichte von Eichendorff und Heine entstanden, während sie genießerisch in Berlin ihren Kaffee tranken.

☆

In den Jahren vor dem Ersten Weltkrieg waren es vor allem das »Café des Westens« und das »Alte Café« (im Volksmund »Café

Größenwahn« genannt), in denen sich die Literaten trafen — von dem berühmten Weinkeller von Lutter & Wegner, der durch E. T. A. Hoffmann bekannt geworden ist, vom Weinhaus »Zum Schwarzen Ferkel« (dessen Stammkunden August Strindberg, Richard Dehmel, Karl Ludwig Schleich waren) und anderen ganz zu schweigen.

Nach 1918 wird das »Romanische Café« an der Gedächtniskirche Haupttreffpunkt der Schriftsteller. Hier, in diesem hohen Raum mit seiner bombastischen romanischen Säule, in einem Haus, das in dem von Kaiser Wilhelm II. so geliebten pseudoromanischen Stil erbaut war, steht die Drehtür nie still.

Berühmtheiten und alle, die es zu werden hoffen, werden hier gleichsam angesaugt in eine Welt der Individualisten — Maler und Schriftsteller, Journalisten und Verleger, Schauspieler und Regisseure.

Es gibt im Romanischen Café so etwas wie eine »Hierarchie«. Im »Bassin für Schwimmer«, dem kleineren Kaffeehausraum (auch »Großes Bassin« genannt), treffen sich die Maler George Grosz und Max Slevogt, Emil Orlik und Leo von König, Rudolf Großmann und Max Oppenheimer (genannt »Mopp«) mit dem italienischen Dichter Luigi Pirandello und anderen Literaten. Gelegentlich gesellt sich auch der Bildhauer Ernesto de Fiori hinzu.

Von hier aus führt eine Treppe hinauf zur Galerie, hinter der die stille Welt der Schachspieler liegt. Kein lautes Wort fällt, und auch viele international bekannte Meister spielen hier.

Im »Bassin für Nichtschwimmer« tagt die Zunft der Dichter und Schriftsteller. Regelmäßig sind hier anzutreffen — um nur wenige Namen zu nennen: Erich Mühsam, Roda Roda, Ernst Toller, Bertolt Brecht, Heinrich Mann, Wolfgang Goetz, Walter Mehring, Arnolt Bronnen (»Napoleons Fall«), Carl Zuckmayer, Billy Wilder, Egon Erwin Kisch, Theodor Daeubler, Joseph Roth und Walter Hasenclever (»Ehen werden im Himmel geschlossen«).

Ja, und eigentlich wäre hier nun eine lange Liste aufzuführen, die auch jene Namen enthalten müßte, die im Romanischen Café zehn Stunden lang bei einer einzigen Tasse Kaffee sitzen, Pläne schmieden, Reden halten und die Welt verbessern möchten.

»Es gab Leute, die nur im Romanischen Café lesen und nur dort ihre Artikel, Gedichte und Briefe schreiben konnten«, notiert der Berliner Kritiker Herbert Pfeiffer. »Und es sind sehr viele gute Gedichte und Artikel im Romanischen Café geschrieben worden. Und es gab Leute, die nur dort oben auf der Galerie, an den kleinen Tischen, Schach spielen konnten, und der Schachweltmeister Emanuel Lasker *(ein Schwager der Lyrikerin und Dramatikerin Else Lasker-Schüler, die ebenfalls zu den Stammgästen des Cafés gehört)*, dieser Mathematiker mit dem lauernden Blick des Reptils beim Spiel, ist aus dem Romanischen Café nicht wegzudenken.«

Die meisten Stammgäste des Cafés bringen ihre Gefährtinnen mit. Auch sie, natürlich, malen und dichten und schreiben, auch wenn sie noch nicht entdeckt und gedruckt sind.

Ausländische Schriftsteller, die Berlin besuchen, gehen zuerst in das Romanische Café, um hier die neuesten Nachrichten vom Literaturmarkt zu erfahren. Gäste aus aller Herren Länder werden vom Portier Fritz Nietz, diesem langen blonden Mann, der einmal bei des Kaisers Garde gedient hat, wie alte Freunde begrüßt: Ilja Ehrenburg aus der Sowjetunion, Thomas Stearns Eliot aus Großbritannien, Franz Werfel und Robert Musil (der übrigens zwei Jahre lang in Berlin lebt und hier seinen »Mann ohne Eigenschaften« schreibt) aus Österreich, Sinclair Lewis und Thomas Wolfe aus den USA, André Gide aus Frankreich — um auch hier nur wenige Namen zu nennen aus einer langen Reihe.

Für viele ausländische Schriftsteller gilt die Losung: Jedes Jahr einmal nach Berlin! Und wer es einrichten kann, bleibt sogar viele Monate hier, »um sich von der Atmosphäre Berlins inspirieren zu lassen« (so Sinclair Lewis).

»Im Romanischen Café traf ich alles, was zwischen Reykjavik und Tahiti von Beruf oder aus Liebhaberei mit den Musen und Grazien in irgendeiner Beziehung stand«, sagt der Schriftsteller Günther Birkenfeld, der dem Café den Namen »Wartesaal des Genius« gab.

Alle, die sich des Interieurs des Romanischen Cafés erinnern, können heute nur schwer verstehen, daß gerade dieses im Grunde ungemütliche Kaffeehaus zu solchem Ruhm gelangt ist. Schräg gegenüber der Drehtür lag das Buffet, das sich in architektonischer Abscheulichkeit mit jedem Wartesaal Preußens messen konnte. Und doch, und doch ... Es lag ganz einfach an der einzigartigen Atmosphäre, die von den Gästen und »Dauersitzern« geschaffen wurde.

Wer von den jungen Talenten endlich ein Buch verkauft und einen Vorschuß erhalten hat, zeigt sich im Romanischen Café spendabel und ladet jene ein, die es noch nicht geschafft haben. Die längst Arrivierten, die solche Szenen lieben, erinnern sich dabei gerne jener Zeit, da auch sie ihren ersten Erfolg feiern konnten.

»Im Romanischen Café saßen *(auch)* viele Dichter herum, die als Dichter verkleidet waren«, erinnert sich Hermann Kesten (»Die fremden Götter«) der Jahre vor 1933. »Sie trugen wildwuchernde Poesiebärte und lange Musenmähnen, inspirierte Krawatten oder hochrot lackierte Ideen zur Schau.«

Unvergessen ist allen der unwiderstehlich charmante »Schnorrer« aus Wien, Anton Kuh, der mit österreichischem Charme die schönsten Anekdoten zu erzählen weiß, deshalb oft eingeladen wird und trotz seines dichterischen Talentes nur selten schreibt. Dieser Stammgast aus dem »Romanischen« ist sogar ein regelmäßiger Besucher der Bar im »Hotel Adlon« — ohne je zu bezahlen.

Er gewinnt die Freundschaft des Hoteliers und schafft etwas, das noch keinem geglückt ist: Louis Adlon räumt Anton Kuh im ersten Stock ein Zimmer ein, das er kostenlos bewohnen darf. Seine Gegenleistung besteht darin, daß er »erlauchte« Gäste des Hotels gelegentlich mit seinen Anekdoten, deren Schatz unerschöpflich ist, unterhalten muß.

Das alte Romanische Café, das im Feuersturm des Krieges versank, lebt als Legende fort bei all jenen, die hier diskutiert oder auch nur als Zuschauer beobachtet haben. Daß es im heutigen Europa-Center innerhalb eines Tanzcafés einen Winkel gibt, der sich »Romanisches Café« nennt, ist eine »Verhohnepiepelung« des alten weltberühmten Cafés gegenüber der Gedächtniskirche.

☆

Außer dem Romanischen Café gibt es noch viele andere Literaten-Treffpunkte, die Hermann Kesten einmal »Filialen des Parnaß« genannt hat (in der griechischen Mythologie war der Parnaß Sitz der Musen und Apoll geweiht).

Wo soll unsere Reise beginnen, wo soll sie enden? Auch hier können wieder nur wenige Namen für viele andere stehen.

Da ist zunächst die Weinstube von Schwannecke in der Rankestraße. Der Besitzer, Victor Schwannecke, Berliner aus Sachsen, selber einmal Schauspieler und nach dem Ersten Weltkrieg sogar für kurze Zeit Intendant des Bayerischen Staatstheaters, hat sein Lokal zu einer regelrechten Künstler-Börse erhoben. Wer hier verkehrt, wird danach eingeschätzt, wie er das tut. Was er hier ißt, welche Marke er trinkt, die Höhe seiner Rechnung — alles das signalisiert, wieviel »man« wert ist: auf der Bühne, beim Film oder auf dem Literaturmarkt.

Schwanneckes Tochter, Ellen, hat sich einen Namen beim Film gemacht (»Mädchen in Uniform«). Vater und Tochter sind also »vom Bau«.

In dieser Weinstube ist am späten Abend viel Prominenz zu sehen. Neben dem Schriftsteller Leonhard Frank (»Das Ochsenfurter Männerquartett«) hockt der Schauspieler Fritz Kortner, neben den Schauspielern Ernst Deutsch und Rudolf Forster sitzen die Tänzerinnen Maria Solveg und Kata Sterna, neben Erich Kästner lächelt eine neue Diva der Ufa, neben dem Schauspieler Walter Franck hat sich die weltberühmte Tänzerin Gret Palucca niedergelassen.

Es vergeht kaum ein Abend, an dem nicht mindestens dreißig Prominente von Bühne, Film und aus der Literatur bei Schwannecke versammelt sind. Häufiger Gast ist auch Leopold Jeßner. Eigentlich wäre festzustellen, daß es keinen bekannten Künstler Berlins gibt, der sich nicht mindestens monatlich einen Abend lang bei Schwannecke blicken läßt.

Ein ganz anderes Bild bietet sich bei Berlins populärster Künstlerwirtin: bei Aenne Maenz in der Augsburger Straße. Der große Filmregisseur Ernst Lubitsch hat es entdeckt — dieses Lokal, das eine Kneipe im besten Sinne ist.

Bei Schwannecke gehen die Gäste auf Teppichen, bei der Maenz tritt man auf Zigarettenstummel, Bierfilze und Papierfetzen. Aber gerade diese Komfortlosigkeit macht »Aenne Maenz« zu einer besonderen Attraktion. Die Wände des meist verräucherten Lokals bilden eine einzige Folge von Fotos prominenter Berliner Künstler, die hier, beim »Muttertier aller Kneipenwirtinnen«, verkehren und urige Stunden erleben. Hier darf man ganz Mensch und natürlich sein.

Vor diesem originellen Künstlerlokal hat Adalbert Duffner (»Papa Duff«) sein Revier als Zeitungsverkäufer. Er hat schon in zahlreichen Filmen als Statist mitgewirkt, weil alle großen Regisseure, die bei Aenne ein und aus gehen, ihn irgendwann einmal »gebraucht« haben — als Statisten neben Emil Jannings oder Asta Nielsen oder einer anderen Berühmtheit vom Film.

Wenn Papa Duff, der 1933 schon 84 Jahre alt ist, von Künstlern spricht, beginnt jede seiner Geschichten mit »meine Freundin Harvey ...« oder »mein Freund Fritz Lang ...«. In den alten Berlinern lebt Duffner heute noch fort als eine Art Denkmal, das er allen anonymen Zeitungsverkäufern der alten Reichshauptstadt gesetzt hat.

☆

Ganz vornehm treffen sich Künstler und Literaten in der Bar vom Hotel »Eden« in der Budapester Straße. Hier sitzen Heinrich Mann und Gustaf Gründgens, der sozialistisch-pazifistische Dramatiker Wilhelm Herzog (»Die Affaire Dreyfus«) und Fritz Kortner, Max Pallenberg und seine Frau Fritzi Massary, Erich Maria Remarque und Albert Bassermann an ihrem Stammtisch. Zu ihnen gesellen sich gelegentlich auch andere, wie etwa Bertolt Brecht oder Fritz Lang, Berlins profiliertester Filmregisseur. Freilich verkehren auch die »Eden«-Stammgäste in den übrigen Lokalen, je nach Zeit und Laune.

»In der Eden-Bar wurde viel geschwatzt, viel geklatscht und nur selten politisiert«, erinnert sich Fritz Kortner. Seine Feststellung gilt übrigens auch, abgesehen vom Romanischen Café, für die meisten Künstlerlokale.

Eine Besucherattraktion sind Berlins Künstlerlokale. In der „Kleinen Scala", gegenüber dem Varieté, hängen die Fotos von Artisten aus aller Welt. Die Wirtin (dritte von links) ist als „Mutta Schwanebeck" den Künstlern, die in der Scala auftreten, ein Stückchen Heimat. (63)

Sylvesterfeier 1926: Schauspieler unter sich. Zweite von links ist Olga Tschechowa, die mit ihren Füßen Willy Fritsch am Kinn streichelt. Neben ihm hat Max Hansen eine unbekannte Schöne auf dem Schoß. Ganz rechts: Wilhelm Bendow. (64)

Chef der Berliner Mordkommission: Kriminalrat Ernst Gennat. (65)

Berlins Vizepolizeipräsident und Kripochef: Dr. Bernhard Weiß. (66)

Gennats berühmtes „Mordauto", wie die Berliner den großen Daimler-Benz der Mordkommission nennen. In dieser Spezialanfertigung ist alles untergebracht, was eine Mordkommission an technischen Hilfsmitteln benötigt. Der Wagen enthält sogar ein kleines Büro. (67)

Im »Café Adler« am Nollendorfplatz sitzen häufig die beiden erfolgreichen schriftstellernden Ärzte Alfred Döblin und Gottfried Benn. Und wenn sich Ludwig Marcuse, Kritiker beim »Berliner Tageblatt« und später Philosophie-Professor in den USA, hinzusetzt, schlagen die Diskussionswellen recht hoch.

Zum Stammtisch der beiden Ärzte gehört auch ihr österreichischer Kollege Alfred Adler, ein Schüler des Psychoanalytikers Siegmund Freud.

»Mampe's Gute Stube« am Kurfürstendamm ist das Hauptquartier des österreichischen Schriftstellers Joseph Roth (»Radetzkymarsch«), der hier seine Freunde und Kollegen um sich schart und ihnen in seiner still-charmanten Art mit viel Witz Geschichten erzählt.

Wenn Erich Kästner nicht gerade im Romanischen Café oder in der Eden-Bar sitzt, findet man ihn im »Café Leon«. Hier, in seinem Kaffeehaustisch-Büro, schreibt er viele seiner aggressiven Verse, und hier trifft er Freunde und Verleger.

Bei Betty Stern, die Wert auf Salon-Atmosphäre legt, hat die große Schauspielerin Elisabeth Bergner ihren Stammplatz; auch Max Reinhardt und Fritzi Massary verkehren hier. Gründgens läßt sich bei Betty Stern blicken, die Komponisten Leo Fall, Emmerich Kálmán und Jean Gilbert fühlen sich hier zu Hause.

Im »Café Wien« am Kurfürstendamm gibt es ebenfalls einen Stammtisch der Literaten mit wechselnder Besetzung. »Präsident« ist hier der Dichter Max Herrmann-Neiße (»Musik der Nacht«), der zugleich als feinsinniger Berliner Kabarett-Kritiker gilt und für das »Berliner Tageblatt« arbeitet. Seine Freunde nennen den Berliner aus Schlesien »Macke«.

Die Auslands-Journalisten treffen sich in der »Taverne«, die Kartenspieler unter den Künstlern bei »Muth«, wo auch gelegentlich Claire Waldoff hineinschaut, wenn sie nicht gerade bei »Mutter Maenz« sitzt.

Die »Westend-Klause«, in der Nähe des späteren Reichssportfeldes, ist Treffpunkt für jene Künstler, die am Sachsenpark und in dessen Umkreis wohnen: Willy Forst, Jakob Tiedtke und Paul Wegener, Asta Nielsen, Henny Porten und Else von Möllendorf, der Architekt Hans Poelzig, der Bildhauer Fritz Klimsch, Max Schmeling und Anny Ondra, vor allem aber der liebenswert-skurrile Joachim Ringelnatz und die vitale Kabarettistin Kate Kühl, die Verse von Bert Brecht, Kurt Tucholsky und Joachim Ringelnatz mit kaum wieder erreichter Intensität vorträgt.

Ringelnatz wechselt gelegentlich die Tapeten und läßt sich »Bei Henry Bender« in der Bleibtreustraße sehen. Bei Bender, der früher selber Komiker war, treffen sich jene aus dem Berliner Kulturleben, die sich besonders unkonventionell geben. Lange Zeit dient ein zweckentfremdeter Nachttopf als Kognakschwenker, der von Mund zu Mund gereicht wird. Zur Bender-Runde gehörten zum Beispiel Typen wie der Komponist Willy Bretschneider und der Schauspieler Paul Westermeier, aber auch bekannte Juristen und Ärzte.

Wer die Artisten, die in der »Scala« auftreten, »in Zivil« sehen möchte, muß in die »Kleine Scala« gehen. Sie liegt dem Varieté direkt gegenüber. Hier treffen sie sich meist nach der Vorstellung und müssen Autogramme geben. Die Wirtin des Restaurants »Kleine Scala« wird von allen nur »Mutta Schwanebeck« genannt. Sämtliche Wände ihres Lokals sind mit Fotos aller berühmten internationalen Artisten dekoriert. Den Clou stellt eine vergoldete Büste von Grock dar. Jeden Abend richtet »Mutta Schwanebeck« ein handfestes und preiswertes Stammessen für ihre Künstler.

»Janz vornehm« geht es im »Jockey« zu, wo Freddy Kaufmann Gäste aus der ganzen Welt begrüßt, etwa die Berliner Maler Max Slevogt und Max Liebermann, den französischen Schriftsteller Jean Cocteau, den englischen Filmregisseur Anthony Asquith, Franz Werfel und Ernest Hemingway oder den Staatssekretär Richard von Kühlmann, der 1918 als Vertreter des Deutschen Reiches den Friedensvertrag von Brest-Litowsk mit Sowjetrußland (3. März) und von Bukarest mit Rumänien (7. Mai) abgeschlossen hat.

Auch Marlene Dietrich, Gustaf Gründgens, die Tänzerinnen Tatjana Barbakoff und Tamara Karsavina sind hier oft anzutreffen.

Wenn Richard Tauber sich nach der Vorstellung im »Metropol« hier blicken läßt, muß er eines seiner schönsten Lieder für die Gäste singen. Vicki Baum, eine der erfolgreichsten Unterhaltungsschriftstellerinnen jener Jahre, pflegt hier den Abschluß eines neuen Werkes zu feiern.

Alfred Kerr, Berlins berühmter und geistvoller Theaterkritiker, ist ebenfalls gelegentlich Gast im »Jockey«. Hier gebiert er so manches Bonmot, das die Runde durch Berlins Künstlerlokale macht, wie etwa: »Der Becher geht so lange zum Bronnen, bis er Brecht«. Johannes R. Becher (»Der Bankier reitet über das Schlachtfeld«) ist wohl der konsequenteste unter den politisch-sozialistischen Dramatikern jener Zeit; Arnolt Bronnen (»Rheinische Rebellen«) liebt literarische Skandale, und Bert Brecht ist seit seiner »Dreigroschenoper« auch dem breiten Publikum ein Begriff.

☆

Ganz exklusiv treffen sich Künstler auf den Festen, die der Kunsthändler Alfred Flechtheim in seiner luxuriösen Wohnung am Pariser Platz gibt. Sie beginnen meist erst nach Mitternacht, wenn die Theatervorstellungen beendet sind. Was in der Berliner Kunstwelt Rang und Namen hat, darf sicher sein, eine Einladung von Flechtheim zu erhalten.

Das gilt auch für die großen Gesellschaften, die bis zu seinem Tod (1926) der Kunsthändler und Verleger Paul Cassirer gibt (er ist ein Vetter des schon genannten Bruno Cassirer). Seine Frau, die Schauspielerin Tilla Durieux, die als bestangezogene Dame Berlins gilt, erinnert sich:

»Diese Gesellschaften fanden in den unteren Räumen *(unseres Hauses in Grunewald)* statt, wo ein Buffet aufgestellt war, während man im Oberlichtsaal tanzte. Wir sorgten für junge Menschen und hübsche Frauen, und wer von den jungen Künstlern keinen Abendanzug besaß, mußte trotzdem kommen; denn Paul stand wie immer auf dem Standpunkt, der auch der meine war: wem es nicht paßt, brauchte nicht wiederzukommen. Selbstverständlich lud ich auch einige Kollegen ein.«

Einige Kollegen — das war die ganze erste Garnitur vom Staatlichen Schauspielhaus am Gendarmenmarkt. Auch hohe Repräsentanten aus der Diplomatie, wie etwa der britische Botschafter Lord d'Abernon, sind Gäste bei Cassirer, ebenfalls Berlins kleinster und exklusivster Künstlerklub, der »Club der Weißen Nelke« mit seinen fünf Mitgliedern.

Eine Künstler-»Herberge« besonderer Art hat Gerhart Hauptmann im Hotel »Adlon« aufgeschlagen. Hier wohnt er immer, wenn er wochenlang in der Reichshauptstadt weilt, und die Berliner grüßen ihn respektvoll, wenn er Unter den Linden promeniert.

Hauptmann, bis 1933 als »Dichter der Republik« gefeiert, gehört zur Preußischen Dichter-Akademie, in der vorwiegend jene Schriftsteller vertreten sind, die humanitäre und demokratische Tendenzen in ihren Werken vertreten: die Brüder Heinrich und Thomas Mann, Ricarda Huch, Bernhard Kellermann, Hermann Stehr, Wilhelm von Scholz, Alfred Döblin, Max Halbe und viele andere, von denen ein großer Teil 1933 ins Exil getrieben wird.

Gerhart Hauptmann sitzt oft im »Adlon« mit seinen Dichter-Kollegen zusammen, und kein gewöhnlicher Sterblicher darf sie dann bei ihren Gesprächen stören.

Wenn Eufemia von Adlersfeld geborene Gräfin Ballestrem, Verfasserin von 90 Gesellschaftsromanen (»Schloß Monrepos«), sich in Berlin aufhält, logiert sie ebenfalls im »Adlon«. Hier sitzt sie einmal lange mit Gerhart Hauptmann zusammen, der ihr Werk als Unterhaltungsliteratur sehr schätzt.

Da wir gerade Unter den Linden sind, können wir hier in der Berliner Friedrichstadt den Blick in einige berühmte Restaurants werfen. Da sind zunächst die exklusiven Speisesäle der erstrangigen Hotels »Adlon«, »Kaiserhof«, »Bristol« und »Esplanade«. Im »Bristol« speist gern Reichsaußenminister Gustav Stresemann mit ausländischen Diplomaten.

Im »Kaiserhof« bewohnte Hitler mit seinem Gefolge eine Zimmerflucht, wenn er sich vor seiner Machtübernahme (30. Januar 1933) in der Reichshauptstadt aufhielt. Ursprünglich hatte er im »Excelsior« sein Domizil aufschlagen wollen. Aber der Direktor scheute den Wirbel, der stets mit der Anwesenheit des nationalsozialistischen Führers in Berlin verbunden war, und bat diskret, Hitler möge sich ein anderes Quartier besorgen. So erwählte er den teureren »Kaiserhof« — wegen dessen Lage der Reichskanzlei gegenüber: dem Ziel seines Kampfes ...

Nicht weit von Unter den Linden liegt in der Französischen Straße das Feinschmeckerlokal »Borchardt«, in dem hauptsächlich Diplomaten und Repräsentanten von Industrie und Finanzwirtschaft verkehren; in der Behrenstraße gibt es die »Kleine Dependance« des Auswärtigen Amtes, das Speiselokal »Ewest«; Unter den Linden folgen »Hiller«, das Weinlokal »Habel« und das Restaurant »Kranzler« (im ersten Stock des Cafés), in der Friedrichstraße »Eggebrecht«, in der Leipziger Straße »Traube«, »Dressel« und schließlich »Kempinski«, in dem prominente Journalisten und Filmproduzenten zu dinieren pflegen.

Andere berühmte Lokale, im Westen der Stadt, sind »Horcher« in der Lutherstraße, in dem Richard Tauber und Fritzi Massary regelmäßig speisen, »Zum Austernmeyer« und »Kempinski« am Kurfürstendamm. Die Liste ist damit keineswegs erschöpft; sie nennt unter den zahlreichen Lokalen nur einige, die besonders bekannt waren und heute noch in der Erinnerung der Berliner und ihrer Besucher fortleben.

Der Autor hatte gedacht, er könne heute mit seinen Lesern noch durch das turbulente nächtliche Berlin streifen: durch die Tanz- und Vergnügungspaläste, die Revue-Theater, die Ballsäle, die intimen Bars und eleganten Hotel-Tanzdielen — mit einem Wort: durch das berühmte Berliner Nachtleben. Es gipfelt am letzten Januar-Samstag jeden Jahres im glanzvollsten gesellschaftlichen Ereignis des Deutschen Reiches: dem Berliner Presseball in den Zoo-Festsälen, wo sich alles einfindet, was Rang und Namen hat.

Aber — den Rausch des Berliner Nachtlebens wollen wir im letzten Kapitel dieses Buches erleben.

Herr Klante bittet zur Kasse

XI

Hochbetrieb in Moabit

Mordkommission Gennat findet jeden Täter

Das Auge des Gesetzes späht. Die Verbrecher in der deutschen Reichshauptstadt haben nichts zu lachen. In der »Roten Villa«, wie das Polizeipräsidium am Alexanderplatz (»Alex«) genannt wird, wacht die Kriminalpolizei. Sie verfügt 1931 über einen Personenbestand von 1810 Beamten, darunter auch 39 Frauen. Zu dieser Zeit gibt es in Berlin außerdem 10 600 Männer, die bei der Schutzpolizei (Schupo) tätig sind.

Unser besonderes Interesse gilt der Berliner Mordkommission vom »Alex«, die in den zwanziger und dreißiger Jahren einen geradezu legendären Ruf genießt — dank des Mannes, der an ihrer Spitze steht: Es ist der langjährige Kommissar und spätere Kriminalrat Ernst Gennat, Jahrgang 1879.

Schon lange vor dem Ersten Weltkrieg hat Gennat dort »gelernt« — zu einer Zeit, da in der Reichshauptstadt zum ersten Male in großen Prozessen Sachverständige auftreten: Chemiker, Psychiater, Pathologen, Chirurgen und andere Fachleute. Giftspuren werden untersucht, Ermordete ausgegraben, die Erschossenen und Erschlagenen oder Erstochenen seziert, um die Ursache ihres Todes festzustellen.

Der bekannteste Gerichtschemiker jener Jahre ist Dr. Jeserich, der bedeutendste Sezierer Medizinalrat Störmer. Der Gerichtsmediziner war sogar Professor an der Humboldt-Universität und liest dort über das völlig neue Fach »Kriminalistische Medizin«: Dr. Strauch. Berlins »Rote Villa« kann sich schon damals durchaus mit Londons Scotland Yard messen. Nach dem Ersten Weltkrieg gibt es in Berlin bereits sieben Gerichtsmediziner, deren bekanntester später Dr. Waldemar Weimann wird.

In der Reichshauptstadt findet übrigens schon 1896 die erste Polizeikonferenz statt, zu der Preußens Innenminister Eberhard Freiherr von der Recke von Horst eingeladen hat. Aber nur die Vertreter von elf der 25 deutschen Staaten erscheinen zu dieser Tagung, deren bedeutendstes Ergebnis eine »Reichszentralstelle für Personenidentifizierung« ist. Den kleinen und großen Gaunern soll das Leben schwergemacht werden. Aber zunächst bleibt alles graue Theorie.

Schon bald nach dem Ersten Weltkrieg macht Kommissar Gennat als Leiter der Mordkommission vom »Alex« von sich reden. Er zeichnet sich durch besondere Intuition aus, durch eine fast schon begnadete Gabe, vieles psychologisch aus der Sicht des Mörders zu erklären. Und er entwickelt jenen Sechsten Sinn, über den nur wenige Beamte verfügen.

In den drei Jahren, die dem Ende des Ersten Weltkrieges folgen, wird die Bevölkerung immer wieder aufgeschreckt durch grauenvolle Meldungen: Teile weiblicher Leichen werden gefunden. Vom Täter ist nicht die geringste Spur zu entdecken. Gennat ist verzweifelt.

Im März 1921 meldet sich im 50. Polizeirevier in der Kleinen Andreasstraße (in Nähe des Schlesischen Bahnhofs) der Hausierer Carl Großmann und beklagt sich darüber, daß ihm schon wieder eine Wirtschafterin davongelaufen sei.

»Natürlich hat mir det Aas beklaut«, schimpft Großmann. »Wozu zahl'n wa Steuern, wenn ihr von de Polente uns anständ'je Bürjer nich jejen det Aaszeug schützen könnt!«

Der Polizeioberwachtmeister Karl Klähn kennt den hinkenden Hausierer schon lange, weil er bereits von vielen Wirtschafterinnen verlassen wurde und deshalb jedesmal eine Schimpfkanonade losläßt.

Einige Monate später, in der Nacht zum 21. August 1921, wird Klähn in die Lange Straße 88 geholt. Aus Großmanns Wohnung haben Nachbarn ein Stöhnen und Schreien gehört. Klähn, von einem Kollegen begleitet, schlägt die verschlossene Türe ein.

In der Küche liegt Großmanns Haushälterin Marie Nitsche. Der Hausierer steht schreckensbleich neben ihr und gibt zu, daß er sie »in Wut« erschlagen hat. Klähn alarmiert die Mordkommission.

Als zwei Polizisten Großmann abführen, wird der Mörder von einer aufgebrachten Menschenmenge empfangen.

»Det kostet dir de Rübe!« brüllt ihm eine alte Frau zu.

»Det weeß ick alleene«, kontert Großmann ungerührt.

Die Polizei glaubt zunächst, Großmann habe im Affekt gehandelt, und niemand ahnt, daß die Köchin Nitsche nicht das einzige Opfer des Hausierers ist. Erst als Ernst Gennat ihn »in die Mangel nimmt«, kommt nach und nach die ganze Wahrheit heraus.

Es dauert Wochen, bis sich das Verbrechen überschauen läßt: Großmann hat insgesamt 23 Frauen auf der Straße angesprochen, sie als »Haushälterin« engagiert, Sittlichkeitsverbrechen an ihnen begangen, sie schließlich ermordet, ihre Leichen bestialisch zerstückelt und in die Spree oder in Ecken von Hinterhöfen geworfen.

Die Berliner sind entsetzt. Wie kann es nur einen solchen Unmenschen geben? Als im Juli 1922 im Kriminalgericht Moabit gegen Großmann verhandelt wird, erhängt er sich am Tage vor der Urteilsverkündung in seiner Zelle.

Kommissar Gennat wird zum ersten Male der Öffentlichkeit bekannt, und künftig wird sein Name bei jedem Aufklären eines Mordes — ob er nun in der Reichshauptstadt oder in anderen Städten Preußens verübt wird — rühmend genannt.

Zwischen den Jahren 1918 bis zu seinem Tode 1939 klärt Gennat insgesamt 298 Morde auf — darunter Fälle, deren Enträtselung zunächst als hoffnungslos erscheint.

☆

Gennat, der als Begründer der wissenschaftlichen Kriminalistik gilt, erkennt schon sehr früh, daß Mörder innerhalb des ganzen Deutschen Reiches nur dann gefaßt werden können, wenn es ein Reichskriminalpolizeiamt gibt. Aber das ist vorerst ein Fernziel. Schritt um Schritt muß erst getan werden — und das in Berlin.

Der Reichsinnenminister Dr. Adolf Köster legt am 21. Juli 1922 ein Reichskriminalgesetz vor. Da Bayern Einspruch erhebt, kann es nicht erlassen werden. Erst drei Jahre später wird sich auf Initiative des Reichsinnenministers Martin Schiele, der Gennat mehrmals zu Rate gezogen hat, die Deutsche Kriminalpolizeiliche Kommission (DKPK) konstituieren.

Die DKPK richtet in vielen großen deutschen Städten Nachrichten- und Erkennungsdienststellen ein, und im selben Jahr (1925) entstehen in Preußen und in einigen anderen deutschen Ländern Kriminalpolizeiämter. Sie tauschen zwar Nachrichten untereinander aus, aber eine zentralgeleitete Fahndungsaktion können sie noch nicht starten.

Gennat kämpft inzwischen unermüdlich dafür, seine Idealvorstellungen zu realisieren. Am 1. Februar 1926 — kurz vor Eröffnung der großen Berliner Polizeiausstellung — hat er es geschafft, daß die bis dahin selbständigen Mordkommissionen der einzelnen Berliner Stadtgebiete zusammengelegt werden. Das zu erreichen, hat Jahre gedauert. Jetzt ist Gennat überglücklich, daß er endlich »seine« zentrale Berliner Kommission hat.

Gleichzeitig startet er im ganzen Reich unter seinen Kollegen eine große Aktion. Sie sollen die von Ernst Gennat geschaffene »Zentralstelle für die Bearbeitung von Kapitalverbrechen« unterstützen. Nur zögernd wird seiner Bitte entsprochen. Solche »Unterlassungssünden« gehen meist auf das Konto von Neid und Mißgunst . . .

1927 erhält Gennat auch das berühmt gewordene große schwarze Auto seiner Mordkommission, das bald zu den Sehenswürdigkeiten Berlins gehört und überall bestaunt wird, wo es auftaucht. Es enthält ein kleines Büro mit Schreibmaschine und zwei Sitzen. In dem großen Kofferraum des sechssitzigen Daimler-Benz ist alles untergebracht, was zur Spurensicherung und -suche am Tatort benötigt wird: Chemikalien und Scheinwerfer, Foto- und Funkgeräte, alle nur denkbaren Meßapparate, Reiseführer, Stadtpläne und Generalstabskarten, Werkzeug aller Art, vom Diamantschneider bis zur Spitzhacke.

Den wichtigen Schlußpunkt bildet der Gerichtsarzt-Koffer, der alle Instrumente birgt, die für gerichtsmedizinische Untersuchungen an Ort und Stelle nötig sind: Sonden und Pinzetten aller Größe und Art, ein Obduktionsbesteck, zahllose kleine und größere Gefäße, Glasröhrchen und Behälter, in denen luftdicht verschließbar Körperteile oder -flüssigkeiten geborgen werden können.

Für den massigen Drei-Zentner-Mann Gennat, der stets auf dem rechten Hintersitz Platz zu nehmen pflegt, mußten die Federn besonders verstärkt werden. Auch der Fahrer dieses für die damalige Zeit einmaligen Wagens ist ungewöhnlich: Wachtmeister Münchberg gilt als der beste Chauffeur von Berlin und steht in dem Ruf, er könne sein schweres Gefährt, auf nur zwei Rädern laufend, bei höchstem Tempo durch jede Kurve steuern.

Aber — was nützt das schönste »Mord-Auto«, wie die Berliner Gennats »Schlitten« nennen, wenn die Kriminalpolizei des ganzen Reiches nicht zusammenarbeitet? Noch einmal nimmt »der Dicke«, wie seine Mitarbeiter Gennat nennen, einen Anlauf zum Einrichten eines Reichskriminalpolizeiamtes. Immer wieder hämmert er den zuständigen Stellen ein:

»Unsere kriminalpolizeilichen Erfahrungen haben ergeben, daß die Einrichtung einer Zentralstelle unbedingt erforderlich ist. Nur so können wir die Erfolge bei der Aufklärung von Einzelfällen steigern und das Auswerten unserer Erfahrungen ermöglichen, besonders zu Lern- und Lehrzwecken und zur ständigen Verbesserung der Arbeitsmethoden.«

☆

Zu dieser Zeit (1927) ist Gennat schon lange dabei, seine unter Fachleuten bald legendäre Todesermittlungskartei anzulegen. Sie wird geradezu sein Hobby. Er sammelt nicht nur alle Fälle aus seinem Berliner Zuständigkeitsbereich, sondern auch alle Unterlagen über Kapitalverbrechen aus dem Reich und aus dem Ausland. Seine Überlegung lautet dabei: Die Kriminalpolizei kann nur dann Verbrecher wirksam bekämpfen, wenn sie sehr detailliert ihre Arbeitsmethoden kennt.

Diese Kartei ist für den eingefleischten Junggesellen Ernst Gennat, außer riesigen Mengen von Kuchen und Kaffee, das einzige »Vergnügen«. Sie ist eine Art Tagesgespräch aller Mordspezialisten der ganzen

Welt, und so kommt es, daß Gennat immer mehr Besucher aus fast allen Ländern der Erde empfangen und ihnen sein Werk vorführen muß.

Als 1945 die Amerikaner noch Teile dieser bis dahin in der Welt einmaligen Sammlung entdecken, stehen sie bewundernd davor, und ein Fachmann vom FBI (der amerikanischen Bundeskriminalpolizei) muß gestehen, daß er etwas Ähnliches in dieser Perfektion noch nicht gesehen hat.

Die kriminalgeschichtlich beispielhafte Kartei also ist Gennats »Augapfel«, und sein getreuer Sekretär Otto Knauff führt sie.

Als Ende 1929 endlich der Massenmörder Peter Kürten im Rheinland gefaßt wird, verfügt der preußische Innenminister Karl Severing eine »Zentrale Mordkommission für das Ruhrgebiet«, die nach dem Berliner Gennat-Muster installiert wird. Die Leitung übernimmt einer der Schüler des berühmten Berliner Mordspezialisten, Kriminalkommissar Braschwitz. Gleichzeitig wird im Ruhrgebiet eine polizeiliche Nachrichten-Sammelstelle errichtet, die schon lange für das gesamte Reichsgebiet nötig wäre.

Eine große Hilfe findet Gennat bei dem Polizeivizepräsidenten von Berlin, Dr. Bernhard Weiß, dem der gesamte reichshauptstädtische Polizeiapparat untersteht. Weiß, ein hochgebildeter Mann und nach Ansicht aller, die unter ihm arbeiteten, ein hervorragender Polizeiführer, wird als Jude seit 1928 Woche für Woche von Dr. Goebbels attackiert. Für den Berliner Gauleiter der NSDAP heißt Dr. Weiß nur »Isidor« und schließlich »Isi«, und er wird für die Nationalsozialisten zum Prügelknaben ihres Antisemitismus.

Kein anderer »Nichtarier« wird von Goebbels so begeifert wie der Frontkämpfer und Reserveoffizier des Ersten Weltkrieges Dr. Bernhard Weiß. Eine seiner wildesten Kampfschriften nennt der Hitler-Propagandist »Das Buch Isidor«.

Aber die wenigen Hitler-Anhänger, die es damals schon heimlich unter den Berliner Kriminalbeamten und Schupos gibt, sprechen von ihrem obersten Chef Weiß mit der größten Hochachtung. Wenn das der Führer wüßte ...

Einer der Gennat-Schüler jener Zeit ist Arthur Nebe, ein gewiefter Kriminalist, der im Dritten Reich zu den höchsten Ehren aufsteigt, Reichskriminaldirektor und SS-Gruppenführer wird und schließlich als Widerstandskämpfer gegen Hitler nach einer langen Jagd gestellt und hingerichtet wird.

Auch einige andere Kommissare aus der Gennat-Schule, die sich später einen Namen als Fachleute gemacht haben, sollen genannt sein: Trettin, Salow, Draeger, Fleischmann, Fähnrich und Braun.

Erst am 16. Juli 1937 erfüllt sich Gennats Wunsch, »25 Jahre zu spät«, wie er meint: Das Reichskriminalpolizeiamt (RKPA) wird eingerichtet. Sein Direktor ist Arthur Nebe. Er fischt sich die besten Kriminalisten aus dem ganzen Reich heraus und holt sie in sein Amt, das bald ein riesiges Gebäude am Werderschen Markt bezieht. Viele der Ressortleiter von Nebe stammen aus der Gennat-Schule, wie etwa Hans Lobbes, der Gennats berühmte Kartei weiterführt und zur Perfektion ausbaut.

Der Altmeister der Mordspezialisten selber bleibt am Alexanderplatz. Seine Gesundheit, auf die er in Jahrzehnten harter Arbeit keinerlei Rücksicht genommen hat, ist angegriffen, und er ist müde geworden. Gennat stirbt am 21. August 1939. Sein Tod wird von seinen Kollegen in aller Welt, die früher so oft seinen Rat eingeholt haben, bedauert. An seiner Beerdigung nehmen außer seinen früheren Mitarbeitern auch zahlreiche Juristen vom Kriminalgericht Moabit teil — dieses großen Gerichtshofes, vor dessen Schranken so viele Totschläger, Mörder und große Gauner gestanden haben.

⋆

Als ein Betrüger ganz besonderer Art ist ein Mann namens Max Klante in die Berliner Kriminalgeschichte eingegangen. Er beginnt sein großes Spiel bald nach dem Ersten Weltkrieg, als der kleine Mann aus dem Mittelstand die Welt nicht mehr begreift. Nach der Revolution geht einige Zeit lang in der Reichshauptstadt alles drunter und drüber. Zunächst gibt es wenig Hoffnung. Niemand kann sich gegen die Zeit wehren. Aber keiner will untergehen, jeder möchte sich durchboxen.

Und da erscheint Max Klante, ein früherer Bürstenbinder, der sich nach dem Kriege eine Kamera kauft, sich »Kunstfotograf« nennt, dabei aber kein Bein auf den Boden bekommt. Er etabliert ein Wettbüro, erzielt im ersten Anlauf einige Gewinne und steigt dann ganz groß ins Geschäft.

Klantes Idee ist einfach. Er will mit Hilfe seines »Pferdeverstandes« und mit seinen Beziehungen zu den Buchmachern so viel Geld verdienen, daß er sich einen eigenen Rennstall leisten kann. Selbstlos, wie er zu sein vorgibt, möchte er auch andere zu Geld kommen lassen. Aber dazu gehört zunächst einmal ein großes Startkapital.

Der clevere Klante gründet im Dezember 1920 die »Max Klante & Co. GmbH«. Das Ziel seiner Firma heißt offiziell: Gründung eines Rennstalles und eines Gestüts, um die inländische Pferdezucht zu heben.

Er habe, so verkündet Klante, ein System erfunden, durch das man am Totalisator mit einer fast unfehlbaren Sicherheit hohe Gewinne erzielen kann.

Was er verspricht, grenzt nahezu an ein Wunder. In seiner eigenen Zeitschrift, die er »Meldereiter« nennt, teilt er seinen Lesern mit:

»Sie geben mir eine Summe, die Ihnen angemessen erscheint, als monatlich kündbares Darlehen. Der Einzahler übernimmt und trägt keinerlei Verlustrisiko, erhält aber je Monat 600 Prozent Zinsen; nach Monatsfrist wird ihm also das Siebenfache seines Darlehens zurückgezahlt.«

Das klingt phantastisch ... Klante findet vor allem unter den kleinen Leuten viele, die bereit sind, ihm zu glauben und ihre ganzen Ersparnisse zur Verfügung zu stellen.

»Alle, die vom Schicksal benachteiligt sind, fordere ich auf, ihre Rechte wahrzunehmen«, verkündet Klante. »Alle, die von der Regierung vergessen sind, will ich zusammenfassen. Sie sollen die gleichen Chancen haben wie die Herren des Großkapitals ... Volksgenossen, mit Eueren Darlehen wird mein Konzern Fabriken, Häuser und Grundbesitz kaufen! Alles soll einer großen Genossenschaft der Volksaktionäre gehören ...«

Gauner aus Berlin . . . „Volksbeglücker“ und Betrüger Max Klante (links), dem 260 000 Berliner ihr Geld anvertrauen. Ein Gaunertrio besonderer Art bilden die drei Brüder Leo, Max und Willy Sklarek, die es fertigbringen, mit ihrer Kleider-Vertriebsgesellschaft in der Reichshauptstadt den größten kommunalpolitischen Skandal auszulösen, den es je gegeben hat. Willi Sklarek (Bild unten, mit hellem Hut) sonnt sich im Ruhm, Rennstallbesitzer und Lebemann zu sein. (68, 69, 70)

In Berlin spielten die meisten berühmten Tanzorchester der zwanziger und dreißiger Jahre. Das Foto zeigt die Kapelle Marek Weber 1932 im Hotel Adlon. (71)

Er schrieb Operetten, Possen und Schlager mit Berliner Pfiff: Walter Kollo. (72)

Er komponierte Musik für über hundert Filme mit vielen Evergreens: Franz Grothe. (73)

Und als schon wenige Wochen später sein Laden läuft, als er in der Großen Frankfurter Straße ein modernes Bürohaus erworben und bezogen hat, vor dessen Schaltern sich Menschenschlangen bilden, und als sich die Geschäfte großartig entwickeln, heißt es im »Meldereiter«: »Max Klante ist durch die Armen groß geworden. Max Klante wird jetzt die Armen groß machen. Max Klante ist Max Klante.«

Die Leute bestürmen ihn förmlich mit Geld. Er setzt damit auf den Rennplätzen, hat zunächst auch Glück, gewinnt und kann tatsächlich prompt die zugesagten Gewinne auszahlen. Dafür wird er wie ein Volksretter gefeiert. Klante eröffnet sogar in der Nähe seines Büros ein Café. Jubelnd wird er begrüßt, wenn er sich dort zeigt. Eine uniformierte Musikkapelle spielt den Max-Klante-Marsch, dessen Text lautet:

Es braust ein Ruf durch ganz Berlin.
Voran! Laßt uns mit Klante ziehn!
Und wär' der Weg auch hart, der Weg so steil,
Wir rufen laut: Max Klante Heil, ja, Heil!

Wenn seine Kunden, denen er alle Reichtümer dieser Welt verspricht, ihm begegnen, rufen sie: »Heil Klante!« Auch bei einer großen Kundgebung, auf der Klante im Circus Busch seine Anhänger begrüßt, erschallen Heil-Rufe, wie viele Jahre später, wenn sich Adolf Hitler zeigt.

Es ist historisch nicht genau zu sichern, aber es steht fast fest, daß der durch Klante populär gemachte Heil-Ruf später von den Nationalsozialisten als deutscher Gruß übernommen wurde: »Heil Hitler!«

Klante redet sogar seine Kunden stets mit »Volksgenossen« an, und er verspricht bei jeder sich bietenden Gelegenheit, ein »Deutschland der Ehre« erstehen zu lassen — obwohl er vom Nationalsozialismus, der eine ähnliche Terminologie pflegt, noch nie etwas gehört hat. Heil Klante!

Freilich gab es schon im kaiserlichen Deutschland ein Lied, dessen

Refrain lautete: »Heil, Kaiser, Dir!« Aber das »Heil« als Gruß haben erst die Klante-Anhänger eingeführt.

Zu einer Zeit, Anfang 1921, da Adolf Hitler knapp neunhundert Anhänger um sich versammeln kann, haben insgesamt 260 000 Berliner ihr Geld Max Klante anvertraut ...

Der ehemalige Bürstenmacher ist der Held von Berlin. Monatelang geht alles gut, weil ihm das Glück hold ist auf den Rennplätzen und er tatsächlich die astronomischen Zinsen auszahlen kann. Er selber besitzt schließlich einige Villen, finanziert einen Stab von Klante-Jokkeys, die blaue Jacken mit gelben Schnüren tragen, und er hält sich drei Autos, einen Kammerdiener und mehrere Geliebte. Sein Laden läuft auf jedem Gebiet ...

Aber das Glück bleibt Klante auf die Dauer nicht treu. Er verliert bald viele Wetten, bei denen er hoch gesetzt hat. Die Zahl seiner Anhänger nimmt von diesem Augenblick an schon ab. Das Defizit wächst. Er versucht schließlich, die Gewinnquoten seiner Kunden zu verringern. Doch damit kommt er nicht durch, weil er sich schriftlich zu den 600 Prozent verpflichtet hat.

In den Monaten Mai bis August 1921 muß er ein Loch dadurch zustopfen, daß er ein anderes aufreißt. Wetteinsätzen von über fünf Millionen Mark stehen meist nur noch Gewinne von drei Millionen Mark gegenüber. Schließlich geben sich seine Kunden doch mit 300 Prozent zufrieden.

Aber der Zusammenbruch ist nicht mehr aufzuhalten. Die ersten Anzeigen gegen ihn laufen ein. Schließlich wird er am 21. September 1921 verhaftet, und erst an diesem Tag meldet er offiziell den Konkurs seines Unternehmens an. Der große Traum von der Volksbeglückung ist ausgeträumt. 260 000 Menschen, die ihm blind vertraut haben, sind insgesamt um 92 Millionen Goldmark geschädigt.

Am 11. Dezember 1922 beginnt der Prozeß gegen Max Klante. Die Anklageschrift wirft ihm Betrug, gewerbsmäßiges Glücksspiel und Vergehen gegen die Konkursordnung vor. Auf einer Bahre wird er in den Gerichtssaal getragen. Ein junges Mädchen wirft sich weinend über ihn. Es muß gewaltsam von ihm getrennt werden.

Es kommt während des Prozesses oft zu Tumulten unter den Zuschauern, die fast ausschließlich Klante-Geschädigte sind. Nach einer Verhandlung, die mehrere Tage dauert, wird Klante zu drei Jahren Gefängnis verurteilt. Als das Urteil verkündet wird, gibt es unter denen, die um ihre Ersparnisse betrogen wurden, einen Sturm der Entrüstung. Es bleibt ihnen später nur der Trost, daß sie 1923, während der galoppierenden Inflation, ohnehin ihre gesamten Ersparnisse eingebüßt hätten.

Max Klante, der verhinderte Volksbeglücker, der auf dem Höhepunkt seines Rausches sogar Filialen in mehreren deutschen Großstädten gegründet und im Dresdener Polizeipräsidium eine spezielle Geldeinzahlstelle für Polizeibeamte eingerichtet hat, überlebt in Berlin den Zweiten Weltkrieg. An der Tür eines halbzerfallenen Zimmers in der Nähe des Alexanderplatzes hängt 1945 ein Pappschild mit der Aufschrift: »Max Klante, Bürstenmacher«. 1955 wird er tot aufgefunden. Er hat sich mit Gas vergiftet.

Viele andere haben bald nach Klantes erstem Erfolg versucht, etwas Ähnliches aufzuziehen. Aber sie blieben alle sehr schnell auf der Strecke.

☆

Ein Gaunertrio besonderer Art stellen die drei Brüder Leo, Max und Willi Sklarek dar, die es schaffen, in der Reichshauptstadt den größten kommunalen Skandal auszulösen, den es je gegeben hat.

Willi Sklarek besitzt am Hausvogteiplatz eine Textilfabrik, in die sich seine beiden Brüder in dem Augenblick einkaufen, da die Freundschaft mit dem Leiter einer städtischen Bekleidungsstelle in Neukölln so weit gediehen ist, daß sie ins Geschäft kommen und alleinige Lieferanten dieses amtlichen Kleidervertriebs werden, dem ein Mann namens Felix Kieburg vorsteht.

Als die reichshauptstädtische Bekleidungsstelle 1924 Pleite macht und die Sklareks als Hauptgläubiger auftreten, arrangiert sich der Magistrat mit den drei Brüdern, die ein Jahr später das Warenlager der Konkursgesellschaft in der Kommandantenstraße übernehmen und weiterführen. Sie sichern sich vertraglich eine Monopolstellung zu und werden künftig alle Berliner Beamten, soweit sie Uniform tragen oder Arbeitsanzüge bekommen, ausstaffieren.

Die Geschäfte laufen glänzend, die Sklareks erwerben Häuser und Grundstücke, ein Jagdschloß in Mecklenburg, in dem rauschende Feste gefeiert werden. In ihrer palastartigen Villa in Dahlem empfangen sie die Prominenz aus Künstlerkreisen. Sie unterhalten eigene Rennpferde, umgeben sich mit schönen Frauen, die sie großzügig verwöhnen. Es gibt keine glanzvolle Premiere, auf der die Sklareks nicht erscheinen und geziemend hofiert werden.

Niemand ahnt zu dieser Zeit, da sie so protzig leben, daß die Brüder zahllose Auftragsbelege von Helfershelfern fälschen lassen und aufgrund dieser Papiere hohe Kredite von der Stadtbank erhalten. Später stellt sich heraus, daß die Höhe der gefälschten Aufträge die echten Bestellungen um fast das Fünfzigfache übersteigt.

Der große Schwindel wird aufgedeckt durch eine Buchprüfung in der Stadtbank, und die ersten falschen Belege werden im Bezirksamt Spandau gefunden. Am 26. September 1929 werden die Brüder Leo und Willi Sklarek, die gefeierten und millionenschweren Playboys der Reichshauptstadt, verhaftet. Max entgeht diesem Schicksal, weil er sich rechtzeitig aus dem Unternehmen abgesetzt hat und im übrigen nicht haftfähig ist.

Berlin hat seine Sensation. Wochenlang beherrschen die Sklareks die ersten Seiten der Zeitungen. Stadträte und Beamte haben sich von den Brüdern bestechen lassen, Politiker sind am Rande in den Fall verwickelt, weil sie von den Sklareks Kredite angenommen haben oder ihre Familien kostenlos bei ihnen haben einkleiden lassen.

Sogar Berlins Oberbürgermeister, der ehrenwerte und sehr beliebte Gustav Böß, läßt sich beurlauben, als die Öffentlichkeit erfährt, daß seine Frau für einen Pelzmantel im Werte von 6000 Mark den Sklareks nur 400 Mark bezahlt hat. Böß hört von diesem Fall zu einer Zeit, da er gerade in New York weilt und dort am 24. September 1929 Ehrenbürger der Stadt wird.

Zwei Jahre lang muß die Staatsanwaltschaft gegen die Brüder Sklarek und die zahllosen Personen, die in den Riesenskandal verwikkelt sind, ermitteln. Die Richter müssen sich durch fünfhundert Ordner voller Akten wühlen, ehe der spektakulärste Prozeß der Weimarer Republik beginnen kann.

Neun Monate lang dauert die Verhandlung, in der vierzehn Angeklagte vor dem Moabiter Richter stehen. Es ist der bis dahin längste Prozeß der deutschen Rechtsgeschichte. 614 Zeugen werden vernommen, 23 Sachverständige gehört. Zwei Angeklagte sterben während der Verhandlung, einer der Verteidiger überlebt einen chirurgischen Eingriff nicht, ein Zeuge fühlt sich in seiner Ehre so verletzt, daß er Selbstmord begeht, ein weiterer stirbt während der Vernehmung an einem Herzschlag. Der Prozeß kostet über hunderttausend Mark (was der heutigen Kaufkraft von einer halben Million D-Mark entspricht).

Am 23. Juni 1932 wird das Urteil gesprochen. Leo und Willi Sklarek, die insgesamt zehn Millionen Reichsmark ergaunert haben, erhalten wegen Betrugs, schwerer Urkundenfälschung und aktiver Bestechung je vier Jahre Zuchthaus. Zwei Direktoren der Stadtbank, zwei Stadträte, ein Bezirksbürgermeister und der Buchhalter der Sklareks, der die Dokumente im Auftrag seiner Chefs gefälscht hat, werden ins Gefängnis geschickt; einige andere Angeklagte kommen mit Geldstrafen davon.

☆

Außer dem für schwere Straftaten zuständigen Kriminalgericht in Moabit mit seinen drei Schwurgerichten gibt es (1932) in der Reichshauptstadt drei Landgerichte (mit einer Vielzahl von Zivil- und Strafkammern) und zehn Amtsgerichte (mit vielen Abteilungen, z. B. Einzelrichter, Schöffen- und Jugendgerichten). Sie alle zusammen verfügen über mehr als fünfhundert Verhandlungsräume. Oberste Instanz ist das Kammergericht als das für die Provinz Brandenburg (und in gewissen Sachen für ganz Preußen) zuständige Oberlandesgericht.

Den insgesamt 860 Richtern steht 1932 eine Phalanx von 7000 Anwälten gegenüber.

Zwei Anwälte, die damals die Stars der Reichshauptstadt und darüber hinaus bis 1933 zu den bedeutendsten Anwälten der Welt gehören, fehlen im Sklarekprozeß: Professor Dr. Dr. Erich Frey und Professor Dr. Max Alsberg. Die Bedeutung dieser Verteidiger und ihre Größenordnung unter ihren Kollegen geht schon daraus hervor, daß Alsberg am Nollendorfplatz eine Vierzehnzimmerpraxis unterhält, die alles übertrifft, was ein Anwalt normalerweise für seinen Beruf aufwendet. In der mit kostbaren Möbeln eingerichteten Kanzlei arbeitet Alsberg mit vier Soziussen, achtzehn Referendaren, sechs Assessoren, zwei Bürovorstehern, denen wiederum vier Gehilfen assistieren, fünfzehn Sekretärinnen und vier Boten.

Neben seiner umfangreichen Praxis findet der Virtuose Alsberg noch Zeit, juristische Bücher zu schreiben (»Justizirrtum und Wiederaufnahme«) und geistvolle Vorträge zu halten (»Das Weltbild des Strafrichters«). Freys Kanzlei ist nicht ganz so groß, aber sein Ruhm ist deshalb nicht geringer als der seines Kollegen Alsberg.

Nach dem Sklarek- ist der Krantz-Prozeß der berühmteste geworden. Im Juni 1927 erschießt der Primaner Günther Scheller in der Wohnung seiner Eltern in Berlin-Steglitz den Kochlehrling Hans Stephan und tötet sich danach selbst mit einem Schuß. Der Primaner Paul Krantz wird als Augenzeuge der Tat nach einer alkoholisierten und romantischen Liebesnacht unter dem Verdacht der Mittäterschaft verhaftet. Er ist angeklagt, Stephan gemeinsam mit Günther Scheller ermordet zu haben. Der Revolver gehörte Paul Krantz ...

Dieser Krantz-Prozeß bewegt die ganze Welt. Beobachter aus fast allen Ländern nehmen daran teil, sogar Richter aus dem fernen Japan sitzen als Zuhörer im größten Gerichtssaal von Moabit. Es geht um ein Problem, das alle interessiert: mißverstandene Jugend, ihre Sexualnot, mangelnde Elternaufsicht und viele andere Themen, die heute wie damals aktuell sind.

Frey erlebt in dem wochenlangen Prozeß seine Sternstunde und setzt es durch, daß Paul Krantz, der heute in den USA unter anderem

Namen ein bedeutender Literatur-Professor ist, von der Anklage freigesprochen und nur wegen Waffenbesitzes zu drei Wochen Gefängnis verurteilt wird.

Der Sklarek-Prozeß ist eine Sensation, aber die Verhandlung gegen Krantz bewegt in einem noch nie dagewesenen Maße die Öffentlichkeit. Die Zahl der Artikel, die später als Resümee dieses Prozesses geschrieben werden, sind nur nach Tausenden zu zählen.

Von 1918 bis 1936 werden im Kriminalgericht Moabit rund 12 000 Verhandlungen geführt, kleine und große, gegen Totschläger und Hoteldiebe, gegen Mörder und Betrüger, gegen Fälscher und Einbrecher, gegen ausgekochte Ganoven und elegante Hochstapler und schließlich gegen die Sklareks. Fast alle sind längst vergessen.

Aber noch heute gehört der Krantz-Prozeß, der als »Schülertragödie von Steglitz« in die Kriminalgeschichte einging, zu den klassischen Fällen juristischen Lehrstoffes. Mancher Richter, der heute über Jugendliche zu urteilen hat, täte gut daran, nachzulesen, was Frey über den »Prozeß seines Lebens« im Falle Krantz zu sagen hat.

Nachzutragen ist, daß Alsberg, der vor Hitler fliehen mußte, wenige Monate später, am 11. September 1933, in der Schweiz aus Heimweh nach Berlin den Freitod suchte. Frey starb 1968 in Santiago de Chile.

Schlager, Kabarett und große Oper

XII

Lebensfreude nach Noten

Die Musikbegeisterung der Berliner

»Wir machen Musik« heißt ein Film, den Helmut Käutner 1942 dreht und in dem Ilse Werner und Victor de Kowa die Hauptrollen spielen. In diesem munteren Unterhaltungsstreifen wird viel gesungen, viel gepfiffen, viel musiziert.

Der Titel dieses Films charakterisiert die Situation in der alten Reichshauptstadt. Hier wird wirklich viel musiziert, viel gesungen und auch gepfiffen. Abgesehen von den großen Tanzkapellen, die schon in einem früheren Kapitel genannt wurden, und abgesehen von den großen klassischen Orchestern, die später noch ihre Würdigung finden werden, gibt es in Berlin (1927) über neunhundert Musikkapellen mit mehr als drei Mann. Die meisten, Berufsmusiker, spielen in Bars oder größeren Kneipen, die restlichen sind reine Amateure, die innerhalb ihrer Vereine für »Musike« sorgen und sich gerne zu Hochzeiten, Jubiläen und kleinen Festlichkeiten engagieren lassen. Und schließlich ist auch jeder Industriebetrieb stolz auf seine Werkskapelle.

Die meisten Komponisten — vor allem der heiteren Muse — haben ihr Domizil an der Spree aufgeschlagen, zusammen mit ihren Textdichtern. Neunzig Prozent aller deutschen Schlager, die in den zehn Jahren von 1919 bis 1929 (bis zu den ersten Tonfilmen also) von Baden bis Ostpreußen und von Schleswig-Holstein bis Bayern gesungen und gepfiffen werden, sind in Berlin entstanden, insgesamt etwa 2600. Rund hundert von diesen wurden das, was man heute einen »Hit« nennt.

Die Lieder der damaligen Zeit sind frech, manchmal aggressiv, und die Schnulzen heißen »Schmonzetten« (soweit sie sentimental sind) oder »Gassenhauer« (sofern sie sich volkstümlich-unbekümmert geben). Alle zusammen werden sie aber Schlager genannt. Das Wort kommt damals auf, es ist einprägsam und kurz, deutet Keßheit an und läßt gelegentlich sogar auf Härte schließen.

Kurt Tucholsky schreibt 1923, als die Inflation zu galoppieren beginnt, unter dem Pseudonym Peter Panter über den Schlager:

»Das kleine Lied enthält klipp und klar die augenblickliche volkswirtschaftliche Lage. Wir leben von der Substanz. Die alte Generation, die noch ein Häuschen hat, erworben von den emsig verdienten Spargroschen — und die neue Generation, die das Vermögen keck angreift und den saueren Schweiß der Voreltern durch die Gurgel jagt.«

Tucho, wie seine Freunde den großen Publizisten nennen, nimmt mit seinen Worten Bezug auf jenen Schlagertext, zu dessen Musik sich so herrlich unbekümmert tanzen läßt:

Wir versaufen unser Oma ihr klein Häuschen,
ihr klein Häuschen.
Wir versaufen unser Oma ihr klein Häuschen
und die erste und die zweite Hypothek!

Der Schlager der damaligen Zeit ist oft sehr aktuell. Als 1920 aus den Vereinigten Staaten der »Shimmy« als neuer Tanz eingeführt wird, ist wenige Wochen später schon der Text da, der den Tanz im Shimmy-Rhythmus verherrlicht: »Fräulein, bitte, woll'n Se Shimmy tanzen?«

Die Musik dazu schrieb übrigens der große Operettenkomponist Emmerich Kálmán. Diese Feststellung ist deshalb wichtig, weil sie beweist, daß sich auch die Großen der leichten Musik in die »Niederungen« des Schlagers begaben.

Der Shimmy ... Es gibt sogar spitze Schuhe, die seinen Namen tragen — den Namen dieses verrückten Tanzes, der mit einer geradezu ekstatischen Begeisterung »aufs Parkett gelegt« wird.

Er heißt eigentlich »shimmy shiver«: »Hemdzitterer«. Der Tanz ist — nicht angeblich, sondern verbürgt — dadurch entstanden, daß eine Farmerin im US-Staat Louisiana zu einer alten Negerin, die ihr Hemd niemals wusch, sagte:

»At least shake your shimmy!« (»Schüttle dein Hemd wenigstens aus!«)

Die Negerin aber zog ihr Hemd nicht aus; sie glaubte vielmehr, daß es genüge, sich selber einige Male zu schütteln. Und so wurde vor dem Ersten Weltkrieg jener ausgelassene Tanz geboren, der in den Jahren nach dem großen Sterben 1914—1918 nicht nur die Berliner verrückt macht.

»Fräulein, bitte, woll'n Se Shimmy tanzen?« Natürlich will sie. Alle tanzen ihn, die Jungen und die Alten.

Sofort in den ersten Monaten nach dem Waffenstillstand von 1918 kommt ein Schlager auf, der »Hiawatha« heißt und über Nacht berühmt wird, weil er in seiner ersten Strophe die damalige Zeit des Lebenwollens nach bitteren Jahren treffend umreißt:

Jeder tanzt, auch wenn er's nicht versteht;
denn es sind ja alle noch verdreht.
Alles schiebt und scherbelt spät und früh,
schlottert mit die Knie:
Kinder, Mutter, Vater.
Es ist ein Theater!

Ganz brutal reißt der Kehrreim dieses Schlagers (Musik und Text von Carl Urban) die Tänzer in die harte Wirklichkeit der Berliner Straßenkämpfe:

Licht aus,
Messer raus!
Haut ihn, daß die Fetzen fliegen!
Straße frei,
Fenster zu,
runter vom Balkon!

Ein Jahr später, 1920, wird der »Schieber« zur neuesten Mode auf dem Parkett oder den knarrenden Dielen. Der Schlager, der prompt zur Stelle ist (Musik von Walter Kollo, Text von Hermann Frey), zeigt deutlich den Doppelsinn des Wortes »Schieber«: Man »schiebt« den Tanz oder — schiebt (mit Schwarzmarktwaren):

Max, du hast das Schieben raus,
Schieben raus, Schieben raus.
Ach, wie tanzt sich's gut,
tanzt du mit mir los!
Max, du hast das Schieben raus,
Schieben raus, Schieben raus.
Alles schreit Hurrah:
Schieber-Max ist da!

1920 bricht in Berlin auch die große »Telefonitis« aus. Noch ist das Selbstwählen nur geplant. Das »Fräulein vom Amt« muß vermitteln. Nach der Musik von Robert Stolz schreibt Artur Rebner einen Text, und schon singt zunächst ganz Berlin und bald darauf ganz Deutschland:

Hallo, du süße Klingelfee,
hallo, wenn ich so lang' hier steh',
dann frißt mich schier der Kummer:
Ich komm' zu keiner Nummer!
Wie gern wär' ich verbunden
auf Stunden
mit dir.
Hallo, du machst mich desperat,
hallo, bei mir, da streikst du grad',
laß mich hinein, du Schlanke, Schmale,
mal in die Zentrale.
Du, du, du — du hast mich am Draht.

Natürlich merken es alle sofort, daß dieses Lied sogar, dezent versteckt, erotische Anspielungen enthält.

1921 startet in Berlin ein Schlager zu einem bis dahin noch nie dagewesenen Welterfolg eines »Gassenhauers«. Den Text schreibt der schon erwähnte Hermann Frey, dem bereits vor dem Ersten Weltkrieg — mit der Musik von Walter Kollo — der Wurf eines Weltschlagers gelungen ist, des ersten internationalen Erfolges eines Schlagers überhaupt:

Und dann schleich ich, still und leise,
immer an der Wand lang,
heimwärts von der Bummelreise,
immer an der Wand lang.
Schimpft zuhaus auch meine Olle,
immer an der Wand lang!
Ja, ich bin 'ne dolle Bolle,
immer an der Wand, an der Wand entlang.

In den Übersetzungen in viele Sprachen kommt manchmal ein völlig anderes Bild heraus, aber immerhin, der Sinn bleibt erhalten: Im Rausch immer an der Wand entlangtasten.

Die Musik zu einem anderen Lied, das »Bummel-Petrus« heißt, stammt von Werner Kersten, und der Text des Schlagers aus dem Jahre 1921 heißt im Refrain:

Petrus schließt den Himmel zu.
Alle Englein gehn zur Ruh.
Nur der schlaue Petrus wacht,
weil der alte Bengel
heut' mit einem Engel
einen kleinen Bummel macht.

Dieser Refrain wird in fast alle Sprachen der Welt übersetzt, sogar ins Chinesische, ins Arabische, in Hindu, obwohl die Menschen dort weder von den Engeln noch von Petrus eine rechte Vorstellung haben. Petrus bummelt im wahren Sinne des Wortes durch alle Erdteile.

In der Reichshauptstadt, dem Geburtsort des Liedes, kennt die Begeisterung keine Grenzen. Ein Rennstallbesitzer gibt seinem besten Pferd den Namen »Bummel-Petrus«, und er erzielt mit ihm die höchsten Gewinnquoten am Totalisator.

In Deutschland werden — nach der Ruhrbesetzung durch die Franzosen — zwei weitere, wirklichkeitsbezogene Verse angehängt, die mit dem eigentlichen Lied überhaupt nichts zu tun haben:

Überall herrscht große Kohlennot,
selbst im Himmel ärgert man sich tot.

Anschließend an diese Zeilen wird dann wieder der Refrain vom »Bummel-Petrus« gesungen. Eigentlich ganz konsequent ...

Wie doppeldeutig sehr viele und besonders populäre Schlager sind (die zu dieser Zeit noch nicht durch den Rundfunk, sondern ausschließlich durch Schallplatten und Musikkapellen verbreitet werden), beweist folgender Text (Richard Jolson), zu dem Willy Rosen eine fast zärtliche Melodie schreibt:

Ich kenne eine kleine Bar
nicht weit vom Knie,
wo ich schon öfter glücklich war,
nicht weit vom Knie.
Dort kann man für sein Geld was sehn,
nicht weit vom Knie.
Und wo sind alle Mädel schön?
Nicht weit vom Knie!

Für Nicht-Berliner muß festgestellt werden, was es mit dem »Knie« auf sich hat. Es ist der Name jenes Platzes, an dem die Bismarck-, Berliner-, March-, Kurfürsten- und Hardenberg-Straße zusammenstießen. Heute heißt das »Knie« Ernst-Reuter-Platz.

☆

1923 gibt es in Berlin die ersten Eintänzer, in der »Barberina« und in den Bars der Hotels »Adlon« und »Eden«. Diese »Gigolos« sind gutaussehende Männer, die sich zumeist aus ehemaligen jungen Berufsoffizieren rekrutieren und nach 1918 brotlos geworden sind. Prompt greift Anfang 1923 in Berlin ein Schlager dieses Thema auf (Musik von L. Casucci, Text von Julius Brammer), der sich wehmütig in die Situation der ehemaligen Offiziere und jetzigen Eintänzer hineindenkt:

Schöner Gigolo, armer Gigolo,
denke nicht mehr an die Zeiten,
wo du als Husar,
goldverziert sogar,
konntest durch die Straßen reiten.
Uniform passé,
Liebchen sagt adieu,
schöne Welt, du gingst in Fransen.
Wenn das Herze dir auch bricht,
zeig' ein lachendes Gesicht,
man zahlt, und du mußt tanzen.

1923 wird jener Tanz besonders beliebt, der schon 1912 erste Anläufe in Deutschland gemacht hat, für Offiziere aber streng verboten war: der Tango. Zu seinem schmalzenden Rhythmus lassen sich besonders liebe Worte flüstern ...

Die Tango-Geiger haben die Pflicht, stets besonders feurig und liebeswillig auszusehen, und sie erregen oft genug die Eifersucht des Kavaliers, der seine »Puppe« ausführt.

Friedrich Hollaender behandelt das Thema dieses Tanzes aus Argentinien in Text und Musik auf seine Weise:

Guck doch nicht immer nach dem Tango-Geiger hin,
was ist schon dran an Argentinien!
Du siehst ja gar nicht mehr, daß ich noch bei dir bin,
ich hab' ja auch ganz schöne Linien.

Der Junge wirkt auf dich wohl spanisch,
jedoch aus dir macht er sich jarnischt.
Also, bitte, guck doch nicht immer nach dem Tango-Geiger hin,
was ist schon dran an Argentinien!

Am 29. Oktober 1923 beginnt in der Reichshauptstadt die Geschichte des Rundfunks. An diesem Tage meldet sich zum ersten Male die »Sendestelle Berlin« aus dem Voxhaus. Immer mehr deutsche Sender entstehen danach. Durch den Rundfunk erreichen die Schlager bald eine noch größere Popularität. Die erste Sendung ist kaum verklungen, da stellt sich der Schlager vor, der sich der neuen Errungenschaft annimmt (Musik und Text von Hermann Leopoldi):

Die schöne Adrienne,
tschingderassa-sassa-sassa-Radio,
hat eine Hochantenne,
tschingderassa-sassa-sassa-Radio.
Aus aller Herren Länder,
tschingderassa-sassa-sassa-Radio,
empfängt sie von den Sendern.
Trara-trara-tra-Radio!

Als angesichts des immer dichter werdenden Verkehrs die ersten Berliner Verkehrsampeln installiert werden und immer neue hinzukommen, feiert ein Schlager das neue Verkehrserlebnis (Musik von F. Stafford, Text von Ch. Amberg):

Die Polizei, die regelt den Verkehr;
so wie das früher war,
geht das heut' nicht mehr.
Willst du über'n Damm,
stehst du erst mal stramm,
bis dir der Blaue winkt*

* Verkehrspolizist (der in Preußen eine blaue Uniform trug).

und der Verkehrsturm blinkt.
Die kleinen Mädelchen,
die freuen sich:
An jeder Straßenkreuzung
ist ein Strich:
da mußt du langgehn,
wie sich das gehört,
daß niemand mehr bei dem Verkehr
verkehrt verkehrt.

Damals bemühen sich die Schlager um größte Aktualitätsbezogenheit. Die meisten ihrer Melodien werden — vom Original auf Langspielplatten übertragen oder neu instrumentiert und aufgenommen — heute noch als Evergreens gespielt.

Freilich gibt es auch viel Unsinn, nicht melodiös, sondern textlich. Einige Beispiele: »Wer hat bloß den Käse zum Bahnhof gerollt?«, »Zeig' mir mal dein Muttermal«, »Meine Oma fährt im Hühnerstall Motorrad«, »Wer schmeißt denn da mit Lehm?«

Aber auch sehr viel Anzügliches: »Was guckst du mir denn immer in die Bluse?«, »Was machst du mit dem Knie, lieber Hans?«, »Wenn du nicht kannst, laß mich mal!« Das ist nur eine kleine Auswahl aus dem kecken Blütenkranz der Schlager.

Einer ärgert sich über den Blödsinn mancher Schlager: Hermann Frey. Nicht nur die deutschen Gassenhauer provozieren ihn, auch viele Importe aus den USA, wie etwa »Ausgerechnet Bananen«.

1925 will Frey den Unsinn auf die Schippe nehmen und schreibt »Mein Papagei frißt keine harten Eier«. Walter Kollo gibt dem Text musikalischen Schwung. Frey erreicht genau das Gegenteil von dem, was er will. Er versteht die Welt nicht mehr ... Was als Ironie und »Abrechnung« gedacht war, erweist sich als ein neuer Welterfolg. Sein Text wird wieder in fast alle Sprachen übersetzt, und der Papagei amüsiert die Leute in allen Erdteilen.

Der bunte Vogel, der keine harten Eier frißt, wird so volkstümlich, daß sich ein Gericht mit ihm in einem Fall beschäftigen muß. Das

von Hans:
Herrgott, der kann's!
Black Bottom, den liebt jeder,
den Black Bottom, den schiebt jeder.
Der letzte Clou, Black Bottom, bist ja nur du!

Über die Schlager der zwanziger Jahre, die viele aktuelle Themen aufgreifen, schreibt Kurt Tucholsky:

»So singt das Volk. Hier spricht die Seele deines Volkes. Hier ist es ganz. Es soll uns nicht Wunder nehmen, wenn nächstens in einem schlichten Volkslied das Wort ‚Teuerungszulage' oder ‚Weihnachtsgratifikation' vorkommt — denn dies allein ist heute echte, unverlogene Lyrik.«

Echt und unverlogen ist auch das Lied vom Nachtgespenst, das eine wahre Begebenheit aufspießt, die sich in Berlin zugetragen hat. Die berühmten Fassadenkletterer Wilhelm Kassner und Fritz Wald, die sich in den frühen zwanziger Jahren auf vornehme Berliner Hotels spezialisiert, aber auch manche Villa heimgesucht und reiche Beute gemacht haben, werden eines Tages trotz ihres Raffinements erwischt. Als ihr »Nachfolger« macht ein Gentleman-Ganove von sich reden, den die Polizei für den »König der Hoteldiebe« hält. Es ist der gescheiterte und auf Abwege geratene Jurist Dr. Eugen Nieburg. In wenigen Monaten erbeutet er fast zweihunderttausend Mark in bar und außerdem erhebliche Mengen Schmuck.

Viele Frauen der höchsten Gesellschaftsschicht Berlins, so geht das Gerücht, warten geradezu auf einen Besuch dieses glänzend aussehenden Diebes. Wen wundert es noch, daß auch diese Geschichte in einem Schlager festgehalten ist?

Ich bin das Nachtgespenst,
dein süßes Nachtgespenst.
Ich weck dich, wenn du pennst,
so oft, bis du mich Liebling nennst.
Sei bloß nicht so erschreckt,

du wirst nur aufgedeckt.
Und wenn du aufgedeckt,
dann wirst du wieder zugedeckt.
Steig ich durchs Fenster rein,
reizt mich kein Edelstein,
nein,
nur dein Elfenbein
reizt mich allein.
Ich nehm als Nachtgespenst
kein Steinchen mit, was glänzt;
ich brauche wirklich nur
Fahrgeld retour.

☆

Der Berliner Publizist Arthur Kahane schreibt 1928 in einem Essay über den Gassenhauer:

»Der Gassenhauer, jetzt nur noch Schlager genannt (warum diese friedfertigste Volksbelustigung nicht aus dem Hauen und Schlagen herauskommt?), ist der entartete, jüngere, gröbere, plebejischere und, wenigstens in Berlin, unsentimentalere Bruder des Volkslieds. Die Brüder haben sich voneinander getrennt, der eine ist der einzelgängerische Landstreicher geblieben, Bruder Straubinger*, und hat noch immer seine Heimat auf der Landstraße und im Wald, der andere, Bruder Gassenhauer, ist in die Stadt gezogen, in die Weltstadt, dort wo sie am weltstädtischsten ist, und tobt sich laut in ihren lautesten Lokalen aus, auf dem Brettl der Volkssänger, auf der Bühne der Vorstadttheater, in der Operette, im Varieté, im Tingeltangel, in den Bars, in den Musikcafés, in den Kabaretts.

Wer ihn dichtet, ist nicht fahrendes Volk, nicht der wandernde Scholar und der walzende Handwerksgeselle, sondern es haben sich meist zwei Spießgesellen zu sträflichem Tun zusammengefunden, die ihn aushecken, und von denen der eine den Text begeht und der andere dazu die Musik verübt.«

☆

* Synonym für Landstreicher

Als der Tonfilm seinen Siegeszug beginnt, nimmt ein Schlager (Musik von Fred Raymond, Text von Ch. Amberg) auf seine Weise sofort Stellung zu der neuen Errungenschaft:

Mein Bruder macht im Tonfilm die Geräusche,
das hat er schon als Kind so gut gekonnt.
Er macht es so, daß ich mich selber täusche.
Es gibt nichts, was mein Bruder nicht vertont.
Er macht das Waldesrauschen,
er macht den Wogenfall,
er macht das Küssetauschen
und den Revolverknall.
Mein Bruder macht im Tonfilm die Geräusche,
das hat er schon als Kind so gut gekonnt.

Mit dem tönenden Film wandelt sich das Bild auf dem Schlagermarkt völlig. Der Schlager wird anspruchsvoller, einschmeichelnder und — noch volkstümlicher.

Den ersten deutschen Tonfilm-Schlager schenkt der Film »Melodie des Herzens« (mit Willi Fritsch und Dita Parlo, Regie: Hanns Schwarz): »Bin kein Hauptmann, bin kein großes Tier«. Die Melodie stammt von Werner Richard Heymann, dem der deutsche Tonfilm viele schöne Melodien verdankt, die heute zu den klassischen Evergreens zählen: »Das ist die Liebe der Matrosen« aus »Bomben auf Monte Carlo« (1930) und »Das gibt's nur einmal« und »Das muß ein Stück vom Himmel sein« aus »Der Kongreß tanzt« (1931).

Werner Richard Heymann gehört zu jenen Komponisten des Films, der Revue, der Operette und des Chansons, die 1933 Deutschland verlassen müssen: von Robert und Jean Gilbert, Emmerich Kálmán, Oscar Straus, Paul Abraham, Leo Fall, Friedrich und Victor Hollaender bis zu Rudolf Nelson, Mischa Spoliansky, Paul Dessau und Frederick Loewe (der später in den USA »My Fair Lady« komponiert).

Aber auch im Dritten Reich gibt es noch viele Komponisten, die mit immer neuen Liedern überraschen: Altmeister Paul Lincke (der — obwohl er alles andere als ein Nationalsozialist war — im Dritten Reich Ehrenbürger von Berlin und Professor wird, die Goethe-Medaille und von Goebbels einen brillantenbestückten goldenen Taktstock erhält), Peter Kreuder, Eduard Künneke, Franz Grothe, Gerhard Winkler, Willi Kollo (Walter Kollos Sohn), Ralph Maria Siegel, Lothar Brühne, Werner Eisbrenner, Michael Jary, Theo Mackeben, Ralph Benatzky, Peter Igelhoff und Werner Bochmann — um wieder nur einige zu nennen. Sie alle schrieben Melodien und Lieder, die auch heute nichts von ihrem Zauber oder ihrem Schwung verloren haben.

☆ ☆
☆

Vom Schlager zum Kabarett ist es nur ein kurzer Weg. Es gibt sogar gewisse Beziehungen zwischen den beiden Töchtern der heiteren Muse; denn mancher anspruchsvolle Schlager hat seinen Weg in die Publikumsgunst von einem Berliner Kabarett aus angetreten.

Schon vor dem Ersten Weltkrieg beginnt in der Reichshauptstadt die große Zeit des Kabaretts. Vorher gibt es nur die sogenannten »Tingeltangel«, die sich »Singspielhallen« nennen.

Tingeltangel — das ist eine der zahlreichen Berliner Wortschöpfungen. Unter den Komikern der Singspielhallen heißt der beliebteste Heinrich Tange. Und da gibt es ein Etablissement in Berlin, das sich »Triangel« nennt. Als Tange dort zum ersten Male auftritt, überrascht er das Publikum mit einem eigens für dieses Engagement von ihm geschriebenen »Triangel-Lied«. Der Berliner zog die beiden Worte Triangel und Tange zusammen und machte ein neues daraus: Tingeltangel.

Den Anfang mit den Kabaretts macht Max Reinhardt vor 1914 mit einer Kleinkunstbühne, die er im Keller des Königlichen Schauspielhauses unterbringt und »Schall und Rauch« nennt (das übrigens nach dem Ersten Weltkrieg eine Auferstehung feiert). Die Schauspieler Rudolf Bernauer und Carl Meinhard eröffnen Unter den Linden ein Kabarett, das nur an Sonntagvormittagen spielt: »Böse Buben«.

Zu dieser Zeit macht schon ein Mann von sich reden, der später als Textdichter und Komponist, als Pianist und Direktor berühmt wird: Rudolf Nelson. Mit insgesamt viertausend Liedern, die er im Laufe seines langen Lebens schreibt, hält er einen einsamen Rekord. Er gründet in den letzten Jahren vor dem Ersten Weltkrieg das Kabarett »Chat Noir«, in dem Käthe Erlholz und der Schauspieler Paul Schneider-Dunker auftreten. Nelson sitzt stets selber am Flügel. 1914 eröffnet er sein Nelson-Theater, das bis 1927 existiert und viele erfolgreiche Kleinrevuen und publikumswirksame Operetten herausbringt.

Schneider-Dunker selber macht sich bald zum Hausherrn eines eigenen Kabaretts, das er »Roland von Berlin« nennt. In seinem ersten Programm tritt jenes Mädchen auf, das später bestes Berlinertum repräsentiert: Claire Waldoff. Vom »Roland von Berlin« wechselt sie bald zu einem kabarettistischen Unternehmen über, das sich »Linden-Cabaret« nennt.

Außer den genannten Kleinbühnen gibt es noch das »Metropol-Cabaret«, im Café Kutschera am Kurfürstendamm »Nelsons Künstlerspiele« und einige andere, die meist nur kurze Zeit existieren.

Die eigentliche, die große Zeit des Berliner Kabaretts beginnt nach dem Ersten Weltkrieg, als es keine Zensur und keine Kandare mehr für alle Künstler und Kleinkünstler gibt.

»Schall und Rauch« erlebt seine Neuauflage. Als es im Herbst 1919 wieder an die Öffentlichkeit tritt, trägt Paul Graetz, der Kabarettist mit Berliner Schnauze, als »Zigaretten-Fritze« ein Couplet von Tucholsky vor:

Wenn der alte Motor wieder tackt,
Die Räder roll'n, die Weiche knackt . . .
Wenn die olle, gute Rolle * *wieder wie gewöhnlich schnurrt,*
Sitzt die Neese wieder vorne, Marke »Neugeburt«.

* Für alle Nicht-Berliner: Rolle = Mangel (für die Wäsche), Drehrolle. „Ich jeh uff de Rolle", sagte die Berlinerin, wenn sie zum Mangeln ging. „Komm', hilf mir mal die Rolle drehn" heißt ein berühmter alter Schlager von Walter Kollo.

Viele andere Kabaretts öffnen ihre Tore, Türen oder Pforten. Die Kleinkunstbühnen werden jetzt aggressiv, üben Zeitkritik, nennen die Dinge beim Namen. In der »Wilden Bühne« von Trude Hesterberg, im Keller des Theaters des Westens, deklamiert, scharf akzentuierend, Kurt Gerron expressive Verse von Karl Megerle von Mühlfeld:

Friedrichstraße, dicke Luft, Quatsch mit Soße.
Die Sipo kommt, die Menge sich staut.
Tausend Menschen begaffen die Schose,
Einer Frau haben sie die Drüse geklaut.
Acht-Uhr-Abendblatt, Kampf gegen die Juden.
Kesse Raben, Zigarettenfritzen und Luden
Drängen und stoßen sich gesund.
Broschüre Kaiser Wilhelm, Neueste Nachrichten, Freie Presse,
Pausierende Nutten rasen und toben.
Embryo bezahlt — Steuer, Hakenkreuz, Jazz, Foxtrott, Erzberger,
Generalstreik. Halt die Fresse!
Der Berolina haben sie den Busen verschoben.
Deutschland über alles, ist die freieste Republik der Welt

Das Publikum ist keineswegs schockiert. Im Gegenteil: Es begeistert sich an dieser Offenheit, mit der Gerron weiter rezitiert:

Die Luft ist rein und klar,
Unten Dreck, oben ist Dreck und die übliche Menschenschar.
Friedrichstraße zum Markt, magere Knochen, kurzer Rock,
wiegender Gang,
Der Körper soll Freude spenden, das Fleisch stinkt,
ist faul und krank.
Kinder betteln um milde Gaben,
Frech geschminkte Lustknaben,
Nachtlokal, Nepptänze, Nackttänze,
Schnauze, sonst bestrahl' ick dir mit Höhensonne.
Das Leben ist wahrlich eine Wonne.

Heiße Würstchen, Rind-, Schweinefleisch, heiß, heiß, hei[illegible]
Streichhölzer, Streichhölzer, Streichhölzer,
Tzigarren, Tzigarren, Kokain,
Das ist Berlin.

Die Literaten schreiben Verse für das Kabarett: Alfre[illegible] (der sich Klabund nennt), Walter Mehring, Kurt Tuchols[illegible] auch Erich Kästner, außerdem Joachim Ringelnatz, [illegible] und viele andere.

Friedrich Hollaender ist einer von denen, die zeitkriti[illegible] vertonen. Gussy Holl, die spätere Frau von Emil Janni[illegible] »Schall und Rauch« eine Parodie von Walter Mehring [illegible] tisch gewürzten Schlager der Zeit:

If the man in the moon
*Wär a coon**
Und im Dunkeln lebten die Girls:
Schenkten alle weißen Ladies
Schwarze Babies
Schwarzen Kerls.
Please, küß mich rein —
Laß mich ein,
Black boy, o my black boy
In the nigger paradise, in the nigger paradise!

Neben Gussy Holl gehören Blandine Ebinger, Ge[illegible] Margo Lion, Else Eckersberg, Else Ward, Kate Kühl, Senta S[illegible] und später Marlene Dietrich und Hilde Hildebrandt zu [illegible] netten des anspruchsvollen Berliner Kabaretts. Rosa [illegible] ter einem großen Publikum bekannt wird durch ihre Rol[illegible] Film »Der blaue Engel«) unterhält in den Jahren 192[illegible] eigenes Kabarett: die »Rampe«.

* Amerikanisches Wort für Neger

...barette sind (auch das nur eine Auswahl, weil sich einige ... weils nur kurze Zeit halten): »Die Rakete«, »Die Rote ... Faun«, »Wien — Berlin«, »Die Gute Stube«, »Tür- ... »Larifari«, »Die Unmöglichen«, das »Kabarett ... Vogel«, »Corso-Kabarett«, »Charlott-Casino«, »Die ... che Diele«, »Die Gondel« und schließlich das »Kabarett der ...gen«.

... Bendow (»Onkel Wilhelm«) hat für sein Kabarett ... neuen Mann am Flügel engagiert: Es ist der Balte Mi- ...sky, der bald von sich reden macht.

... »Tütü« gibt es ein »Küka«, in dem Erich Weinert ... Mühsam ihre Kampfgedichte vortragen. Im »Karussell« ... die Feuilletonisten Roda Roda und Victor Auburtin, und ...-Paulsen führt die Conférence.

... Noir«, das Nelson nach dem Kriegsausbruch 1914 in ... Kater« umgetauft hat, hat längst Konkurrenz durch die ... bekommen, die Peter Sachse gründet und sich um ho- ... bemüht. Hier tritt auch der bis heute erfolgreichste ... auf: Paul Steinnitz. Er läßt sich aus dem Publikum ... mehr Zitate zurufen und setzt sie blitzschnell zu einem ...provisierten Gedicht zusammen.

... behält nicht nur sämtliche Zitate im Kopf, es gelingt ihm ...risch zu ordnen, in einen richtigen Zusammenhang zu ... er bringt es darüber hinaus noch fertig, daß sich das ... krampfhaft, sondern kunstvoll reimt. Mehrere In- ...suchen, ihn zu verwirren — keinem gelingt es.

... der später so berühmt gewordene Werner Finck seine ... in der er viele junge Leute auf die Bühne bringt, die ... machen: Hans Deppe, Rudolf Platte, Dolly Haas, In- ... Ursula Herking. Bei der Eröffnungsvorstellung sagt ... in seiner Conférence:

... den Namen ‚Katakombe' gekommen bin? Ganz ein- ...tausend Jahren war die Katakombe der Zufluchtsort ...sten. Heute ist sie es der letzten.«

Die »Katakombe« gilt zu dieser Zeit als das lebendigste und auch beste Kabarett der Reichshauptstadt. Finck, der später so viel Ärger mit den Nationalsozialisten hat und schließlich »verboten« wird, führt in seinem Hause eine offene Sprache. Er widersetzt sich dem Rassendogma der laut posaunenden Nationalsozialisten und fühlt sich — das mag pathetisch klingen, ist aber eine ehrliche Maxime Fincks — dem Abendland verpflichtet: als einer der »letzten Christen«.

So bleibt es nicht aus, daß in der »Katakombe« gelegentlich Nationalsozialisten sitzen und durch provokante Bemerkungen die Vorstellung zu stören versuchen. Als einmal einer Finck während einer Conférence »Judenjunge!« zuruft, antwortet er schlagfertig:

»Sie irren! Ich sehe nur so intelligent aus . . .«

Die großen Conférenciers jener Jahre vor 1933 sind Fritz Grünbaum, Paul Morgan (der nebenbei in zahlreichen Charell- und Haller-Revuen als Komiker auftritt), Willi Schaeffers (der 1931 ein eigenes »Kabarett für Alle« eröffnet, im Hause des Tanzpalastes »Femina«), Helmuth Krüger, Paul Nikolaus, Willi Prager und Szöke Szakall. Schaeffers wird 1938 Direktor des KadeKo (als später Nachfolger von Kurt Robitschek, der 1933 Deutschland verlassen mußte, und Dr. Hans Schindler, der 1938 starb): des Kabaretts der Komiker.

Inmitten der Hochburg einiger Ring-Vereine von Neukölln eröffnet Wilhelm Bendow in einer Bretterbude »Bendows Bunte Bühne«. Hier singt Claire Waldoff zum ersten Male die berühmte Hymne auf Heinrich Zille: »Det war sein Milljöh«.

In einem seiner Programme erweist Bendow sogar den Ganoven seine Reverenz mit einem Sketsch, in dem es zum Schluß heißt:

Et jibt noch Richter in Berlin,
Die sich die schweren Jungens kaufen.
Und die Kleinen hängt man auf,
Und die Großen läßt man laufen.

Obwohl Bendow kein Nationalsozialist ist und den neuen Machthabern als »Lieschen« suspekt sein müßte, darf er weiter auftreten, und im »Kabarett der Komiker« (KadeKo) gehört er zu den beliebtesten Künstlern.

Hier, im KadeKo, machen sich 1938 die Drei Rulands (Helmut Buth, Manfred Dlugi und Wilhelm Meissner) durch ihre Chansons unbeliebt und werden schließlich verboten. Auch der Autor hatte einigen Ärger mit dem Propagandaministerium, weil er wegen der Namensgleichheit ausführlich und positiv über die Drei Rulands in der »BZ am Mittag« berichtete.

Als im November 1944 das »Kabarett der Komiker« zerstört wird, ist zum dritten Male eine Epoche des Berliner Kabaretts abgeschlossen. Auf 1914 folgte 1933, und danach kam jenes Ende, in dem es zunächst endgültig mit dem Humor vorbei war und nur noch persönlicher Galgenhumor jeden aufrecht erhielt.

☆

Über das Berliner Kabarett, dessen Geschichte hier nur kurz und stichwortartig wiedergegeben wurde, könnte ein umfangreiches Buch geschrieben werden. Es müßte nicht nur über zahllose Kabaretts ausführlich erzählen, sondern auch über Glanz und Ruhm und Ende der Künstler berichten. Die Geschichte eines der größten aller Kabarettisten, Otto Reutter, dem Berlin so oft zugejubelt hat, wäre ohnehin ein Thema für sich ...

Wer erinnert sich, zum Beispiel, noch daran, daß Josephine Baker ihren größten Erfolg nicht etwa in Paris, sondern in Berlin in einer Nelson-Revue erlebte? Vor einem schwarzgelackten Vorhang tanzte sie in paradiesischer Nacktheit, nur mit einer Bananengirlande bedeckt, die wilden Tänze ihrer karibischen Heimat und machte jenen Begriff deutlich, der aus Amerika kam und auch in Deutschland ein Modewort wurde: Sex-Appeal.

Nach dem ersten Auftritt von Josephine Baker in Berlin (1924) wurden alle bisherigen Nackttänzerinnen — etwa Anita Berber oder Celly de Reydt — in das zweite Glied verbannt. Die Berliner Revue-Könige Erik Charell, James Klein und Hermann Haller hätten die kakaobraune Schönheit allzu gerne zu ihrem Star erkoren.

Damit ist wieder ein Stichwort gegeben: die großen Ausstattungsrevuen, die in den zwanziger Jahren große Mode sind. Auch das ist wieder ein Thema, das zu Berlin gehört: voller Geschichte und Geschichten und mit vielen interessanten Menschen. Auch hier müssen wieder einige Stichworte genügen.

Der Schlager »Ich bin die Marie von der Haller-Revue« erobert von Berlin aus ganz Deutschland. Wenn die Girls von Hermann Haller in preußischer Exerzierdisziplin ihre nackten Beinchen über die Bühne des Admiralspalastes wirbeln, kann keiner still auf seinem Stuhl sitzen. Die sechs Titel der großen Haller-Revuen mögen die Erinnerung in denen wachrufen, die sie erlebt haben: »Drunter und Drüber«, »Noch und Noch«, »Achtung! Welle 505!«, »An und Aus«, »Wann und Wo« und »Schön und Schick«.

James Klein drillt seine Girls in der Komischen Oper, und einer seiner großen Erfolge heißt beziehungsreich: »Zieh dich aus!« Der Revue-Titel »Das hat die Welt noch nicht gesehn« wurde schon im ersten Kapitel erwähnt, und eine weitere Revue heißt: »Der Zug nach dem Westen«.

In einer dieser Revuen beginnt in den frühen zwanziger Jahren die Karriere eines jungen Mannes, der es später zu höchstem Filmruhm bringt. Ein eleganter Herr im Frack und mit Zylinder springt in »Tausend süße Beinchen« allabendlich von einem Kronleuchter in ein Bassin, in dem sich verführerische Nixen tummeln: Hans Albers.

Der Tänzer Erik Charell dagegen erhebt die Revue zum großen Theater und inszeniert Revuen, die an Ausstattung alles überbieten, was es bisher gegeben hat: »An Alle«, »Für Dich«, »Von Mund zu Mund« (in der Marlene Dietrich zum ersten Male eine winzige Rolle spielt) und viele andere.

Charell inszeniert außerdem mit größtem Aufwand klassische Operetten mit einer kaum wieder erreichten Lebendigkeit. Die einfallsreichste Inszenierung ist die Operette »Das Weiße Rößl« von Ralph Benatzky, die mit Melodien von Robert Stolz angereichert ist. Charell übertrifft sich selber mit seinen Regie-Einfällen, mit dem Farbenrausch seiner Ausstattung, mit Kostümen und Kulissen. Er erhebt die

In Berlin unvergessen: Vera Schwarz, Richard Tauber (Mitte) und Franz Lehár — hier bei den Proben zum „Land des Lächelns" im Metropol-Theater. (74)

Zauberer mit Noten: Peter Kreuder (75)

Meister der Tanzmusik: Bernhard Etté (76)

Zu den erfolgreichsten Schriftstellern der Reichshauptstadt gehört der Berliner Mediziner Alfred Döblin („Berlin Alexanderplatz"). Seit 1911 praktizierte er als Nervenspezialist und Kassenarzt in der Schönhauser Allee, im Osten der Stadt. Auf dem Foto, aufgenommen 1932, unterhält sich Döblin mit einer Patientin. (77)

Berlin war Sammelbecken für Literaten und Künstler aus dem ganzen Reich und sogar aus dem Ausland. Diese vier sollen repräsentativ für Hunderte anderer stehen (v. l. n. r.): der Dramatiker aus Rheinhessen, Carl Zuckmayer; der Schriftsteller aus Sachsen, Erich Kästner; der Kritiker aus Schlesien, Alfred Kerr; der Maler aus Berlin, Max Liebermann, der zugleich Alterspräsident aller Berliner Künstler bis 1933 ist. (78, 79, 80, 81)

Operette zur Revue und macht daraus das erste deutsche Musical. Das Publikum dankt mit einem Beifall, wie es das Große Schauspielhaus, in dem Charell Hausherr ist, noch nicht erlebt hat.

Max Hansen als Leopold erreicht in dieser Inszenierung den Höhepunkt seines Könnens. Camilla Spira bezaubert als »Rößl«-Wirtin Josepha. Paul Hörbiger spielt einen zu Tränen rührenden Kaiser Franz Joseph und Otto Wallburg den Berliner Urtyp des Giesecke mit umwerfender Komik. Siegfried Arno glänzt als Sigismund, Willi Schaeffers brilliert als Professor Hinzelmann.

Die Kritiker überschütten Charell mit Lob, und das Publikum applaudiert in zahlreichen Vorstellungen enthusiastisch. Charell hat mit seiner Inszenierung bewiesen, was aus einer Operette »gemacht« werden kann, wenn ein genialer Regisseur sie mit verschwenderischer Vielfalt von Einfällen auf die Bühne bringt.

Charells große Beweglichkeit spiegelt auch der Film »Der Kongreß tanzt« wider, für den die Ufa den bis dahin filmfremden Charell engagiert hat.

Namen und Ereignisse ... Sie waren einmal das Tagesgespräch der Reichshauptstadt. Wer sie selbst erlebt hat, wird sie nie vergessen können.

☆ ☆
☆

Die freche Muse der Schlager und die kecke Muse des Kabaretts, soweit sie mit Musik verbunden ist, sind die »unartigen« Schwestern der Muse der klassischen Musik. Aber der souveräne Geist der Opern und Symphonien, der Klavier- und Violinkonzerte ist großmütig und schämt sich ihrer anspruchslosen Schwestern nicht.

Auch in Berlin leben sie friedlich nebeneinander, und viele Freunde der ernsten Musik sind zugleich aufgeschlossen gegenüber den heiteren und leichten Tönen, und es ist bekannt, daß mancher große Dirigent privat zur Entspannung Jazz oder Schlager spielt.

Berlin ist eine ungewöhnlich musikfreudige Stadt und blickt auf eine große Tradition zurück.

Der aus Zerbst stammende Komponist und Cembalist Friedrichs II., Carl Friedrich Fasch, gründet 1791 in Berlin die traditionsreiche Sing-Akademie, die bis auf den heutigen Tag ihren Ruf behalten konnte. Im Laufe ihrer Geschichte gehörten ihr viele prominente Berliner an: Johann Gottlieb Fichte sang in ihrem Chor jahrelang Tenor, der spätere Reichskanzler Otto von Bismarck Baß. Auch Georg W. F. Hegel, Wilhelm von Humboldt, Friedrich von Schlegel, Karl Friedrich Schinkel und seine Frau, Carl Maria von Weber und viele andere bedeutende Berliner Persönlichkeiten gehörten zu den aktiven Mitgliedern der Sing-Akademie. Fördernde Mitglieder waren Politiker, Künstler, Schriftsteller und Männer des öffentlichen Lebens.

In den Jahren von 1900 bis 1945 erlangen die traditionellen Konzerte zu bestimmten Feiertagen großen Ruhm. Am Gründonnerstag und Karfreitag werden die Passionen von Johann Sebastian Bach aufgeführt, am Bußtag seine h-Moll-Messe, kurz vor Weihnachten sein Weihnachtsoratorium. Auch Verdis Requiem gehört zum traditionellen Berliner Repertoire ernster Musik.

Zahlreiche Auslandsreisen des Chores in viele Städte der ganzen Welt machen die Sing-Akademie weltberühmt, und die Aufführungen sind — genau wie im heimatlichen Berlin — stets ausverkauft.

Das gesamte deutsche Chorwesen hat sich aus der Berliner Sing-Akademie entwickelt und nach ihr gerichtet.

Der ehemalige Maurermeister und spätere Komponist (Lieder, Chöre, Kantaten) und Duzfreund von Goethe, Carl Friedrich Zelter, ruft 1809 den ersten deutschen Männerchor ins Leben: die »Liedertafel«. In diesem Jahr wird Zelter Professor an der Preußischen Akademie der Künste.

Dreizehn Jahre später, 1822, gründet er das Königliche Institut für Kirchenmusik, aus dem 1869 die Hochschule für Musik hervorgeht. Carl Friedrich Zelter und seine musikalischen Initiativen machen ihn in Berlin ungewöhnlich populär. Er sorgt dafür, daß Musikkritiken, die bisher nur in Fachzeitschriften erschienen, auch in Tageszeitungen veröffentlicht werden.

Die Reichshauptstadt wird musikbegeistert. Als »Der Freischütz«

von Carl Maria von Weber am 18. Februar 1821 in der Königlichen Oper Unter den Linden uraufgeführt wird, avancieren bald die schönsten Melodien zu populären Liedern. Der Beamte und der Schusterjunge, der Handwerksmeister und der Offizier — sie alle singen und pfeifen »Wir winden dir den Jungfernkranz«, »Durch die Wälder, durch die Auen« und viele andere »Freischütz«-Lieder.

Zelter, der 1882 stirbt, ist stolz auf seine vielen tüchtigen Schüler, von denen drei besonders bekannt geworden sind: Otto Nicolai, der Dirigent der Berliner Oper und Komponist von »Die lustigen Weiber von Windsor«; Felix Mendelssohn-Bartholdy, der schon neunjährig als Pianist auftritt und ein umfangreiches musikalisches Werk hinterläßt; Giacomo Meyerbeer, dessen Opern (»Die Hugenotten«, »Die Afrikanerin«) noch heute zum klassischen Spielplan gehören.

In Berlin wird im Anfang des vorigen Jahrhunderts zum erstenmale die Bezeichnung »Generalmusikdirektor« geprägt, und Gaspare Spontini († 1851), musikalischer Chef der Königlichen Oper, ist ihr erster Träger. Sein Name und seine Opern »Olympia« (mit den Texten von E. T. A. Hoffmann) und »Die Vestalin« sind noch heute jedem Musikfreund geläufig.

In der zweiten Hälfte des vorigen Jahrhunderts wächst die Zahl der Berliner Gesangvereine von Jahr zu Jahr. Der größte von ihnen ist der »Arbeitergesangverein«, und der berühmteste deutsche Gesangverein wird später der 1902 gegründete »Lehrergesangverein«, der sich am Alexanderplatz einen eigenen Konzertsaal baut. Auch der Sternsche Gesangverein bemüht sich um höchstes Niveau.

Fast alle Berufsstände schaffen sich einen eigenen Gesangverein. Die Sänger unter den Buchdruckern haben sich im »Typographia« zusammengefunden, die Dachdecker im Verein »Frische Kehlen« — um nur wenige Beispiele zu nennen.

Berlin ist auch die Stadt, in der die Hausmusik besonders gepflegt wird. Es gibt vor dem Ersten Weltkrieg schon vierzig Laienorchester, die klassische Musik spielen. Zu ihnen gehören nach dem Ersten Weltkrieg vier große Symphonieorchester — von denen das Ärzteorchester das bekannteste ist.

Zu den Laienorchestern gesellen sich über dreihundert (1924) Musikvereine — von der Blaskapelle, die sich der Marschmusik verschrieben hat, über den Mandolinen-Klub bis zum Mundharmonika-Klub. Es gibt kaum ein Musikinstrument, das nicht von einem Verein besonders gepflegt wird.

1882 wird das Philharmonische Orchester gegründet, das jahrzehntelang als bestes Symphonieorchester der Welt gilt. Bis 1892 ist Hans von Bülow (verheiratet mit Cosima, der Tochter von Franz Liszt und späteren Frau von Richard Wagner) ihr Chef. Ihm folgt Arthur Nikisch, und nach seinem Tode leitet ab 1922 Wilhelm Furtwängler bis zum Ende der Reichshauptstadt die Philharmoniker.

Auch zahlreiche berühmte Musiker und Dirigenten haben die Philharmoniker als Gäste dirigiert: unter anderen Johannes Brahms, Edvard Grieg und Peter Tschaikowsky. Das Berliner Philharmonische Orchester hat im Laufe seiner Geschichte, auf seinen Gastspielreisen durch die ganze Welt, für das künstlerische Deutschland geworben. Als es, zum Beispiel, 1897 mit triumphalem Erfolg in Paris gastiert, wird endlich jenes Eis gebrochen, das nach dem deutsch-französischen Krieg 1870/71 zwischen Paris und Berlin die Beziehungen so stark einfrieren ließ.

Jahrzehntelang leben viele ausländische Komponisten in der musikbegeisterten deutschen Reichshauptstadt, wie etwa der Italiener Ferruccio Busoni (»Doktor Faust«).

Eine nüchterne Feststellung macht diese echte Beziehung der Berliner zur Musik besonders deutlich. Die Zahl der großen Konzerte — Opernaufführungen und Singspiele selbstverständlich nicht mitgezählt — steigt in Berlin von jährlich 70 (1860) bis auf 300 (1895). Danach geht es immer weiter aufwärts — bis zu den zwanziger Jahren, da die Anzeigenteile der Zeitungen ganze Seiten mit Konzertanzeigen jeglicher Art füllen, vom Symphonie- über das Violin- bis zum Klavierkonzert.

Die Berliner und ihre Besucher haben die Wahl zwischen zahlreichen Konzerthäusern und -sälen. Es gibt: die Philharmonie in der Bernburgerstraße; den Konzertsaal in der Hochschule für Musik in

Philharmonischer Chor
(Begründer: Siegfried Ochs)
2 ABONNEMENT-KONZERTE
unter Mitwirkung des Philharm. Orchesters
Leitung: Otto Klemperer
I. Jubiläums-Konzert (anläßlich des 50jährigen Bestehens)
5. Dezember Philharmonie, Bach:
H-moll Messe
II. 5. März Philharmonie, Beethoven:
Missa solemnis
Abonnements zu 15.—, 12.60 und 5.— M bis 8. Oktober nur gegen Berechtigungsschein, ab 10. Oktober freihändig bei den Konzertkassen

Vertretung: Konz.-Direktion Hans Adler, W 30
Beethovensaal. Sonnabend, 8. Oktober, 8 U.:
Lieder-Abend
Niels Kallmann
Am Flügel: Friedrich Rolf Albes.
Alte Meister, Schubert, Brahms, Richard Strauß.

Singakademie. Dienstag, 11. Okt., 8 U.
Kammermusik-Vereinigung der Staatsoper
Leitung: Georg Kniestädt
Schubert, Oktett, Mozart, Sextett f. Streichquartett u. 2 Hörner. Casella, Serenade für Klar., Fag., Tromp., Viol., Cello (Erstauff.)

Singakademie. Mittwoch, 12. Oktbr., 8 Uhr:
Arien- und Lieder-Abend
Hans Jenkner
Am Flügel: Wolfgang Rosé
Bach, Händel, Cornelius, Vaterunser (Liederzyklus), Beethoven, Schubert, Schumann.
Karten bei Bote-Bock, Wertheim

Deutscher Konzertgeberbund E. V., Schillstr. 9.
Beethovensaal. Dienst., 4. Oktober, 8¼ Leonid
KREUTZER
I. Chopin-Abend, u. a. Sonate b-moll, 2 Balladen, Mazurken, Etudes.
Karten 1.50, 2.50, 3.50 M: Bote & Bock, Wertheim, Kadewe, Abendkasse. Kart. i. Vorverk. 10% billiger.

Gesellschaft d. Musikfreunde zu Berlin E. V.
1907 1932
Philharm., Donn., 13. Okt., 8 U.
I. Konz. m. d. Philharm. Orch.
25 Jahre G.d.M.
Mahler-Abend
HEINZ UNGER
Sol.: Kipnis
Orchester-Lieder, Neunte Symphonie
Einzelkart. sow. Anmeld. z. Mitgliedschaft inkl. Abonnement b. Bote & Bock, Wertheim, Kadewe, Abdk.

1 Posten Anrichteschränke 94—110 cm breit, roh 15–20–25 M
1 Posten Küchenschränke 110 cm breit, roh ... 35 M
1 Posten kompl. Küchen lackiert in all. Farben 100–125–135–150 M
dto. westfälischer Arbeit 140 u. 160 cm br., 6teilig. 175–200–225 M
Küchen Himmel
Schönhauser Tor

Philharmonie. Freitag, 14. Oktober, 8 Uhr:
2. (letztes) Konzert des 11jährig. Geigers
Ruggiero
RICCI
Vitali, Mendelssohn: Viol. Konz. Tschaikowsky, Sarasate / a. Fl. Arpad Sandor

Bachsaal. Sonnabend, 15. Oktober, 8¼ Uhr:
Liederabend — Sigrid
ONEGIN
Schumann: Frauenliebe und Leben
Schubert: Schwanengesang
A. Fl.: Herm. Reutter / Populäre Preise M. 1.- bis 4.-

Bechsteinsaal. Sonnabend, 15. Oktober, 8 Uhr:
Brahms-Abend — Ludwig
WÜLLNER
Am Flügel: Coenraad V. Bos.

Beethovensaal. Sonnabend, 15. Oktober, 8¼ Uhr:
Einziger Violin-Abend — Mischa
ELMAN
Am Flügel: Marcel van Gool.
Brahms, Lalo, Bach, Tschaikowsky u. a.

Ufa-Palast a. Zoo. Sonntag, 16. Okt., vorm. 11½ U.
JACK HYLTON
and his boys.
Neues Programm!

Philharmonie. Montag, 17. Oktober, 8 Uhr:
I. Philharmonisches Konzert — Leitg.
FURTWÄNGLER
Sol.: Gregor Piatigorsky
Reger: Mozart-Variationen, Schumann: Cello-Konzert A-moll, Brahms: II. Symphonie.
Oeff. Hauptpr.: Sonntg., 16. Okt., vm. 11½ U.

Philharmonie. Montag, 7. November, 8 Uhr:
Sonder-Konzert d. Philharmon. Orchesters — Ltg.
FURTWÄNGLER
Bach: Johannes-Passion
mit dem Bruno Kittelschen Chor.

Philharmonie. Freitag, 11. Nov., 8 Uhr
Einziges Konzert — Yehudi
MENUHIN

Scala. Popul. Bußtagskonzert, 8 U.
Huberman
Preise 1.— bis 5.—
Karten f. ob. Veranst. b. Bote & Bock, Wertheim u. Abdk.

Konzerte, Konzerte ... Kleiner Ausschnitt aus der Musik-Anzeigenseite der „Vossischen Zeitung“ (Ullstein Verlag) vom 2. Oktober 1932.

der Hardenbergstraße; den Beethovensaal in der Köthenerstraße; den Bechsteinsaal in der Linkstraße; den Blüthnersaal in der Lützowstraße; den Klindworth-Scharwenkasaal, ebenfalls in der Lützowstraße; den Choralionsaal in der Bellevuestraße; den Harmoniumsaal in der Steglitzer Straße und schließlich die Sing-Akademie Am Kastanienwäldchen.

Hinzu kommen jene Säle, die sich die großen Gesangvereine — etwa der Männerchor des Berliner »Lehrergesangvereins« — mieten. Ferner gibt es viele geistliche Konzerte in mehreren Kirchen, vor allem im Dom, dessen Orgelkonzerte beliebt sind, und in der Kaiser-Wilhelm-Gedächtniskirche; ferner in der Petri- und Jerusalemer-, in der Marien- und Alten Garnisonkirche.

Wohlgemerkt: Bei allem bisher Erwähnten handelt es sich nur um klassische Musik. Die Stätten, in denen man Unterhaltungsmusik genießen kann, sind praktisch unzählbar.

In den zwanziger und bis hinein in die dreißiger Jahre sind viele der berühmtesten Dirigenten der Welt ständig oder als Gast in Berlin. Wilhelm Furtwängler wurde schon erwähnt. Am Pult der Berliner Staatsoper steht als Chef Generalmusikdirektor Erich Kleiber, andere Dirigenten in dieser Oper Unter den Linden sind Clemens Krauß, Karl Elmendorff, Leo Blech und (ab 1941) Herbert von Karajan.

Sein erstes Gastspiel gibt Karajan schon im Herbst 1938 in der Reichshauptstadt, von Aachen kommend. Er dirigiert ein Konzert in der Philharmonie, in der Staatsoper »Fidelio« und »Tristan«. Karajan ist die Sensation von Berlin, und Generalintendant Heinz Tietjen macht ihm sofort ein Angebot, ständig zu bleiben. Aber Karajan folgt diesem Ruf erst zweieinhalb Jahre später.

Karajan, 1938 noch ein junger Mann von 30 Jahren, dirigiert ganz ohne Blatt — schon das bedeutet eine Überraschung für alle Musikkritiker, die sich in Lobeshymnen buchstäblich überschlagen.

Der Autor wird jenen frühen Morgen nie vergessen, an dem sein Freund Dr. Edwin von der Nüll das gemeinsame Zimmer in der Redaktion der »BZ am Mittag« betritt und noch vor der Begrüßung hinausposaunt:

»So etwas habe ich überhaupt noch nicht erlebt! Dieser Karajan ist ein Phänomen!«

Von der Nüll läßt mich seine berühmt gewordene Kritik lesen, ehe sie in Satz geht. Als ich das getan habe, bemerke ich etwas ironisch:

»Jetzt fehlt nur noch, daß du behauptest, Karajan habe den ‚Tristan' sogar selber geschrieben!«

»Red' keinen Unsinn und sag' mir lieber einen knalligen Titel!«

Ganz spontan sagt der Autor:

»Wenn wirklich alles so ist, wie du hier schreibst, dann gibt es nur eine Überschrift: ‚Das Wunder Karajan'.«

Damit ist jenes Schlagwort geboren, das noch heute gebraucht wird, wenn von Karajan die Rede ist, und das sogar einem Buch über den berühmten Dirigenten den Titel gab.

Die Überschrift erscheint über die ganze Zeitungsbreite im Feuilleton der »BZ«. An einer der Stellen der ausführlichen Kritik (ein Ausdruck freilich, der im Dritten Reich verpönt ist; es muß »Kunstbetrachtung« heißen) schreibt von der Nüll:

»Es ist nicht möglich, ihn (Karajan) in geläufige Vorstellungen einzuordnen. Er ist weder Rhythmiker noch auf Klang spezialisiert, weder typischer Operndirigent noch Symphoniker. Mehr kann man nicht über ein Genie sagen.«

Von der Nüll meint in seiner Kunstbetrachtung, Heinz Tietjen habe für seine Inszenierungen endlich den richtigen Dirigenten gefunden. Und weiter:

»Der Abend dürfte dem großen Künstler und Organisator Tietjen eine doppelte Genugtuung gebracht haben:

1. hat er einen kongenialen Partner für seine Inszenierungen an der Linden-Oper gefunden,

2. hat sich sein jahrelanges Warten, die Ausdauer, mit der Tietjen naheliegende Kompromißlösungen überstand, auf das herrlichste belohnt. Das (*Karajan*) ist der Mann, der schon heute alle Wünsche befriedigt, die man an einen Dirigenten von Weltruf stellen muß. Es hat keinen Sinn mehr, länger damit hinter dem Berg zu halten ... Was Karajan gestern zeigte, grenzt ans Unbegreifliche.«

Tatsächlich legt Tietjen dem Gast aus Aachen ein glänzendes Angebot vor. Er soll praktisch den höchsten musikalischen Posten in Deutschland erhalten. Aber Karajan hat Zeit ...

Für die enthusiastische Kritik und die (so die Rüge des Propagandaministeriums) »bombastische Aufmachung«, die der Autor auf dem Gewissen hat, gibt es einigen Ärger mit der Reichsmusikkammer und dem Propagandaministerium. Aber gute Freunde im Hause, das seit 1937 nicht mehr Ullstein, sondern Deutscher Verlag heißt, glätten durch gute Beziehungen schnell wieder die Wogen.

In der Staatlichen Oper Am Platz der Republik (volkstümlich »Krolloper« genannt, weil es hier früher ein Tanzetablissement gleichen Namens gegeben hat) sorgt der Dirigent Otto Klemperer dafür, daß sein Haus schon bald als »wagefreudigstes Opernhaus der Welt« gilt.

Die »Tannhäuser«-Aufführung nimmt schon alles das an Neuem vorweg, was nach dem Zweiten Weltkrieg Wieland Wagner in Bayreuth einführt. Das gilt vor allem auch für den »Fliegenden Holländer«, über dessen Inszenierung Heinz Tietjen 35 Jahre später sagt:

»Die eigentliche Revolutionierung, die das neue Bayreuth heute für sich in Anspruch nimmt, hat schon Mitte der zwanziger Jahre zum ersten Male in Berlin stattgefunden. Das heutige Bayreuth hätte davon lernen können ...«

Die Krolloper, an der früher viele berühmte Dirigenten wirkten — um nur einen zu nennen: Albert Lortzing (»Zar und Zimmermann«) — wird nach dem Brand des Reichstages zur »Singhalle der nationalsozialistischen Abgeordneten« umfunktioniert.

In der Städtischen Oper Charlottenburg in der Bismarckstraße (später Deutsches Opernhaus) ist Bruno Walter der große Zauberer. Was Walter hier mit seinem Bühnenbildner Preetorius und mit Heinz Tietjen als Regisseur bietet, ist in den Augen der Kritiker und der Zuschauer einfach phantastisch.

Unter den weiteren Dirigenten der Reichshauptstadt ist vor allem Robert Heger zu nennen. Und danach folgt die große Garde der Gastdirigenten, die hier die Philharmoniker oder eines der Opern-Orchester leiten. Aus Leipzig kommt der Gewandhauskapellmeister Hermann Abendroth immer wieder nach Berlin; aus Dresden Karl Böhm; aus Hamburg Eugen Jochum; aus München Hans Knappertsbusch und Hans Pfitzner (der von 1920 bis 1929 Professor an der Preussischen Akademie der Künste in Berlin war), aus Wien Richard Strauss (der schon einmal, von 1898 bis 1919, ständig in Berlin dirigierte) und Edmund Strauß.

Die berühmtesten ausländischen Dirigenten stehen ebenfalls regelmäßig an Berliner Orchesterpulten: der Italiener Arturo Toscanini aus New York, Victor de Sabata von der Mailänder Scala, Bernardino Molinari aus Rom, aus England Thomas Beecham mit den Londoner Philharmonikern, aus Amsterdam Willem Mengelberg vom Konzertgebouw-Orchester, aus Genf Ernest Ansermet.

Zahlreiche neue Opern werden in Berlin uraufgeführt. Um nur wenige Beispiele zu nennen: am 14. Dezember 1925 »Wozzek« von Alban Berg; am 14. März 1935 »Prinz von Homburg« von Paul Graener; am 24. November 1938 »Peer Gynt« von Werner Egk.

☆

Die Sängerinnen, die Sänger, die großen Solisten, die Tänzerinnen — sie alle sind untrennbar mit der Geschichte des Berliner Musiklebens verbunden.

Jeder Name ein Begriff bis auf den heutigen Tag. Jeder Name ein Profil, ein Leben für die Kunst, ein Schicksal. Und doch müssen wir uns hier darauf beschränken, sie summarisch zu nennen.

Für viele der Leser werden die meisten der Namen Erinnerungen an unvergeßliche Abende und große künstlerische Erlebnisse wachrufen ...

Geben wir den Damen den Vortritt. Auf den Opernbühnen singen Erna Berger, Paula Buchner, Maria Cebotari, Maria Ivogün (Inge von Günther), Margarethe Klose, Lotte Lehmann, Frida Leider, Emmi Leisner, Tiana Lemnitz, Toti dal Monte, Maria Müller, Maria Olczewska, Sigrid Onégin, Elisabeth Rethberg, Erna Sack, Elisabeth

Schwarzkopf, Louise Willer und als Gast aus Italien immer wieder Dusolina Giannini.

Unter den Sängern glänzen vor allem (auch hier wieder in alphabetischer Reihenfolge): Peter Anders, Georges Baklanoff, Rudolf Bockelmann, Michael Bohnen, Hans Heinz Bollmann, Willi Domgraf-Fassbaender, Fritz Krenn, Max Lorenz, Walter Ludwig, Lauritz Melchior, Jaro Prohaska, Wilhelm Rode (zugleich Intendant und Regisseur des Deutschen Opernhauses in Charlottenburg), Helge Roswaenge, Heinrich Schlusnus, Leo Schützendorf, Leo Slezak, Franz Völker, Ludwig Windisch, Marcel Wittrisch und Ludwig Wüllner.

Und als Gäste treten immer wieder in Berlin auf: Joseph Schmidt, der »deutsche Caruso«; Fedor Schaljapin, dessen Liederabende stets volle Häuser garantieren; Benjamino Gigli; Niels Kallmann und Hans Jenkner.

Von den Pianisten sind vor allem zu nennen: Wilhelm Backhaus, Edwin Fischer, Walter Gieseking, Wilhelm Kempff, Elly Ney und Michael Raucheisen. Als Gäste kommen nach Berlin: der Franzose Alfred Cortot, der Engländer Frederick Lamond, der Pole Raoul von Koczalski und der Chilene Claudio Arrau, der schon mit sechs Jahren als Wunderkind galt und in der deutschen Reichshauptstadt studiert hat.

Die fünf Violinisten, die vom Berliner Publikum immer wieder stürmisch gefeiert werden, sind: Mischa Elman, Leonid Kreutzer, Yehudi Menuhin, Jacques Thibaud und Georg Kulenkampff.

Wenn die spanischen Cellisten Gaspar Cassadó und Pablo Casals ihre Gastspiele in Berlin geben, sind die Eintrittskarten immer schnell ausverkauft. Und wenn gar, wie das oft geschieht, Gaspar Cassadó und Pablo Casals zusammen mit Jacques Thibaud als Trio spielen, erlebt die Berliner Musikwelt etwas, das nicht nur in der Reichshauptstadt eine besondere Sensation bedeutet.

Zu nennen sind schließlich noch der Bruno-Kittelsche-Chor und der Chor der Sing-Akademie, die ausländische Kritiker für die besten der Welt halten.

Und was wären die Berliner Bühnen ohne die großen Tänzerinnen und Tänzer? Auch hier können, exemplarisch, wieder nur die wichtigsten Namen aufgeführt werden: Manon Ehrfur, Hedi und Margot Hoepfner, Niddy Impekoven, Liselotte Köster, Lisa Kretschmar, Gret Palucca, Anna Pawlowa und Mary Wigman. Auch jene beiden bezaubernden und grazilen Geschöpfe sollen nicht vergessen werden, die mehr die heitere Seite der Tanzkunst demonstrieren: Maria Sazarina und die allzu früh verstorbene La Jana (Jenny Hiebel).

Als die Theater im Winter 1944 schließen müssen, schweigen die Musen der Musik noch immer nicht. Das Berliner Philharmonische Orchester spielt noch am 14. April 1945 das Requiem von Johannes Brahms. Mit diesem letzten Konzert in der sterbenden Stadt wird zugleich ihr eigenes Requiem mit dem Kanonendonner der vorrückenden sowjetischen Armee zelebriert.

XIII

Der Weg zum bitteren Ende

Die Reichshauptstadt ist tot, es lebe Berlin!

Lebendiges, hektisches, fleißiges, lebensbejahendes, nimmermüdes Berlin. Es wird in Schichten rund um die Uhr gearbeitet und, wo und wann immer sich Gelegenheit dazu bietet, gefeiert.

Wenn Berliner Besuch »aus der Provinz« bekommen, sind sie stolz darauf, Verwandten und Freunden »ihre« Stadt zeigen und sie am Abend dorthin führen zu können, wo etwas los ist.

»Den Berlinern erscheint der Tag offenbar zu kurz, sie müssen noch die Nacht dazu nehmen.« Das stellt der geniale amerikanische Elektro-Ingenieur Thomas Alfa Edison fest, als er in den zwanziger Jahren die deutsche Reichshauptstadt besucht.

Attraktionen gibt es mehr als genug, vor allem in den Jahren zwischen den beiden Weltkriegen. Statt eines der 49 Theater, 362 Kinos (von denen der Ufa-Palast am Zoo außer den hier gezeigten Spitzenfilmen mit seiner berühmten Wurlitzer-Orgel eine Hör- und Sehenswürdigkeit bildet) zu besuchen ... Statt in eines der beiden Großvarietés Scala und Wintergarten zu gehen ... Statt sich in den fast 30 Kabaretts (unterschiedlicher Größe und Ansprüche) aufmuntern zu lassen oder in einem der acht Konzertsäle klassische Musik zu erleben ...

... stürzen wir uns in ein anderes der vielen Berliner Vergnügen.

Als Clou erweist sich für die meisten das »Haus Vaterland« am Potsdamer Platz, das eine ganze Palette von Überraschungen bietet, »die ganze Welt« unter einem Dach vereint und jährlich mehr als eine Million Gäste zählt.

Da gibt es im »Vaterland« Oberbayern mit Blick auf die Zugspitze und der dazugehörigen Blaskapelle. Auf der Rheinterrasse kann vor einem »echten« Rhein-Panorama mit Weinbergen und Burgen jeder gewünschte Wein getrunken und das Gewitter über dem Siebengebirge bewundert werden. Im maurischen Palast werden türkischer Mokka und orientalische Bauchtänzerinnen serviert.

Beim Laternentanz kredenzen Geishas aus dem fernen Japan Reisschnaps. In der Texas-Bar produzieren sich Pistolenschützen und Lassowerfer, während die Gäste harte Schnäpse »kippen«. Beim Kastagnetten-Geklapper in der spanischen Bodega wird Tarragona getrunken.

Im Ballhaus »Resi« und im Tanzpalast »Femina« mit ihren Telefonen von Tisch zu Tisch lassen sich schnell Kontakte schließen und mit kleinen Geschenken — durch die Rohrpost des Ballhauses an die Plätze der auserwählten Adressaten befördert — vertiefen.

Im »Delphi« zwingen die Rhythmen der Kapellen auch den schüchternsten Tänzer aufs Parkett.

Im Wellenbad des »Luna-Parks« in Halensee, das mehr als eine Million Mark gekostet hat, sind von morgens früh bis nach Mitternacht alle versammelt, die sich in der künstlichen Brandung tummeln wollen.

Wer schließlich nach dem Besuch des Metropol-Theaters, in dem es die neue Walter-Bromme-Operette mit dem Titel »Tausend süße Beinchen« gibt, im »El Dorado« — einer der 220 Bars Berlins — landet, kann eine Enttäuschung erleben; denn hier sind Damen meistens Herren, und Herren sehr oft Frauen.

Die großen Tanzorchester von Berlin, deren Namen ganz Deutschland durch den Rundfunk kennt, wetteifern in Klang und Rhythmus: Bernhard Etté, Oscar Joost, Will Glahé, Barnabas von Géczy, Adalbert Lutter, Kurt Hohenberger, Hans Carste, Hans Rehmstedt, Kurt Widmann, Ilja Livjakoff, George Boulanger, Dajos Bela, Marek Weber, Teddy Stauffer und Henry Hall (der oft mit seinem englischen Rundfunk-Tanzorchester in der Reichshauptstadt weilt).

Die Mädchen sind nicht zimperlich. Die Männer, alt und jung, lassen sich becircen. Die Nacht nimmt erst ein Ende, wenn der Morgen

Die neueste Berliner Mode von 1928, vorgeführt bei einem Pferderennen im Hoppegarten. 86 Prozent der deutschen Konfektion kamen aus Berlin, und der Hausvogteiplatz war das weltweit bekannte Zentrum der Berliner Mode. (82)

„Imma rin ins Vajniejen!“
Eiserner See im Lunapark Halensee. (83)

Wenn es Nacht wird an der Spree . . .
Das Tanzlokal mit Pfiff: „Femina“. (84)

Die alte deutsche Reichshauptstadt — das ist nicht nur die Weltmetropole des Theaters, der Wissenschaft, der Kunst, des Films, der Musik, des Sports, des Vergnügens . . . Die Lichterstadt an der Spree hat auch ihre düstere Seite, die oft übersehen wird, wenn die Erinnerungen aufsteigen an die Glanzzeiten Berlins. Diese beiden Bilder dokumentieren, exemplarisch, das Berlin der härtesten Arbeitslosigkeit des Jahres 1931, als in der Reichshauptstadt 650 000 Menschen „stempeln" und von einer Unterstützung leben müssen, die knapp das Existenzminimum sichert . . . Ein Akademiker ist bereit, jede Arbeit anzunehmen. In den Höfen der Stadt richtet die Stadt Küchen ein, vor denen die hungernde Bevölkerung Schlange steht. (85, 86)

graut. Das Geld sitzt locker, und überhaupt: die reichshauptstädtischen Nächte sind — so Filmzar Louis B. Mayer, Berlin-Besucher aus Hollywood — »die schönsten und abwechslungsreichsten der ganzen Welt.«

Aber ...

Aber die Reichshauptstadt hat auch eine finstere Kehrseite, die sich nicht verbergen läßt.

Es gibt noch ein anderes Gesicht Berlins: eine lichtlose Seite, auf der jeder Tag zur Nacht wird.

☆

Die alte Reichshauptstadt — das ist nicht nur eine Weltmetropole des Geistes, der Wissenschaft, der Industrie, des Theaters, des Films und der übrigen Künste auf vielen Gebieten; das ist nicht nur die Lichterstadt an der Spree mit ihren vielen Vergnügungs- und Sportmöglichkeiten und einem pikanten Nachtleben, das buchstäblich jeden Wunsch erfüllt und in den zwanziger Jahren Paris weit überbietet.

Berlin — das ist auch die Stadt der düsteren Wohnviertel im Norden und Nordosten, der trostlosen Mietskasernen mit ihren dunklen Hinterhöfen, wie sie Käthe Kollwitz und Heinrich Zille so realistisch dargestellt haben, der politischen Kämpfe, der Straßenschlachten zwischen Kommunisten und Nationalsozialisten und die Stadt des Hungerns.

Und Berlin ist vor allem die Stadt der Inflation, in deren Verlauf viele Berliner Geschäfte Schilder in ihre Auslagen hängen mit der galgenhumorigen Aufschrift: »Auf Preiserhöhung kann gewartet werden«. Das geschieht im Jahre 1923.

Die Reichshauptstadt stöhnt besonders unter der Arbeitslosigkeit, zunächst während der ersten drei Jahre nach dem Ende des Ersten Weltkrieges und dann vor allem wieder seit Beginn der weltweiten Wirtschaftskrise 1928.

In diesem Jahr, 1928, da bei den Reichstagswahlen am 20. Mai über 42 Prozent aller Mandate der SPD und der KPD zufallen und die deutsche Auslandsverschuldung 25 Milliarden Reichsmark beträgt, gibt es in der »Lichterstadt« Berlin auch jene drohenden Schatten, unter denen zu dieser Zeit schon zweihunderttausend Arbeitslose leben.

Am 1. Mai 1928 kommt es zu schweren Zusammenstößen zwischen demonstrierenden Arbeitslosen und der Polizei, die ein solches Ausmaß annehmen, daß schließlich Panzer auffahren und neunzehn Menschen getötet werden. Über die Arbeiterviertel wird der Ausnahmezustand verhängt — eine Situation, die vor allem von den Kommunisten, dann aber auch von den wenigen Nationalsozialisten, die es zu jener Zeit in Berlin gibt, ausgenutzt wird.

Die Kommunistische Partei Deutschlands wird während der Wirtschaftskrise die größte KP außerhalb der UdSSR. Bei den letzten Reichstagswahlen der Weimarer Republik, am 6. November 1932, erhalten die Kommunisten als stärkste Partei der Reichshauptstadt mehr als 37 Prozent aller Berliner Stimmen, während die Nationalsozialisten 26 Prozent auf sich vereinen können.

In diesem Jahr, 1932, erreicht die Arbeitslosigkeit in Deutschland mit fast sieben Millionen ihren Höhepunkt. Allein in Berlin müssen im November 1932 652 358 Menschen »stempeln« und von einer Unterstützung leben, die knapp das Existenzminimum sichert: wöchentlich 16,50 Mark für eine dreiköpfige Familie.

Unterstellt, daß von jedem dieser 652 358 Arbeitslosen mindestens zwei Angehörige abhängig sind (Ehefrau und ein Kind), dann kommen wir auf eine Zahl von fast zwei Millionen Berlinern, die in bitterster Not leben und bereit sind, ohne Rücksicht auf ihren eigentlichen Beruf jede Arbeit anzunehmen. Sieben Selbstmorde aus Verzweiflung täglich gelten in Berlin 1931 und 1932 als statistischer Durchschnitt.

Auch viele Geistesarbeiter leiden Not. Das Wort vom »akademischen Proletariat« erhält ein erschreckendes Gewicht. Eine Scherzfrage jener Jahre lautet: »Was, Sie sind Akademiker? Und wovon leben Sie?«

In der Tat gibt es — um nur ein Beispiel zu nennen — viele Anwälte, die ihre Praxis aufgeben müssen und in ihrer Verzweiflung versuchen, einen Posten als Laufbote oder Zeitungsausfahrer zu bekommen.

Töchter aus besten Familien bleibt oft kein anderer Weg, als den Lebensunterhalt für die Angehörigen auf der Straße zu »verdienen«. Für bestimmte Lebemänner, an denen die Not vorübergeht, gilt ein bisher unberührtes Bürgermädchen als besondere Delikatesse ... Und eines Tages tauchen jene Zwanzig-Reichsmark-Scheine trauriger Berühmtheit auf, die das handschriftlich dokumentierte bittere Bekenntnis tragen: »Für dich gab ich die Unschuld!«

Viele Kinos müssen schließen, die Bars sind kaum noch besucht, an den Theaterkassen fehlt auf dem Höhepunkt der Arbeitslosigkeit meistens das Schild »Ausverkauft«.

☆

Zu der Schicht, die sich immer noch alles leisten kann, gehören die vielen Schieber, die in der Inflation, in Zusammenarbeit mit Ausländern, riesige Vermögen verdient haben durch den Schleichhandel mit Lebensmitteln und Kohlen oder Dingen des täglichen Bedarfs — jene Leute, über die Reichspräsident Friedrich Ebert im Februar 1922 in der Deutschen Allgemeinen Zeitung wettert:

»Lärmende Genußsucht und sittenloses Vergnügungstreiben machen sich vielfach aufdringlich und rücksichtslos in der Öffentlichkeit breit«, und Ebert attackiert das Treiben »gewissenloser Kreise, die skrupellos Vermögen raffen, während andere um ihre letzten Spargroschen gebracht werden.«

Walther Rathenau, Industrieller (AEG) und späterer deutscher Außenminister, findet geradezu prophetische Worte, als er schon 1912 schreibt:

»Ich sehe Schatten aufsteigen, wohin ich mich wende. Ich sehe sie, wenn ich abends durch die gellenden Straßen von Berlin gehe; wenn ich die Insolenz unseres wahnsinnig gewordenen Reichtums erblicke; wenn ich die Nichtigkeit kraftstrotzender Worte vernehme und von pseudogermanischer Exklusivität berichten höre ...«

Er kann freilich nicht ahnen, daß 21 Jahre später das Germanentum zur Weltanschauung erhoben wird.

In der Zeit der größten Arbeitslosigkeit ist es für den Gauleiter von Berlin, Dr. Joseph Goebbels, sehr leicht, Anhänger für die Nationalsozialisten zu gewinnen. Ohne die Massen, die ohne Existenz und Verdienst waren und daher leicht Versprechungen erlagen, wäre das Anschwellen des Nationalsozialismus kaum denkbar gewesen.

Auch viele der führenden Nationalsozialisten haben zwar als Politiker, die zur Macht streben, alle Hände voll zu tun, aber in ihrer bürgerlichen Existenz sind auch sie arbeitslos. Hermann Göring, zum Beispiel, der spätere preußische Ministerpräsident und schließlich auf dem Höhepunkt seiner Macht »Reichsmarschall«, kann meist in der Majowski-Bar seine Zeche nicht bezahlen. Oft muß sich Göring, der sich gerne mit »Herr Hauptmann« anreden läßt, von einer Nackttänzerin Geld leihen. Er hat es später, nach der Machtübernahme der Nationalsozialisten, auf Heller und Pfennig zurückgezahlt.

Andere prominente »Braunhemden« jener Zeit vor 1933 lassen sich aushalten von dem berühmt-berüchtigten Hellseher Jan Erik Hanussen, einem »Nichtarier«, der im Frühjahr 1933 unter mysteriösen und bis heute nicht eindeutig geklärten Umständen erschossen wird.

☆

Am 2. Dezember 1932 wird General von Schleicher Reichskanzler. Sein Versuch, zusammen mit dem »Reichsorganisationsleiter der NSDAP«, Gregor Strasser, den Nationalsozialismus zu spalten, scheitert, da es Hitler mit Hilfe von Goebbels gelingt, Strasser zu isolieren.

Am 4. Januar 1933 treffen sich Hitler und Franz von Papen, der Vorgänger Schleichers als Reichskanzler, im Hause des Bankiers Schroeder in Köln. Großindustrie und Hochfinanz setzen auf Hitler...

Am 28. Januar 1933 feiert Berlin wieder das glanzvollste Ereignis der Saison: den Presseball, veranstaltet vom »Verein Berliner Presse«. Es ist der letzte »Hofball« der Weimarer Republik und das bedeutendste gesellschaftliche Ereignis des Deutschen Reiches.

In den sieben Festsälen am Zoologischen Garten, die sich zum schönsten und größten Ballhaus Berlins vereinigen, spielen acht Tanzorchester bis in den Morgen des 29. Januar hinein.

Unvergessene Nacht: Die gesamte Hautevolee der Reichshauptstadt — sämtliche Herren im Frack, die Damen in kostbaren Abendroben — schiebt sich in endloser Prozession an den Ehrenlogen der Reichsregierung, des Diplomatischen Corps, der Heeresleitung, des Films und des Theaters vorbei; andere drängen sich vor den Stars der Konzertsäle und der Oper.

Erst am späten Abend, kurz nach 23 Uhr, betritt Reichskanzler Schleicher mit seinem engsten politischen Vertrauten, Oberst von Bredow, die Regierungsloge. Die beiden Herren sind am Eingang zu den Marmorsälen, in der Budapester Straße, von einer großen Zuschauermenge mit unfreundlichen Rufen empfangen worden: »Nieder mit Schleicher!«

Die Demonstranten kennen noch nicht die neueste politische Entwicklung. In den letzten Nachrichten des Rundfunks ist gemeldet worden: »Reichskanzler Kurt von Schleicher ist um die Mittagszeit *(des 28. Januar 1933)* nach nur 58 Tagen seiner Regierungszeit mit seinem gesamten Kabinett zurückgetreten.«

Vor Schleichers Ankunft ist diese Meldung im Saal bekannt gegeben worden und hat großes Aufsehen erregt. Jedermann ist gespannt, was Schleicher dazu sagen wird.

Als die Kapelle im größten der Säle den Tanz beendet, die Paare stehen bleiben und das Lichtbündel des Scheinwerfers Schleicher und Bredow in der Regierungsloge erfaßt, erhebt sich Schleicher langsam, hebt sein Sektglas und sagt: »Na, denn man Prost, meine Damen und Herren!«

In diesem eigentlich nichts-, zugleich aber vielsagenden und zynischen »Na, denn man Prost!« liegt das Ende jenes Zeitabschnitts der jüngeren Geschichte Deutschlands beschlossen, den man die Weimarer Republik nennt.

Das Fest der Presse geht weiter, ausgelassener und fröhlicher denn je ...

Als Reichspräsident von Hindenburg am 30. Januar Adolf Hitler zum Reichskanzler beruft, wiederholen Millionen Menschen im Deutschen Reich, die mit äußerster Skepsis einer Ära Hitler entgegensehen: »Na, denn man Prost!«

Und bald wird sich auch das Wort des Publizisten Carl von Ossietzky erfüllen, der Ende 1931 in seiner »Weltbühne« geschrieben hat: »Allmählich verblassen die Unterschiede zwischen Eingesperrten und Nichteingesperrten.«

☆

Am 3. März 1933 verkündet Göring auf einer Wahlversammlung über seine Aufgaben als neuer preußischer Ministerpräsident gegenüber den Juden und Feinden des neuen Regimes: »Meine Maßnahmen, die werden nicht angekränkelt werden durch irgendwelche juristische Bedenken. Hier habe ich keine Gerechtigkeit zu üben. Hier habe ich nur zu vernichten und auszurotten, weiter nichts!«

Bei den Reichstagswahlen am 5. März 1933, der letzten nichtmanipulierten Wahl nach Hitlers Machtergreifung, erhalten die Linksparteien zusammen noch 53 Prozent aller Berliner Wählerstimmen, obwohl vor allem die Kommunisten (nach dem ihnen in die Schuhe geschobenen Reichstagsbrand am 27. Februar 1933) keinen Wahlkampf mehr führen konnten.

Alles, was die Nationalsozialisten — um Görings und später Hitlers Lieblingswort zu gebrauchen — »ausrotten« wollen, ist in Berlin konzentriert: von der »Asphaltliteratur«, die der Welt viele die Zeiten überdauernde Meisterwerke geschenkt hat, bis zu der »Judenverseuchung« an den Hochschulen.

Mehr als die Hälfte der 134 Schriftsteller, Dramatiker und Kritiker, deren Bücher am 10. Mai 1933 in einer makaber-spektakulären »Kundgebung« verbrannt werden, stammt aus Berlin und lebte dort bis 1933. Viele der Maler, deren Werke als »entartet« gelten, wohnten und wirkten in der Reichshauptstadt.

Der große Exodus beginnt. Allein rund 250 deutsche Schriftsteller emigrieren — auch viele von denen, die nicht verboten werden. Regisseure, Komponisten, Maler, Schauspieler, Universitätsprofessoren und Dirigenten, Anwälte und Ärzte, Künstler und Kunsthändler wandern aus — die meisten von ihnen ausgerechnet aus jener Stadt, die durch viele Jahrhunderte hindurch der Zufluchtsort von Verfolgten gewesen ist: Berlin.

Und doch: Berlin verliert auch im Nationalsozialismus nicht den Charakter einer Weltstadt. In Berlin ist während des Dritten Reiches vieles möglich, was in der »Provinz« undenkbar wäre. Sogar das »Berliner Tageblatt« aus dem Mosse-Verlag darf noch bis zum 1. Januar 1939 erscheinen, und selbst nach dem Abwandern vieler bedeutender Schauspieler demonstrieren das Berliner Theater, die Staatsoper, die Musiksäle und auch die Filmateliers weiter höchstes Niveau.

☆

Das letzte glanzvolle gesellschaftliche Ereignis des Deutschen Reiches ist der Berliner Presseball am Sonnabend, dem 28. Januar 1939. Mehr als sechstausend Menschen finden sich zu einer festlichen Nacht in den Zoo-Sälen zusammen. Niemand ahnt, daß es keine Wiederholung geben wird ...

Frack, Abendkleid, gelegentlich Festuniform. Musik, betäubender Duft von Blumen und Parfums. Bilder der Eleganz, Szenen der Lebensfreude — Berliner Presseball.

Die Reichsregierung und die wichtigsten Männer des öffentlichen Lebens flanieren durch die Räume oder sitzen in ihren Logen — von Reichspropagandaminister Dr. Goebbels bis zum Oberbefehlshaber des Heeres Walther von Brauchitsch, von Reichsminister Dr. Lammers bis zum General der Flieger Kesselring. Repräsentanten von Oper, Bühne und Film: Namen, die in der ganzen Welt bekannt sind. Das gesamte Diplomatische Corps ist erschienen — die Vertreter von 52 Nationen, vom französischen Botschafter Robert Coulondre (der wenige Monate zuvor André Francois-Poncet abgelöst hat) bis zum afghanischen Gesandten Heuf Fitso. Die Rektoren aller deutschen Universitäten fehlen ebensowenig wie die Magnaten der Wirtschaft.

Ein erlesenes Programm wird geboten von Spitzenkräften der Oper, des Tanzes, des Kabaretts. Zarah Leander, auf dem Höhepunkt ihres Ruhms, singt ihre schönsten Lieder. Das Füllhorn einer großen Tombola schüttet viele und wertvolle Gewinne aus.

Wirbelnde, heitere Nacht voll herzlicher Fröhlichkeit. Musik beschwingt das Gewoge festlich gestimmter Menschen in allen Sälen und Gängen der Festsäle am Zoo. Feuriger Rhythmus der Tanzmusik ... Im Marmorsaal spielt Emanuel Rambour, im Kaisersaal steht Corny Ostermann vor seinen Mannen, Otto Kermbach bittet im Gartensaal zum Tanz, Gerd Gerald ladet in den Bankettsaal, in der Gelben Veranda hält Hermann Wipper die Tanzpaare in Atem, in der Grünen Veranda Walter Meißner.

Der Autor schrieb damals in der »BZ am Mittag« über den Presseball:

»Man müßte Maler sein und die Farben einfangen können, müßte Dichter sein, um das Märchen aus Glanz und Farbe aus bedrucktem Zeitungspapier sprechen lassen zu können. Blumenduft liegt im Raum. Duft, der aus Azaleen und Alpenveilchen steigt. Weiß-goldene Stoffe schmücken die Brüstungen der Logen, weiß-goldene Tuchbahnen schwingen sich von Kronleuchter zu Kronleuchter, finden sich zur großen Kuppel dort über der gewaltigen Treppe, die aus dem Saal emporsteigt zum Rang. Die beiden Architekten der Ufa, Hunte und Vollbrecht, haben hier eine Wirkung hervorgezaubert, die einzigartig-faszinierend ist ...«

Vorbei, versunken, verrauscht.

Niemand ahnte in jener Nacht, die erst am Morgen endete, daß dieser Presseball 1939 das letzte Fest des Deutschen Reiches sein würde. Oder befürchteten es doch einige?

Der Autor erinnert sich eines seiner letzten Gespräche jener Nacht. Er saß mit dem Theater- und Filmkomiker Ralph Arthur Roberts (»Engel mit kleinen Fehlern«, »Der Maulkorb«) an einer der vielen Bars. Beim Abschied sagte Roberts:

»Ich fürchte, junger Freund, daß es viele Jahre lang keinen Presseball mehr geben wird — vielleicht überhaupt keinen mehr!«

Na, denn Prost! Wie sechs Jahre zuvor ...

Wenige Wochen später wird Roberts (Jahrgang 1884) zu einer kurzen Übung als Reserveoffizier eingezogen. 1940 stirbt er.

Vorbei, versunken, verrauscht.

Was sich heute in der Bundesrepublik »Presseball« nennt, kann nicht einmal als kümmerlicher Abglanz der Berliner Journalisten-Bälle von einst gelten.

☆

Die Reichshauptstadt bleibt, freilich sehr relativ gesehen, nach dem 30. Januar 1933 die »freieste« Stadt Deutschlands. Das Nachtleben geht weiter, keine Bar braucht zu schließen. Hier darf sogar der im übrigen Reich verpönte Jazz gespielt werden.

Berlin muß das internationale Schaufenster des Deutschen Reiches bleiben. Hier ist die Auslandspresse besonders stark vertreten; hier residiert das gesamte Diplomatische Corps, und wenn ein Ausländer Deutschland besucht, reist er zuerst in die Reichshauptstadt. Goebbels ist sehr darauf bedacht, deshalb in Berlin eine freundliche Optik zu wahren.

Es erweist sich außerdem als völlig unmöglich, mehr als viereinhalb Millionen Einwohner so zu kontrollieren, wie das in kleinen Städten üblich ist. Selbst in den letzten Jahren des Nationalsozialismus können viele in der Reichshauptstadt untertauchen und überleben.

Hitler hat Berlin nie gemocht. Schon 1924 schreibt er in seinem Buch »Mein Kampf«: »Würde das Schicksal Roms Berlin treffen, so könnten die Nachkommen als gewaltigste Werke unserer Zeit dereinst die Warenhäuser einiger Juden ... als charakteristischen Ausdruck der Kultur unserer Tage bewundern.«

Er haßt Berlin, weil es dort für ihn besonders schwer war, Fuß zu fassen. Nach einer monströsen Neugestaltung Berlins mit fundamentalen Bauten von einer nie dagewesenen Größe möchte er die Reichshauptstadt sogar in »Germania« umtaufen, um den alten Namen auszulöschen.

Hitler ist oft unzufrieden mit den Berlinern — etwa nach dem Einmarsch in das Sudetenland (1. Oktober 1938). Bei der anschließenden »Jubelparade« beklagt er sich über die mangelnden Zuschauer und das »Desinteresse«, und überhaupt: die Reichshauptstadt bedeutet ihm immer die deutsche »Metropole des Juden«.

Nirgendwo werden während des Dritten Reiches so viele Witze »gemacht« wie in Berlin. Hier wird manche »Lippe riskiert«. Spezialisten haben ermittelt, daß mindestens 80 Prozent aller politischen Witze aus der Reichshauptstadt stammen, der Rest verteilt sich auf Köln, das Rheinland und München.

Göring ist schon 1933 für die Berliner ein »Quellgermane«, Goebbels dagegen ein »Schrumpfgermane«. Schon im März 1933 wird ein »alter Kämpfer« der NSDAP mit einem Roastbeef verglichen: »außen braun, innen rot«.

Wenige Wochen später tauchen die ersten Straßenbahn-Witze auf: »Fortdauernd heißt es: zusammenrücken. Fortwährend wird kassiert. Lebensgefahr bei Berührung der Oberleitung! Die Unterhaltung mit dem Führer ist verboten!« — um nur einen jener Zeit zu nennen.

Gleich nach Ausbruch des Krieges wird wieder ein Straßenbahnbild gebraucht: »Abspringen während der Fahrt verboten!« Als Rudolf Heß über England mit dem Fallschirm abgesprungen ist, wird eine andere Straßenbahn-Mahnung populär: »Der Platz neben dem Führer ist freizuhalten!«

Und das ist der letzte Berliner Witz aus dem Dritten Reich: »Ein Berliner Volkssturmmann fragt seinen Kameraden: ‚Was machst du nach dem Krieg?' Antwort: ‚Eine Radtour durch Deutschland!' Gegenfrage: ‚Und was machst du am Nachmittag?'«

☆

Berlin war bis 1933 immer eine kosmopolitische Stadt: weltoffen, allem Neuen aufgeschlossen; bereit, alles Gute zu akzeptieren; jedem, gleich welcher Religion, welcher Hautfarbe, welcher Rasse, eine Chance zu geben.

Die Hinrichtungsstätte der Strafanstalt Plötzensee dokumentiert in den beiden letzten Jahren des Krieges noch einmal die Weltgeltung und besonders eine europäische Bedeutung, die Berlin auf vielen Gebieten besaß, in einem makabren und schrecklichen Sinne ...

In der Gründungsurkunde für die Gedenkstätte Plötzensee, 1952 als eindrucksvolles Mahnmal errichtet, heißt es:

»An dieser Stelle sind in den Jahren der Hitlerdiktatur von 1933 bis 1945 Hunderte von Menschen wegen ihres Kampfes gegen die Diktatur für Menschenrechte und politische Freiheit durch Justizmord ums Leben gekommen *(insgesamt 1800)*. Unter diesen befanden sich Angehörige aller Gesellschaftsschichten und fast aller Nationen. Berlin ehrt durch diese Gedenkstätte die Millionen Opfer des Dritten Reiches, die wegen ihrer politischen Überzeugung, ihres religiösen Bekenntnisses oder ihrer rassischen Abstammung diffamiert, mißhandelt, ihrer Freiheit beraubt oder ermordet worden sind.«

In einer großen Steinurne wird Erde aus allen von den Nationalsozialisten errichteten Konzentrationslagern aufbewahrt ...

☆

Berlin versinkt im Dunkel erloschener Lichter. Bomben fallen. Die Stadt wird zerschlagen. Allein 504 000 Berliner Wohnungen — das sind 32 Prozent aller Wohnungen der Reichshauptstadt — werden total zerstört, und 15 Prozent aller deutschen Kriegstrümmer türmen sich an der Spree.

Not und Tod beherrschen die Stadt. Die Vitalität erlahmt. Doch der Lebenswille triumphiert über alle Schrecknisse, mit denen eine erbarmungslose Furie die deutsche Metropole völlig auszulöschen droht.

Als sowjetische Soldaten schließlich am 1. Mai 1945 die Flagge ihres Landes auf dem Brandenburger Tor und dem zerschundenen Reichstag hissen, beginnt ein neues Kapitel Berliner Geschichte, das bis heute nicht zu Ende ist.

Das zweigeteilte Berlin von heute könnte eine Stadt werden, von der aus viele Wege zum Frieden führen: ein Ort der Begegnungen zwischen West und Ost, eine Stätte der Verständigung, ein Podium der Diskussionen ohne den Ballast von Emotionen und Vorurteilen, eine Stadt der Kunst und der Wissenschaft, dazu ein Fanal, das ständig zur Eintracht mahnt.

Und wenn schließlich eines Tages die Mauer fällt, könnte Berlin fast wieder richtig Berlin, jedenfalls aber die Kontaktstelle zwischen den beiden Teilen der Stadt und den beiden deutschen Staaten werden: ein Vorposten der Koexistenz zwischen West und Ost.

Namenverzeichnis

XIV

Von Alfred Abel bis Carl Zuckmayer

Sie alle waren ein Stück Berlin

Bei einigen wenigen Personen waren die Vornamen oder Initialen nicht zu ermitteln. In diesen Fällen sind als Unterscheidungsmerkmal Rang, Beruf oder Tätigkeit angegeben. Die Namen in Anführungszeichen („Mollen-Orje“) sind — mit Ausnahme der Sportpalast-Originale „Krücke“, „Schüttel-Franz“ und „Kurvenbaron“ — Spitznamen von Mitgliedern berühmt-berüchtigter Berliner Ganoven-Organisationen („Ringvereine“).

Kursiv gesetzte Zahlen mit dem vorgesetzten Buchstaben *F* verweisen auf das entsprechende Foto oder seine Unterschrift im Bildteil. Die Nummern der Fotos stehen jeweils am Ende der Bildunterschrift.

Bildnachweis

Burda-Bildarchiv (37);
Cigaretten-Bilderdienst Altona-Bahrenfeld 1935 (6) und 1936 (2);
Herbert Hoffmann (1);
Landesbildstelle Berlin (4);
Bernd Ruland (2);
Archiv Bernd Ruland (22);
Staatsarchiv (Ost-)Berlin (2);
Bildarchiv der Staatsbibliothek Berlin (6);
Ullstein-Bilderdienst (4).